# 심리학으로 성공을 잡아라

# 심리학으로 성공을 잡아라

이종한 지음

심리학에 대한 소개부터
진로, 해외 유학, 취업,
자격증까지

학지사

# 심리학을 공부하는 후학들에게

## 왜 이 책을 출간하게 되었는가

심리학 공부를 시작한 지 40년이 훌쩍 넘었고, 대학 교수로 임용된 지도 36년이 지나고 있습니다. 심리학에 대한 막연한 동경심에서 시작한 공부가 평생을 함께하는 동반자가 된 것입니다. 고려대학교 심리학과에서 학부를 마치고 대학원에서 임상/상담심리학 전공으로 문학석사 학위를 받았습니다. 이후 한국행동과학연구소 아동상담실에서 2년을 근무한 후 대구대학교 심리학과로 와서 지금까지 재직하고 있습니다. 재임 초기, 심리학 연구에 대한 열망으로 휴직까지 하고 미국 유학을 가서, 미주리 주립대학교 대학원에서 지역사회심리학(community psychology) 전공으로 박사 학위를 취득하느라 4년 반을 보냈습니다. 짧지 않은 세월 동안 심리학은 제 삶과 함께해 왔습니다. 제가 배운 지식들이 여러 사람에게 도움이 되는 일을 하고 싶었습니다.

한국심리학회 회장을 맡아서 조직과 재정 정비에 힘을 쏟아붓기도 했습니다(2007). 또한 전문상담교사를 의무적으로 학교현장에 임용하도록 법을 개정하기 위해 정성을 다한 적도 있고(2004), 마음이 힘든 아이들을 치료하기 위해 Wee센터 아이디어를 내어서 교육부와 긴밀히 연락하며 일을 추진하여 제도적으로 정착시킨 일(2008), 그리고 심리학 전공자 누구나 취득할 수 있는 공통 자격증인 '일반심리사' 자격증 제도를 만들어서 확립시킨 일(2016) 등 여러 가지 일이 바로 어제인 듯 제 눈앞을 스쳐 지나갑니다. 심리학을 전공한 후배들이 전공을 살려서 사회에 기여하고 자신의 삶도 의미 있게 엮어 갈 수 있는 방안을 모색하기 위하여 적지 않은 정력과 시간을 보냈습니다.

정년을 앞두고 제 심리학 인생을 어떻게 마무리할 것인지에 대하여 생각해 보았습니다. 고민 끝에 우리나라에서 심리학이 사회적 관심을 받고 인기 있는 학문으로 부상하고 있지만, 정작 심리학을 개괄적으로 소개하고, 나아가서 심리학을 전공하면 어떤 직업을 가질 수 있는지에 대한 안내 책자가 없다는 사실을 알게 되었습니다. 그래서 '아! 이 일로 심리학 인생을 마무리하자'고 마음을 먹게 되었습니다.

그러던 중 2009년, 심리학회로부터 연세대학교에서 개최된 한국심리학회 연차대회에서 심리학 전공자들의 취업에 대하여 학생들에게 특강을 해달라는 요청을 받게 되었습니다. 아침 10시에 시작하는 특강이었는데, 200여 명을 수용하는 강당은 학생들로 가득 차 있었습니다. 강당을 가득 메운 학생들의 높은 관심에 깜짝 놀랐습니다. 더욱이 그 자리에는 여러 명의 고등학생이 부모와 함께 와 있었습니다. 저에게는 심리학과 학생들의 취업에 대한 관심과 열기를 확인할 수 있는 매우 소중한 기회가 되었습니다.

이 일을 계기로 이때 강의한 내용을 보완하여 각 대학을 다니며 강연을 하기 시작하였습니다. 강연이 끝난 후, 학생들이 느끼는 소감은 다양했습니다만, 공통적인 것이 있었습니다. 첫 번째로는 무엇보다 심리학을 공부하는 학생들이 취업에 관한 정보에 목말라 있다는 것입니다. 학생들은 심리학과에서 학부와 대학원을 다니면서 열심히 공부를 하고 있기는 했지만, 막상 졸업 후에 어떤 직장을 가질 수 있을지, 그들에게 주어지는 정보가 미흡해서 미래에 대한 확신감이 결여되어 있었습니다.

두 번째로는 심리학을 전공하는 학생들 중 많은 수가 무슨 이유에서인가 소극적이고 가라앉은 분위기를 띠고 있었습니다. 그래서 강의가 끝났을 때, 학생들과 함께 경청해 준 어느 교수님의 "우리 학생이 웃는 것을 처음 보았어요."라는 말씀은 지금도 많은 생각을 하게 합니다. 제 강연의 목적은 심리학 전공자들에게 취업 정보를 제공하기도 하지만, 우리 학생들이 자신들이 전공하는 심리학이라는 학문에 대해서 정확하게 인식하고 스스로에게 긍정적 가치를 부여할 뿐 아니라 보다 더 기운차게 세상에 도전할 수 있도록 응원하고 힘을 돋우어 주기 위한 것입니다.

세 번째는 심리학과 대다수의 교수님들은 열심히 가르치며 학생들의 진로에도 열과 성을 다하고 있습니다. 그러나 교수님들 중 일부는 학생들의 취업과 진로에 관심을 적게 가지고 있다는 느낌을 받았습니다. 많은 교수님이 열심히 가르치는 것으로 교수로서의 소임을 다하였다고 생각하고 있는 듯합니다. 요즘처럼 정부에서 대학 평가 시 취업률을 점수화할 정도로 강조하는 것은 매우 잘못된 것이기는 합니다. 그러나 심리학을 전공하여 졸업한 제자들의 앞날을 걱정하고 위해 주는 것은 선생님으로서 당연한 책무라고 생각합니다. 선생님이 단순한 직업인으로서의 지식 전수자가 아니라, 스승으로서 많은 사람의 존경을 받을 수 있었던 것은 바로 이 때문일 것입니다. 저는 가르치는 사람은 배우는 사람에 대하여 무한의 책임을 가져야 한다고 생각합니다.

재작년에 경남의 어느 대학에서 특강을 마치고 나오니 그 학교 교수님께서 이 강연을 책으로 엮어내면 어떻겠냐고 제언을 해 주셨습니다. 저 스스로는 미처 생각하지 못했던 아이디어였습니다. 그 날 이후로 몇몇 대학을 더 다니며 강연을 하면서 책을 어떻게 구성하여야 할지 구상을 하였습니다. 일단 책의 주제는 한국에서 심리학을 공부하려는 후학들에게 선배가 들려주는 조언으로 잡았습니다. 관념적 지식의 나열보다는 실질적으로 도움이 될 수 있는 내용을 담자는 것이 기본 취지였습니다.

이 책의 제1장과 제2장에서는 심리학을 매우 간략하게 소개하고 있습니다. 일반적으로 심리학 개론 서적은 적어도 400페이지가 넘는 분량으로 편집됩니다. 최근에는 심리학의 범위가 점차 넓어지면서 책이 더 두꺼워지고 있습니다. 후학들이 쉽게 접할 수 있도록 하기 위하여 이 방대한 분량을 1/10 이하로 축약하였습니다. 축약을 한 원전은 본인이 대표 역자인 『심리학과 삶』(20판, 시그마프레스, 2013)을 주로 사용하였습니다.

제3장은 우리나라 4년제 대학교 심리학과 입학 관련 정보 및 국내 대학원 진학과 미국과 일본을 중심으로 한 해외 유학에 대한 인내를 함께 정리하였습니다. 그리고 제4장에서는 심리학 전공자들이 전공

을 살려서 할 수 있는 직업에 대하여 소개하였습니다. 가능하면 현실적 감각을 살려서 현장감 있게 쓰려고 노력하였습니다. 제5장에서는 학부와 대학원에서 심리학을 전공한 후 심리학과 관련한 직장생활을 하는 직업현장의 심리학 졸업생들의 현장 수기를 모아서 편집하였습니다. 가능한 한 전국 여러 대학교 출신과 다양한 직업을 망라하고자 노력하였습니다. 마지막으로 부록에 심리학 전공자들이 취득할 수 있는 정부 공인자격증과 한국심리학회에서 발급하는 민간 자격증에 관한 정보를 정보 출처와 함께 최대한 자세하게 편집하여 제시하였습니다.

앞에서 밝힌 바와 같이 이 책은 심리학 전공서적이 아닙니다. 그렇다고 심리학에 관심 있는 사람이면 누구나가 재미있게 읽을 수 있는 일반 교양서적도 아닙니다. 대중에게 심리학을 간략하게 소개한 후, 심리학을 전공한 졸업생들에게 그들이 택할 수 있는 직업에 대한 정보를 제공하고, 다양한 직장에 취업하는 것을 장려하기 위한 책입니다. 제가 희망하는 이 책의 주 독자는 심리학과 학부 재학생과 대학원 석사 및 박사 과정 학생들 그리고 심리학에 관심을 가지고 심리학과에 진학하기를 원하는 고등학생들과 이들의 부모님들입니다.

저 스스로 심리학 전공자들의 취업에 오랜 기간 깊은 관심을 가져왔고 관심을 현실화하기 위해 구체적으로 노력을 하였으며, 적지 않은 성과도 내었습니다. 후배 심리학도들을 위한 이러한 제 관심과 노력의 마지막 작업으로 이 책을 준비하였습니다. 그러나 이 준비 과정에서 이런저런 걱정이 많았던 것도 사실입니다. 정해진 틀이 없는 책이므로 제 스스로 설정한 주제와 내용을 얼마나 어떻게 짜임새 있게 다루고 정리하였는지 염려가 됩니다. 처음 하는 작업이라 부족한 점이 많지만, 앞으로 대학에서 심리학을 전공하려고 하거나, 심리학 공부를 이제 막 시작한 심리학 입문자들에게 조금이라도 도움이 되기를 바랄 뿐입니다.

저에게 심리학자로서의 자신감을 갖게 하고 이 책을 쓰도록 저의 강연을 경청해 주고 저에게 영감을 준 많은 학생에게 고마움을 전하고자 합니다. 일본심리학회를 소개하는 글을 써 주신 영남대학교 심리학과 이광오 교수님과 미국심리학회를 정리해 준 고려대학교 심리학과 최기홍 교수님께 감사드립니다. 이 책 제5장을 꾸며 준 현장의 심리학 전공자들에게 깊은 감사를 드립니다. 이 분들의 수기는 분량은 많지 않지만, 우리 사회의 여러 현장에서 심리학이 절실하게 필요하고 구체적으로 사용되고 있음을 입증해 주는 매우 중요한 현장수기라고 할 수 있습니다. 심리학 공부를 시작하는 후학들에게 생생한 안내가 될 수 있을 것으로 확신합니다. 젊은 독자층이 친근하게 볼 수 있는 삽화를 그려 준 고려대학교 디자인조형학부의 함태욱 군에게 고맙다는 인사를 하고 싶습니다. 그리고 자격증 관련 자료를 정리해 준 김소리와 정민지 대학원생에게도 고마운 마음을 전합니다. 마지막으로 이 책의 출간을 흔쾌히 맡아 주신 학지사의 김진환 사장님께 감사드립니다.

2017. 4.

눈천지를 바라보면서

이종한

# 차 례

C O N T E N T S

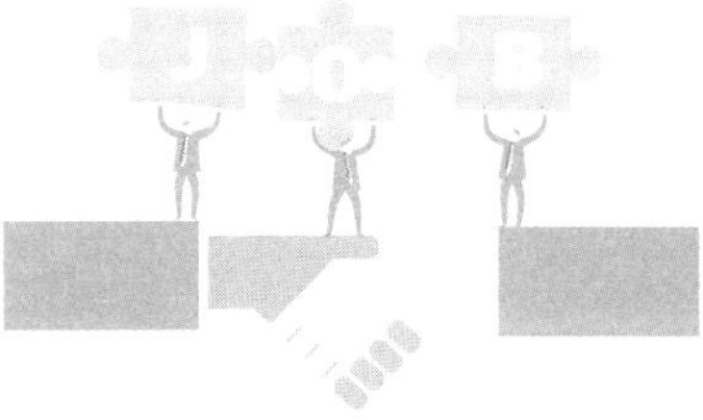

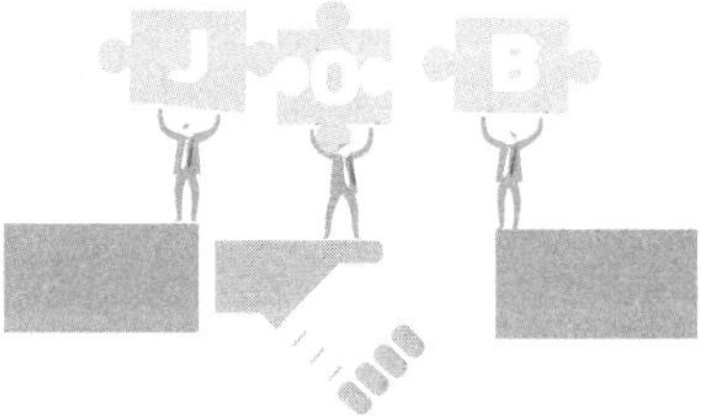
J
B

# 01
# 심리학에 대해서 알아보기

## 심리학이란 어떤 학문인가

심리학(心理學, psychology)이란 도대체 어떤 학문인가? 무엇을 연구하고 그 결과는 우리에게 어떤 효과가 있을까? 심리학이라는 학문을 처음 접하는 사람들이라면 누구나 이런 의문을 떠올릴 것이다. 마음 심(心)자가 들어 있으니 쉽게 말하면 마음의 이치(理)를 연구하는 학문이라고 할 수 있다. 이 말을 학문적으로 정리하면 '우리의 정신과정과 행동을 과학적으로 연구하는 학문'이라고 말할 수 있다.

여기서 정신과정(mental process)이란 우리가 생각하고, 계획하고, 추론하고, 창조하고, 꿈을 꾸는 것과 같은 마음의 모든 작업을 의미한다. 이러한 정신과정의 결과로 우리는 웃고, 울고, 달리고, 말하고 때로는 싸우는 행동(behavior)을 하게 된다. 그러므로 심리학이란 우리의 마음 안에서 이루어지는 정신과정과 그 결과로서 나타난 행동을 연구 대상으로 삼는 것이다. 여기서 목표로 하는 연구 대상은 대부분 한 사람의 개인이다. 예를 들면, 신생아, 기숙사 생활에 적응하고 있는 대학생, 학교폭력의 가해자 또는 피해자, 알츠하이머병을 앓고 있는 남편으로 인해 고민하는 주부 등이다.

심리학의 연구방법은 과학적 방법(scientific method), 즉 객관적 방법을 사용한다. 그러므로 자료를 수집하고 분석하여 결론을 도출하는 일련의 과정에서 객관성을 확보하기 위하여 노력한다. 집단이나 단체에서 일어나는 행동을 연구하는 사회과학자들과 달리, 심리학자들은 개인의 정신과정과 행동에 초점을 둔다.

그러므로 심리학을 연구하기 위해서는 주변 여러 학문과의 협조와 교류가 필요하다. 예를 들자면, 뇌와 행동에 대한 생화학적 기초를 연구하기 위해서는 생물과학자 그리고 뇌생리학자와의 협력이 필수적이다. 심리학의 한 부분으로, 최근에 그 중요도가 급격하게 부상하고 있는 인지과학은 컴퓨터과학, 철학, 언어학, 정신과학 등의 분야와 교류하여야 한다. 우리의 건강을 증진하기 위해서는 정신의학, 교육학, 법학, 환경, 사회복지 등에 관한 연구자들과 협력하기도 한다.

# 심리학자는 무엇을 목표로 하는 것일까

심리학자들은 어떤 목표를 가지고 연구를 할까? 그 목표에 대해서 다음 4단계로 설명할 수 있다.

- 어떤 일이 일어나는지 기술하기(describing)
- 왜 그러한 일이 일어나는지 원인을 설명하기(explaining)
- 앞으로 어떤 일이 일어날지 예측하기(prediction)
- 일어날 일을 미리 통제하기(controlling)

**① 심리학자들은 먼저, 연구 대상을 정확하게 관찰/기술한다**

정지신호에 대한 반응 속도, 독서할 때의 안구운동, 학교폭력 피해자의 심리적 상태 등에 대하여 최대한 객관적으로 관찰하여 자료를 수집하고 기록한다. 이 과정에서 심리학자들은 연구자의 편견, 오류, 기대 등으로 인해 자료가 오염되지 않도록 노력한다.

② 관찰된 행동의 원인을 찾아 설명한다

예를 들어, 성적이 좋은 중학생이지만 수업시간에 발표를 잘 하지 않는다면 이 학생이 수줍음 때문에 이런 행동을 하는 것인지, 아니면 다른 이유가 있는가를 살펴본다. 관찰된 우리의 모든 행동에는 그 원인이 있기 마련이다. 잘 훈련된 심리학자라면 이제까지 연구된 결과를 검토하고 활용하여 행동의 원인을 찾아내기 쉬울 것이다.

③ 우리는 어떤 일이 일어날지 예측하고 싶어 한다

예를 들어, 한 사람의 성격적 특성을 정확하게 파악하고 있다면 그 사람이 향후 주어진 어떤 상황에서 어떻게 행동할지 우리는 어느 정도 예측할 수 있게 된다. 매우 수줍은 사람이라면 파티에서 처음 보는 사람들을 기피할 것이고, 반대로 매우 적극적인 성격의 사람이라면 처음 만나는 사람들과 활발하게 인사하고 교류할 것이라 예측할 수 있다.

④ 심리학들의 궁극적인 목표는 우리의 행동을 조절하고 통제하는 데 있다

예를 들어, 흡연을 중지시키고, 운동을 많이 하게 하고, 부모의 양육 태도를 바꾸게 하는 등의 개입에 의한 통제는 인간의 삶의 질을 향상시키게 한다. 이처럼 통제는 우리의 행동을 시작하게 하고, 유지하고, 멈추게 하고, 일어나는 행동의 형태와 강도나 빈도에 영향을 주는 모든 것이다. 모든 심리학자는 인간의 행동을 통제하여 삶의 질을 향상시키는 것에 최종적인 목표를 두고 있다.

## 심리학은 어디서 시작되어, 어떤 경로를 밟아 온 것일까

심리학의 뿌리는 서양 철학에서 찾을 수 있다. 에빙하우스(Hermann Ebbinghaus, 1858~1909)는 "심리학의 과거는 길지만 역사는 짧다."고 하였다. 기원전 4~5세기의 그리스 철학자 소크라테스, 플라톤 그리고 아리스토텔레스가 제기하였던 근본적인 질문을 생각해 보자. 마음은 어떻게 작용하는가? 자유의지의 본질은 무엇인가? 이러한 질문에 대한 궁리는 현대 철학자들에게까지 이어졌다.

아리스토텔레스의 주장을 이어받은 로크(John Locke, 1632~1704)는 사람의 마음은 백지에서 출발하여 체험을 통해 정보를 획득한다는 경험주의 관점의 철학을 완성하였다. 반면에 칸트(Immanual Kant, 1724~1804)는 인간은 세상을 경험하는 방법을 결정하는 정신구조를 가지고 출발한다는 생득설을 주장하였는데, 이는 플라톤의 입장을 계승한 것이다. 이러한 논쟁은 나중에 심리학에서 천성과 양육 논쟁으로 이어지게 된다.

서양 철학의 인간 본성에 관한 논쟁은 분트(Wilhelm Wundt, 1832~1920)가 생리학과 물리학과 같은 과학으로부터 응용한 아이디어를 1879년에 라이프치히 대학교의 실험실에 적용하면서 현대 심리학을 창시하게 되었다. 이후 심리학은 미국으로 건너가서 티치너(Edward Tichener, 1867~1927)와 제임스(William James, 1842~1910) 같은 걸출한 심리학자를 배출하였고, 1883년에 존스홉킨스 대학교에 실험실을 개설하는 등 급속한 발전을 거듭하였다. '미국심리학회(American Psychological Association: APA)'는 1892년 7월에 조직되었으며, 56개 분과학회(2013년 현재)와 15만 명 이상의 회원이 가입한 지구상에서 가장 큰 학술단체로 발전하였다. 그리고 심리학에서 과학적 측면을 강조하는 학자들의 모임인 '심리과학학회(Association for Psychological Science: APS)'는 23,000명이 넘는 회원으로 구성되어 있다. 영국, 독일, 프랑스를 비롯하여 유럽의 여러 나라와 이웃 일본과 중국, 호주에서도 심리학은 중요 학문으로 발전하고 있다.

분트와 제자들

한국에서의 심리학은 1946년 2월 4일에 일곱 명의 초기 심리학자들이 모여서 '조선심리학회'를 결성하면서 시작되었다. 이후 1953년 3월에 '한국심리학회'로 개명하였으며, 현재까지 꾸준히 발전하고 있다. 학회 산하에 15개 분과학회(2016년 11월 현재)가 있으며, 전국에 40여 개 대학교에서 심리학과 또는 심리학과 관련된 학과(산업심리학과, 교육심리학과, 청소년상담학과 등)를 개설하고 있다. '한국심리학회(Korean Psychological Association: KPA)'의 홈페이지(www.koreanpsychology.org)를 방문하면 우리나라의 심리학의 현황과 심리학에 관한 다양한 정보를 볼 수 있다.

## 현대 심리학은 어떻게 이해하면 될까

축구 경기를 관전할 때 팀의 연고지 출신이냐 아니냐에 따라 관전 입장이 달라진다. 이처럼 관점에 따라 정신과정과 행동을 보는 눈, 즉 심리학을 연구하는 관점이 다를 수 있다. 심리학을 연구하는 몇 가지 중요한 관점으로는 정신역동 관점, 행동주의 관점, 인본주의 관점, 인지주의 관점, 생물학 관점, 진화론 관점, 사회문화 관점 등이 있다. 이를 간략하게 살펴보면 다음과 같다.

### ① 정신역동 관점

정신역동 관점(psychodynamic perspective)에 따르면 행동은 강력한 내부의 무의식적 힘에 의해 움직이고 동기화된다. 인간 행동의 근원은 선천적 본능, 생물학적 추동 그리고 개인적인 욕구와 사회적 요구 사이의 갈등을 해결하려는 시도라고 전제될 수 있다. 욕망이 박탈된 상태, 생리적 각성 그리고 갈등은 자동차의 휘발유처럼 행동에 힘을 공급한다. 이 관점에 따르면,

욕구가 충족되거나 추동이 감소하면 반응을 멈추게 된다. 행동을 하는 중요한 목적은 무의식적으로 야기된 긴장을 감소시키는 것이다.

정신역동의 관점은 오스트리아의 정신과 의사인 프로이트(Sigmund Freud, 1856~1939)가 19세기 후반에서 20세기 초반에 걸쳐서 완성하고 발전시켰다. 프로이트 이후 융(Carl Gustav Jung, 1875~1961)과 아들러(Alfred Adler, 1870~1937) 같은 신프로이트학파가 이 이론을 다양하게 발전시켰다. 대표적인 사례는 정신분석 치료를 들 수 있다.

프로이트

② 행동주의 관점

행동주의 관점(behaviorist perspective)은 특정 환경 자극이 특정 유형의 행동을 어떻게 통제하는지에 관심을 둔다. 행동주의 관점의 심리학자들은 행동에 앞서 설정되는 선행 환경 조건을 분석한다. 다음으로 연구의 주요한 목적인 행동 반응을 면밀하게 관찰한다. 단, 이 행동은 이해되고, 예측되고, 통제될 수 있어야 한다. 마지막으로 행동 반응에 따라 나타나는 결과를 관찰하고 분석한다.

행동주의 관점은 왓슨(John Watson, 1878~1958)에 의해서 개척되었으며, 그는 심리학적 법칙이 사람이 아닌 다른 동물에도 적용되어야 한다고 주장하였다. 스키너(Burrhus F. Skinner, 1904~1990)는 행동주의를 조작적 조건형성으로 발전시켰다. 이 두 연구자는 연구를 할 때 현상에 대한 정확한 정의와 증거에 대한 엄격한 기준을 강조하여 심리학 연구에서 과학주의가 뿌리를 내리는 데 기여하였다. 이들은 동물을 대상으로 연구한 원리를 인간에게도 적용할 수 있다고 믿었다. 행동주

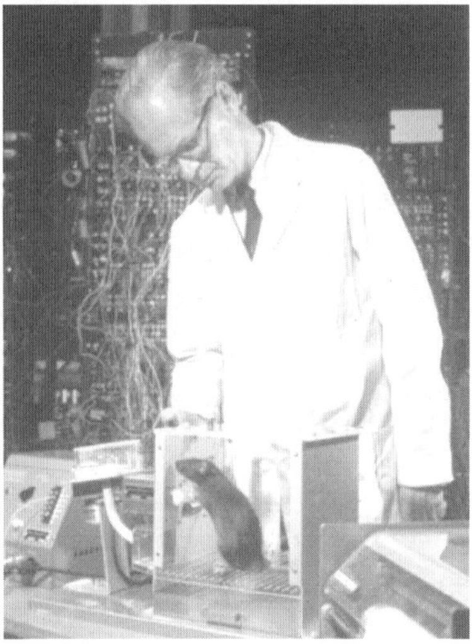

**스키너와 스키너 박스**

출처: http://roadtohelth.com/2011/03/motivation-and-healthcare-performance-%E2%80%93-part-1

의 원리는 아동 교육에서 처벌보다 아동이 받기를 원하거나 좋아하는 정적 강화를 하는 것이 효과적이라는 결과를 보여 주었다. 행동수정의 원리는 행동을 교정하는 데 기여하였다. 그리고 이상적인 공동체를 건설하기 위한 아이디어를 제공하기도 하였다.

### ③ 인본주의 관점

인본주의 심리학은 정신역동과 행동주의 관점에 대한 대안으로 1950년대에 나타났다. 인본주의 관점(humanistic perspective)은 인간을 선천적으로 타고난 착한 의지와 스스로 선택할 수 있는 능력을 지닌 능동적인 존재로 규정한다. 이들은 인간을 전체적으로 접근하여 연구해야 한다고 주장하고 긍정적인 발달을 추구하였다.

인본주의 학자인 로저스(Carl Rogers, 1902~1987)는 사람에게는 심리적으로 성장하고 건강해질 수 있는 타고난 경향성이 있다고 주장하

로저스

였다. 그리고 매슬로(Abraham Maslow, 1908~1970)는 각자에게 주어진 잠재력을 최대한 발달시키는 개인적인 동기로서 자아실현을 강조하였다. 이들 중 로저스는 인간중심치료라는 새로운 심리치료 기법을 개발하였다. 그리고 이 두 사람을 중심으로 전개된 인본주의적 관점은 심리학의 영역을 문학, 역사, 예술의 영역으로까지 확장시키기도 하였다.

#### ④ 인지주의 관점

인지주의 관점(cognitive perspective)의 중요한 주제는 인간의 생각과 앎의 과정이다. 즉, 이 관점에서는 주의, 사고, 기억, 이해와 이들의 과정이 모두 포함된다. 인지주의자들은 인간은 생각하기 때문에 행동하고, 또 인간이기 때문에 생각한다고 본다. 인지심리학자들은 지각, 기억([그림 1-1]), 언어 사용, 문제 해결 그리고 다양한 수준에서의 의사결정 같은 상위 정신과정을 연구한다. 인지심리학적 관점에서는 현실에 대한 한 개인의 반응을 객관적인 세상에 대한 것이 아니라 개인 내적 생각과 상상의 주관적 세상에 대한 것으로서 파악한다.

예를 들어서, 언어학자 촘스키(Noam Chomsky, 1928~ )는 언어 획득 기제를 인지적으로 설명하였다. 그는 아이가 발성을 할 수 있게 되더라도 그 소리가 자신의 경험 범위 밖의 것일 수 있다고 주장하였다. 스위스의 심리학자 피아제(Jean Piaget, 1896~1980)는 아이들의 인지발달을 인지구조의 질적 발달과 정교화 과정으로 설명하였다.

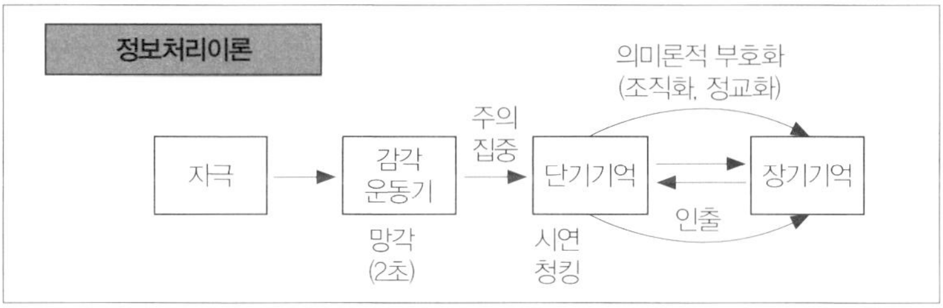


[그림 1-1] 기억의 단계

### ⑤ 생물학적 관점

생물학적 관점(biological perspective)에서는 행동의 원인을 유전자, 뇌, 신경계 그리고 호르몬계의 기능으로 설명한다. 아울러 우리의 정신과 행동 그리고 경험을 신경세포들 사이에서 일어나는 화학적이고 전기적인 활동의 결과로 이해하고 설명할 수 있다고 판단한다. 아무리 복잡한 정신과정, 사회적 현상도 가장 작고 구체적인 단위로 세분화하여 분석하면 이해될 수 있다고 주장한다.

"당신이 휴대전화 사용법을 배우고 있을 때 당신의 뇌에서는 어떤 변화가 일어나고 있을까?" 이 질문에서 나타나듯 생물학적 관점의 연구자들의 업적은 심리학을 감각, 학습, 정서와 같은 행동의 기저로서의 뇌의 과정을 연구하는 행동신경과학으로 확장하였다([그림 1-2]). 이 연장선상에서 뇌영상 기술의 발달은 인지신경과학의 발전에 결정적인 역할을 하였으며, 기억과 언어 같은 고등 인지기능을 연구할 때 다학문적 접근이 가능하게 하였다.

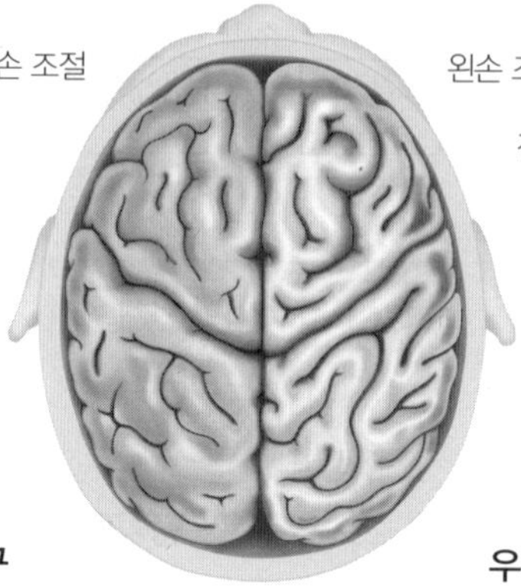


**[그림 1-2] 좌우로 분리된 뇌**

출처: http://www.pinterest.com/pin/162622236516117217/

⑥ 진화론적 관점

진화론적 관점(evolutionary perspective)은 자연 선택에 의한 진화설을 주장한 다윈(Charles Darwin, 1809~1882)의 생명과학의 핵심 아이디어와 현대 심리학을 연결하려는 시도다. 자연 선택의 원리라는 것은, 환경에 잘 적응하는 유기체는 적응하지 못하는 유기체보다 자신의 유전자를 가진 자손을 더 성공적으로 낳을 수 있다는 주장이다. 진화론적 관점은 우리의 신체적 기능이 진화([그림 1-3])한 것처럼 인간의 지적 능력도 수백만 년 동안 특정 목적에 적합하도록 진화한 결과로 파악한다.

진화심리학자들은 초기 인류가 직면하였던 적응적인 문제—육식동물과 기생충 피하기, 음식 채집과 교환하기, 건강한 아이 키우기 등—를 확인한 후에 이러한 문제를 해결하기 위하여 진화되어 온 정신기제 또는 심리적 적응에 대한 추론을 한다. 이들은 남녀 성역할의 차이를 현대사회의 압력으로 보지 않고 아주 긴 시간 동안의 진화의 산물로 간주한다.

[그림 1-3] 인간의 진화

출처: http://ask.nate.com/qna/view.html?n=4381882

### ⑦ 사회문화적 관점

사회문화적 관점(sociocultural perspective)은 행동의 원인과 결과를 사회문화적 차이로 설명하려는 태도다. 이 관점은 인간의 본성에 대해 연구하는 심리학의 연구 자료들이 지나치게 미국의 백인 중상층을 상대로 이루어졌다는 것에 대한 반성에서 출발하였다. 이들은 한 문화에서 발견된 현상과 연구 결과가 다른 여러 문화에 적용될 수도 있지만(문화 보편성), 문화에 따라서 다른 결과가 나올 수도 있다(문화 특수성)는 것을 기본적 태도로서 수용하고 있다.

이들이 보기에 문화는 구성원들에게 요구하는 행동 규범이다. 한 사람이 어떤 문화권에 태어나느냐에 따라 그 사람의 행동은 자신이 태어나고 소속된 문화권으로부터 결정적인 영향을 받게 된다. 한국과 미국을 비교하는 국가 간의 비교 연구를 쉽게 생각할 수 있지만, 하나의 문화 안에서도 하위 문화 간, 즉 노인들의 인간관계와 젊은이들의 인간관계의 차이를 비교할 수 있다. “로마에 가면 로마식으로 행동하라”는 말은 각 문화에 걸맞은 행동 양식이 있다는 것을 의미한다.

[그림 1-4] 동서양 사람들의 기념사진 구도의 비교

## 심리학자는 어떤 일을 하는 것일까

우리가 사는 이 지구상에 심리학자는 과연 몇 명이나 될까? 한 조사에 의하면 약 50만 명이 넘는다고 한다. 이들 심리학자들은 심리학 중에서 어떤 영역을 공부하였고, 어떤 일을 하고 있을까? 우리나라에는 아직 심리학자들의 연구 영역이나 취업 현황에 대한 조사가 없다. 미국의 경우 [그림 1-5]에 나타난 것처럼 박사 학위 취득자들 중에서 가장 많은 사람이 임상심리학(34.5%)을 전공하였고, 다음으로 많이 전공한 것이 상담심리학(12.1%)이다. 이 외 9가지의 다른 전공들은 5% 내외 정도다. 일반적으로 심리학자들은 심리학의 여러 세부 분야 중에서 정신건강에 관련된 전공을 가장 많이 선택하는 것으로 나타나고 있다. 우리나라의 경우도 이와 비슷한 양상을 보이는 것으로 알려져 있다.

미국의 경우([그림 1-6] 참조) 심리학자들이 근무하는 기관으로는 대학교와 연구기관이 가장 많다(37.3%). 미국에서는 대개의 대학교에

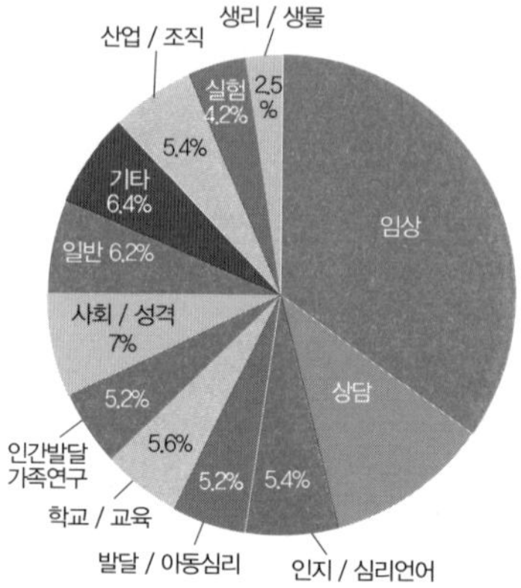


[그림 1-5] 미국 심리학자의 전공 영역

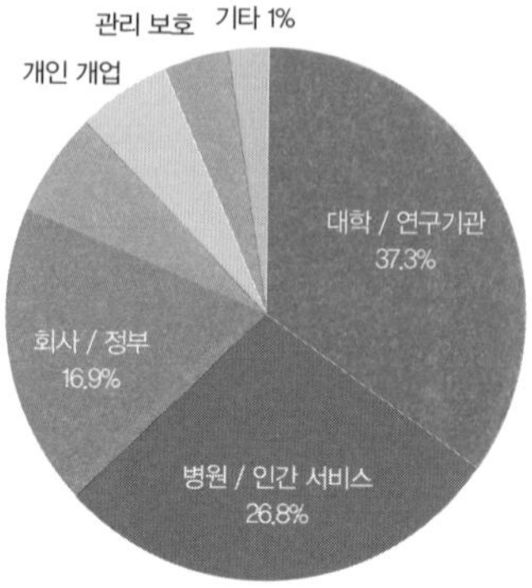


[그림 1-6] 미국 심리학자들의 직업

자료 출처: 이종한 외 5인 공역. 심리학과 삶(20판). 서울: 시그마프레스.

심리학과가 학부와 대학원에 개설되어 있고, 교수와 학생 수를 중심으로 볼 때 학과의 규모도 가장 큰 것으로 알려져 있다. 그리고 심리학자들은 일반적으로 심리학과와 직접 관련된 연구기관에 근무하지만 인접 영역의 연구기관에도 많이 근무하는 것으로 나타나고 있다. 다음으로 많이 근무하는 곳이 병원의 신경정신과 또는 정신건강과 관련된 기관이다(25.8%, 제4장 임상심리학과 상담심리학 참조). 여기에 근무하는 사람들은 주로 임상심리학과 상담심리학을 전공한 심리학자들이다.

그다음으로 많이 근무하는 기관이 회사와 정부(16.9%)인데, 여기에 근무하는 심리학자들의 전공은 주로 산업 및 조직심리학이다. 이들은 대규모 조직에서 신입사원(공무원)의 선발, 평가, 배치 그리고 교육 등의 분야에서 심리학 지식과 방법을 응용한다. 회사의 인사/조직 부서에 근무하는 심리학자들은 다른 기관의 다른 전공의 심리학자들보다 연봉이 높은 것으로 알려져 있다. 물론 기업과 정부에서도 임상심리학 또는 상담심리학 전공자들이 큰 조직에서 발생할 수 있는 여러 가지 심리적 문제를 해결하는 데 도움을 주기도 한다. 이외로 학교와 교육 관련 기관에 근무하는 심리학자들이 7%가량 되는데, 이들은 주로 초·중·고등학교와 교육청에 근무하는 학교심리학자 또는 학교상담전문가들이다. 미국에서는 각 학교마다 박사 또는 석사 학위를 가지고 학교 현장 상담에 전문적인 훈련을 받은 심리학자들이 한 사람씩 근무하면서 학생과 학부모에게 심리학적인 서비스를 전문적으로 실시한다.

미국에서는 심리치료센터를 합법적으로 개업하는 심리학자들이 상당 수 있다(6.4%). 이들의 전공은 임상심리학과 상담심리학이다. 오클라호마 주에서는 심리학자들이 약물 처방 자격증을 취득하여 개업을 하기도 한다. 개업한 심리학자들의 수입 또한 높은 편이다. 이외로는 관리와 보호(5.2%) 관련 업무가 있는데, 이는 의료보험 기관과 같은 관리 업무를 하는 곳에서 근무하는 것을 말한다. 이처럼 미국의 심리학자들이 근무하는 기관을 종합해 보면, 우리나라에 비하여 전체 인원수가 월등하게 많고 근무하는 기관도 훨씬 더 다양하다. 앞으로 우리나라에서 심리학자들이 근무할 기관도 미국처럼 훨씬 더 다양해질 것으로 예상된다.

# 심리학 관련 전공자들의 조직화된 모임이 있을까

하나의 독립된 학문으로서의 역사가 있고 체계화된 학문의 경우, 언제나 그 분야를 전공하는 사람들의 모임인 학회가 결성되어 있다. 대학과 대학원에서는 심리학을 가르치고 연구를 한다. 그리고 이런 연구자들이 모인 학회에서는 학문 분야의 논문집을 발간하고 학술 행사를 개최하고 학자들 간의 소통을 도모한다. 그런 점에서 학회는 학문의 발전에 기여하는 바가 크다. 각 나라마다 심리학 관련 전공 연구자들의 모임인 심리학회가 조직되어 있는데 여기에서는 우리나라와 미국의 심리학회 그리고 일본의 심리학회를 간단하게 소개하고자 한다.

## 한국심리학회

한국심리학회(Korean Psychological Association: KPA)는 1946년에 결성

되어, 70여 년의 역사를 지닌 학회다. 회원 수는 17,097명(2016년 9월 현재)이다. 조직 및 학회 업무를 살펴보면 다음과 같다.

① 조직

- 15개 분과학회: 임상심리학, 상담심리학, 산업 및 조직심리학, 사회 및 성격심리학, 발달심리학, 인지 및 생물심리학, 문화 및 사회문제심리학, 건강심리학, 여성심리학, 소비자 및 광고심리학, 학교심리학, 법정심리학, 중독심리학, 코칭심리학, 심리측정평가학
- 학회 운영을 위한 10개 상임위원회: 편집위원회, 상벌 및 윤리위원회, 학술위원회, 심리검사심의위원회, 발전기획위원회, 자격증제도관리위원회, 공공정책위원회, 심리학회보편집위원회, 재난심리위원회, 심리서비스법위원회

② 학회 업무

- 연차대회 개최: 1년에 한 차례 모든 회원이 참가하여 논문 발표와 다양한 연수 프로그램으로 2박 3일간 개최한다.
- 학회지 발행: 1년 4차례 학회지(한국심리학회지: 일반) 발간. 15개 분과학회에서도 정기적으로 학술논문 발표대회와 연수회 등을 개최하고 모든 분과학회에서 1년에 4회 학술논문집을 발간한다.
- 자격증 발급: 심리학 관련 자격증을 총괄하여 발급한다. 한국심리학회의 자격증은 8개 분과학회에서 시험, 실습, 면접 등의 전형 절차를 거쳐서 발급하고 있다. 자격증을 발급하는 분과학회는 다음

과 같다: 임상심리학회, 상담심리학회, 발달심리학회, 사회 및 성격심리학회, 건강심리학회, 인지 및 생물심리학회, 산업 및 조직심리학회, 중독심리학회

2016년부터 심리학을 학부에서 전공하거나 복수전공을 한 학생들에게 시험을 거쳐서 '일반심리사' 자격증을 발급하고 있다. 이외에도 대정부 자문과 협약을 통하여 심리학이 정부 조직과 사회에서 응용될 수 있도록 노력한다.

이상의 내용은 한국심리학회 홈페이지(www.koreanpsychology.or.kr)를 방문하면 쉽게 알 수 있다. 홈페이지에 들어가면 한국심리학회의 조직과 일반적인 업무 이외에 논문 검색, 용어사전, 학술행사의 일정

한국심리학회 창립 70주년 기념 심포지엄
(2016년 5월 코엑스)

과 간행물, 심리학 관련 기관으로 국내와 외국의 심리학과, 국내외의 학회 홈페이지에 바로 접속, 개업한 심리상담센터 연결 등 많은 서비스를 받을 수 있다.

## 미국심리학회

미국심리학회(American Psychological Association: APA)는 31명의 초창기 멤버가 1892년에 설립하였다. 미국심리학회는 제2차 세계대전 때 전쟁으로 인한 피해자들에 대한 심리적 서비스 제공 등의 이유로 급격히 성장하였다. 현재 미국심리학회는 117,500명의 회원으로 구성되며, 54개의 심리학 하위 분야(예: 발달심리, 일반심리, 사회심리, 학교심리, 임상심리, 상담심리, 재활심리, 실험심리, 소비자 심리 등)로 구성된다. 또 하나의 국제 규모의 학회로 미국심리과학학회(American Psychological Society: APS)가 있다. 이 학회의 회원들은 임상심리학과 상담심리학의 심리치료적 접근보다 심리학의 과학적 측면에 주로 관심을 지니고 있다. 회원은 약 23,000명이 넘는다.

〈미국심리학회의 주요 목표〉

① 학회의 기능을 극대화한다

1.1. APA 구성원의 활동과 그들이 지닌 가치 실현을 돕기 위해 구성원들과 의사소통하며, 구성원들을 위한 프로그램을 기획하고 서비스를 제공한다.

1.2. 학회의 재정 상태를 건강하게 운영한다.

1.3. 회원이 근거-기반적 의사결정을 할 수 있도록 최신의 과학적 정보를 제공한다.

② 건강(정신 및 신체건강)을 증진함에 있어 심리학의 역할을 확장한다

2.1. 건강관리 개혁 정책에 있어 심리학적 서비스의 포함을 위해 일한다.

2.2. 심리학자들이 건강 증진, 질병 예방, 만성 질환의 관리를 증진하는 데 관여할 수 있는 혁신적인 도구를 개발한다.

2.3. 건강 영역에서 타 영역 전문가들과 대중을 교육한다.

2.4. 건강 영역에서 심리학자의 역할을 지원하는 기금 및 정책을 옹호한다.

2.5. 다양한 건강 관리 영역에 심리학적 지식을 적용하는 것을 돕는다.

2.6. 지역 간/세대 간/인종 간 건강 불균형을 줄이는 데 심리학의 역할을 강조한다.

2.7. 개인, 조직 및 지역사회 수준에서, 전반적인 건강 및 웰빙을 증진하기 위해 심리학적 지식을 적용하는 것을 돕는다.

③ 과학으로서의 심리학에 대한 인식을 증진한다

3.1. 대중을 대상으로 심리학의 과학적 근간을 이해시킨다.

3.2. 심리과학에서 근거-기반 실천으로 확장한다.

3.3. 심리학적 과학을 일상생활에 적용하도록 돕는다.

3.4. 심리과학에 대한 교육 기획을 확장한다.

## 일본심리학회

일본 심리학의 발달은 매우 빨랐다. 동아시아 3국 중 가장 먼저 서양의 심리학을 받아들여 1876년에 최초의 번역서가 출판되었다. 헤이븐(Haven)의 저서 『Mental Philosophy』를 옮긴 것인데, '심리학(心理學)'이란 번역어는 그 책에 처음 등장한 것이다. 지금 한국과 중국에서 사용되는 많은 심리학 용어는 일본어 번역에서 유래하였다. 역사가 오래된 만큼 연구와 응용의 축적 또한 넓고 깊다. 많은 사람은 일본 심리학이 과소평가되어 있다고 말하고 있는데, 이는 언어와 문화의 차이 때문에 서양인들이 일본의 심리학을 접하기 어려운 것도 이유 중 하나일 것이다.

일본에서 심리학의 시작은 서양 여러 나라에 비해서 그다지 늦지 않았다. 현대 심리학의 시조인 분트(Wundt)에게서 직접 배운 일본 학자들도 있다. 분트는 1879년에 역사상 최초로 독일 라이프치히 대학교에 실험심리학 연구실을 개설하였다. 세계 각국에서 제자들이 몰려왔고 그들은 귀국하여 자국 최초의 심리학실험실을 만들었다. 미국 심리학자 커텔(James McKeen Cattell)도 그중 하나다. 일본의 대학에 심리학 강좌가 생긴 것은 1888년이고, 최초의 실험실은 1903년에 동경대학교에 만들어졌다. 일본의 심리학은 전통적으로 지각 연구에서 강세를 보이며, 기초 분야의 과학적 연구와 교육을 중시한다.

일본심리학회(Japanese Psychological Association: JPA)는 1927년에 설립되었다(일본심리학회 홈페이지 참조. http://www.psych.or.jp 한국어와 영어 페이지도 있음). 회원은 2012년 현재 7,400명이다. 일본심리학회는 모든 분야를 망라하지만, 전통적으로 기초 분야 연구자들의 비중이 크다. 물론, 인지심리학, 기초심리학회, 임상심리학 등 전문 학회들도 다수 있으며, 이들은 JPA와 독립적이다. 일본심리학회 이외의 전문학회에 대해서는 심리학 관련 학술단체들의 연합인 '일본심리학제학회연합(日本心理学諸学会連合)'의 HP를 참조하기 바란다.

일본심리학회는 모두 5개의 분과로 나뉘어 있다. 제1분과는 지각, 생리, 사고, 학습, 제2분과는 발달, 교육, 제3분과는 임상, 성격, 범죄, 교정, 제4분과는 사회, 산업, 문화, 제5분과는 방법, 원리, 역사를 다룬다. 지역별 학회도 8개가 있다. 일본심리학회는 매년 학술대회를 개최하고 있으며, 발표 건수는 1,200건, 참가자 수 3,000인을 웃도는 규모다(최근의 통계에 따름). 2016년의 제80회 대회는 국제심리학대회(International Congress of Psychology: ICP)와 병행하여 요코하마에서 개최되었다. 일본심리학회의 ICP 주최는 두 번째이며, 첫 번째는 1972년에 도쿄에서 개최되었다(참고로, 2004년에는 중국 베이징에서 ICP가 열렸다).

일본심리학회는 두 개의 기관지를 발행한다. 하나는 일본어로 간행하는 『심리학연구(心理学研究)』다. 1926년에 창간되었으며, 현재는 격월간으로 발행된다. 다른 하나는 영문으로 간행하는 『Japanese Psychological Research』이며, 1954년에 창간되었다. 현재는 와일리(Wiley) 출판사가 출판을 담당하고 있다. 두 잡지 모두 웹상에서 무료로 공개하고 있다.

일본심리학회는 한 개의 자격증 제도를 공식적으로 운영하고 있다. '인정심리사(認定心理士)'는 4년제 대학의 심리학과를 졸업한 사람을 대상으로 하는 것으로, 심리학의 기본 지식과 기초 기술을 획득했음을 증명하는 제도다. 심리학 전공 학부 졸업생들은 '인정심리사'를 취득하여 심리학 전공자로서의 정체성을 확립하고 전문성을 향상시킬 수 있다. 1990년에 발급이 시작되었으며, 2009년 현재 자격증 취득자는 30,004명이다. 작년에 25주년을 맞이한 이 제도는 일본심리학회 내에 확고하게 자리를 잡았다. 일본심리학회 산하에 '인정심리사회'가 구성되어 있다. 일본심리학회는 '인정심리사'를 위한 정보 제공과 교육을 지원한다(참고로 일본에는 심리학 관련 자격증이 하나 더 있다). '임상심리사'는 임상 분야에 제한된 자격증으로 '인정심리사'와 달리 대학원 석사 학위 수준을 대상으로 한다. 운영은 일본심리학회와는 무관한 '일본임상심리사자격인정협회'가 하며, 전문 학술단체인 '일본심리임상학회'가 지원하고 있다. '인정심리사'와 '임상심리사'는 심리학계에서 공신력이 높은 자격증이지만 국가자격증이 아니다. 일본심리학회를 비롯한 심리학 관련 단체들은 심리전문직의 국가자격화를 위해 오래전부터 노력하고 있다.

2015년 9월에 일본 심리학계는 동아시아 최초로 심리전문직의 국가자격화를 달성하였다. 일본심리학회를 비롯한 많은 심리학 관련 단체가 협력하여 국회에서 「공인심리사법」을 통과시켰다. '공인심리사(公認心理師)'는 학부와 대학원에서 심리학(또는 관련 전공)을 전공한 석사 학위 수준의 전문가를 대상으로 하며, 임상, 교육, 복지, 교정, 산업 등의 분야에서 일할 수 있는 자격증이다. 법 제정 후 실시를 위한 구체적 절차가 진행 중이며, 2017년에는 최초의 국가공인 자격증이 발급될 것으로 전망된다. 자격증 발급을 위해 '재단법인일본심리연수센터'가 구성되어 있으며, 여기서 응시 자격의 심사, 시험의 실시 및 관리 등을 담당한다.

간략하지만, 일본심리학회의 역사와 현황을 개관하였다. 앞으로 일본의 심리학에 대한 전망을 한마디로 말하면 매우 긍정적이다. 일본의 심리학은 오랜 역사와 꾸준한 연구로 지금은 세계적 수준에 올라섰으며, 수많은 연구자를 배출하고 중요한 업적들을 생산하고 있다. 심리학의 거의 모든 분야에서 일본 심리학자들의 활약을 볼 수 있다. 침팬지의 작업기억에 대한 연구로 유명한 마쓰자와(Matsuzawa), 사회심리학의 야마기시(Yamagishi), 지각심리학의 시모조(Shimojo), 기억 연구의 미야케(Miyake) 등은 일부에 불과하다. 국제 학술대회에서 또는 국제적 학술지에서 일본 심리학자의 이름을 쉽게 발견할 수 있으며, 세계적으로도 일본의 심리학과 심리학자에 대한 관심이 증가하고 있다. 일본의 과학 수준은 이미 검증되어 있기 때문이다(다른 과학 분야처럼 일본 심리학자가 노벨상을 받는 날이 올지도 모른다). 일본심리학회는 일본 학자의 연구를 세계에 전파하기 위해 노력하고 있으며, 해외 심리학자들과의 교류에 열심이다.

# 02
# 심리학에는 어떤 과목이 있을까

심리학에는 여러 종류의 하위 영역이 있다. 우리나라에서는 고등학교에서부터 문과와 이과로 나누어서 대학의 전공 학문을 미리 선택하도록 하고 있다. 이와 같은 커리큘럼에서 볼 때 일반적으로 심리학은 문과로 분류된다. 그러나 심리학의 영역은 실제로 이과에서부터 문과까지 대단히 넓은 시각에서 접근할 필요가 있다. 심리학을 문과로 분류하는 일반적인 인식과는 달리 심리학은 문과와 이과에 골고루 걸쳐 있는 학문이다.

우리나라에서 일반화된 전공의 이분법적 분류에 기초할 때, 생리심리학과 지각심리학 등은 거의 이과적 속성을 가지고 있는 반면에 성격심리학과 사회심리학 등은 문과적 속성이 더 강하다. 그러므로 심리학을 문과, 이과의 이분법적 시선으로 분류하기보다 통합적으로 이해하고 접근하는 것이 바람직하다. 과거 우리나라 대학에서 심리학과 학생들에게 이과에 준하는 실험실습비를 부과하여 받은 것은 이에 대한 중요한 판단 근거가 될 수 있다.

일반적으로 심리학 개론서는 심리학의 다양한 영역을 대표하는 여러 개의 장으로 이루어져 있다. 이 여러 개 장의 내용은 대학 학부 2학년부터 4학년까지 편성되는 전공과목의 명칭을 대신한다고 볼 수 있다. 이 장에서는 거의 모든 심리학 개론서에서 주로 다루는 내용을 각 장별로 간략하게 정리하여 소개하고자 한다. 여기에 소개되는 각 장은 대학의 전공과정 교과과정에 편성되어 각각 독립된 과목으로 강의하게 된다. 대학원 과정에서는 이러한 과목 중에서 자신의 전공에 더 편중하고 더 세부적으로 분화된 과목을 배우게 된다.

## 심리학 공부의 시작: 심리학 개론

심리학 개론(introduction to psychology)은 심리학을 배우기 시작하는 과정에 필수적으로 공부해야 하는 과목으로서 심리학 전반을 다루고 있다. 이 개론서를 통해서 심리학이란 무엇인지 정의를 내리는 것에서부터 시작하여 연구방법론, 생리심리학, 감각과 지각, 마음과 의식, 학습과 행동분석, 기억과 인지과정, 인간 발달, 성격, 사회심리학과 같은 심리학의 기초 영역, 지능과 심리측정, 심리장애, 상담심리학, 임상심

리학, 산업심리학 등 심리학의 응용 영역에 걸쳐서 배우게 된다.

아울러 심리학에서 다루는 다양한 하위 영역을 이해하게 되고 심리학에서 사용하는 전문용어를 익히게 된다. 대개의 심리학 개론서는 15~20개 정도의 장으로 구성되어 있다. 미국에서 발간된 개론서를 번역한 책들이 우리나라 교수들의 개론서보다 다루는 내용이 더 많은 경향이 있다. 일반 교양과목으로 편성되어 여러 학과 학생들이 심리학 개론을 수강하는 경우에는 내용을 한 학기 분량으로 수강한다. 한 학기로 개설되는 교양 심리학에서는 개론서의 모든 장을 강의하지는 못하고 반 정도의 장을 선택하여 강의하게 된다. 그러나 심리학과 학생 내지, 심리학을 복수전공으로 선택하려는 학생의 경우, 개론서의 내용을 두 학기(6학점)에 걸쳐서 수강하게 된다. 교양과목으로 개설하는 경우는 2학점 또는 3학점 단위로 한 학기용으로 개설된다.

**추천도서**

고영건 외 14인 공저 (2012). **심리학의 현대적 이해**. 서울: 학지사.

윤가현 외 14인 공저 (2012). **심리학의 이해(4판)**. 서울: 학지사.

현성용 외 17인 공저 (2015). **현대 심리학의 이해(3판)**. 서울: 학지사.

Gerrig, R. J. (2015). **심리학과 삶(20판)**. (*Psychology and life,* 20th ed.). (이종한, 박권생, 박태진, 성현란, 이승연, 채정민 역). 서울: 시그마프레스. (원전은 2012에 출판).

Myers, D. G., & Dewall, C. N. (2015). **마이어서의 심리학(11판)**. (*Psychology,* 11th ed.). (신현정, 김비아 역). 서울: 시그마프레스. (원전은 2015에 출판).

# 심리학 공부의 기초 쌓기: 연구 방법 및 자료 분석(통계학)

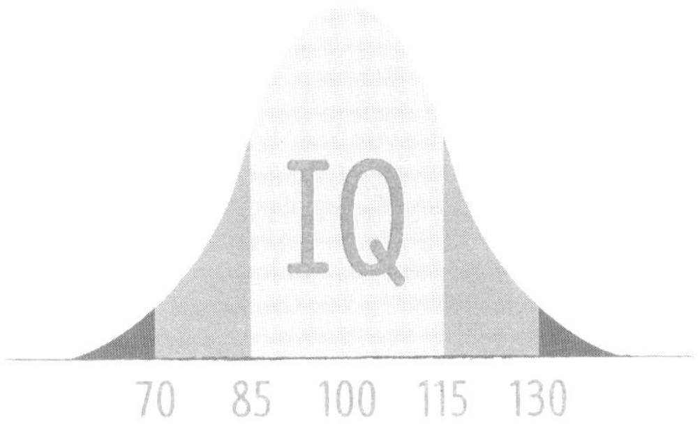


성격, 태도, 정서와 같은 심리학의 연구 대상은 우리의 오관으로 직접 관찰할 수 없는 것들이다. 심리학 연구에서 가장 어려운 점이 바로 여기에 있다. 우리가 직접 관찰할 수 없는 현상을 어떻게 하면 객관적으로, 그리고 과학적으로 연구할 수 있을 것인가? 심리학자들은 이 과제를 오랜 기간 연구해 왔다.

심리학자들은 심리학 연구를 과학적으로 체계화하기 위하여 연구

절차를 표준화(standardization)하려고 노력한다. 이 결과 연구 진행 과정을 ① 초기 관찰 또는 질문, ② 가설 설정, ③ 연구 설계, ④ 자료 분석 및 결론 도출, ⑤ 연구 결과 보고, ⑥ 새로운 질문 고려, ⑦ 새 질문 연구와 같이 체계화한다. 이 과정에서 필요한 여러 가지 연구 방법을 간략하게 소개하면 다음과 같다.

실험법(experimental method)에서는 관찰자의 개인적 동기와 기대로 인하여 야기될 수 있는 오류, 즉 관찰자 편향을 최소화하기 위하여 노력한다. 실험자가 자신이 하는 연구의 결과가 원하는 방향으로 나올 수 있도록 자신도 모르게 피험자에게 암시를 줄 수 있는데 이러한 오류를 예방하여야 한다. 이를 위하여 다음의 조건들이 필수적으로 요구된다.

첫째, 자료의 수집 과정을 동일하게 하고 일관된 절차를 거친다. 그리고 개념의 정의를 표준화하여 조작적 정의를 사용한다.

둘째, 실험자가 조작하는 독립변인(independent variable)을 정확하게 확정하고 실험의 결과로 나타나는 변화인 종속변인(dependent variable)을 미리 정확하게 정의한다. 예를 들면, 음주가 안전운전에 미치는 효과를 연구하고자 할 때, 피험자가 마시는 일정 양의 술은 독립변인이고 술을 마신 후에 나타나는 반응 속도의 변화는 종속변인이다.

셋째, 실험 과정에서 실험적 처치 이외에는 모든 절차를 동일하게 통제(control)하여 시행해서 오류를 최소화하기 위하여 노력한다. 실험 과정에서 야기될 수 있는 혼입변인, 기대효과 그리고 위약효과 등을 철저하게 통제하기 위하여 실험자와 실험참가자 모두가 실험의 의도를 모르게 하는 이중맹목 통제 기법(double-blind control)을 활용하기도 한다.

넷째, 실험집단과 통제집단을 두는 피험자 간 설계에서는 두 집단의 실험 참가자의 조건이 완전히 같게 하기 위하여 무선 할당 표집법(random sampling)을 사용한다. 피험자 내 설계에서는 참가자 각자를 통제하여 실험 전과 실험 후의 변화를 비교하기도 한다. 이러한 실험법 연구의 장점은 변인 간의 원인과 결과, 즉 인과관계를 분명하게 설명할 수 있다는 것이다.

그러나 실험법으로 모든 주제를 연구할 수 있는 것이 아니다. 실험법만으로 연구하기 힘든 연구 주제들도 많다. 예를 들면, 지적 능력과 오래 사는 것 간에는 어떤 관계가 있을까? 대학 성적과 사회적 성공은 어떤 관계가 있을까? 이런 질문은 실험법만으로는 답을 얻기가 어렵다. 심리학에서는 이러한 질문에 답하기 위하여 상관연구(correlational method)를 실시한다. 긍정적 가치관의 정도와 행복지수는 정적 상관을 보이는 반면에 자기비하 점수가 높을수록 행복지수는 낮아지므로 부적 상관관계라고 할 수 있다. 두 변인 간의 관계의 정도는 완전한 정적 상관인 +1.0에서 완전한 부적 상관인 -1.0으로 나타낸다. 그러나 상관연구의 결과는 변인 간의 관계를 설명할 뿐이지 인과관계는 설명하지 못하는 한계가 있다.

심리학적 주제를 연구하기 위해서는 연구 대상을 객관적인 자료로 표현하여야 한다. 구체적인 행동은 쉽게 보이지만, 불안, 태도 그리고 가치와 같은 심리적 요인은 쉽게 드러나지 않는다. 심리학자의 과제는 보이지 않는 것을 보이도록 하고, 내부 사건을 외부 절차로 그리고 사적인 경험을 공적인 경험으로 만드는 것에 있다. 그래서 심리학자는 연구 대상의 수준, 크기, 강도, 빈도 또는 변인의 양에 대하여 숫자를 부여하는 노력, 즉 수량화하기 위하여 애쓴다. 이러한 심리측정을 보다 객관적으로 하기 위하여 신뢰도(reliability)와 타당도(validity)라는 개념을 도입하고 있다.

신뢰도는 측정의 안정성 또는 일관성을 말한다. 하나의 현상을 측정하는 데 측정을 할 때마다 측정치가 다르다면 곤란할 것이다. 어느 정도 일관되고 안정적인 측정치를 확보할 수 있을 때 과학적 연구가 가능해지기 때문이다. 측정하고자 한 것을 얼마나 정확하게 측정하였는지 여부를 판단하는 것이 타당도다. 예를 들어, 지능을 측정하기 위하여 줄자로 머리 둘레를 측정한다면 언제나 같은 값을 얻을 수 있어서 신뢰할 수 있을지는 모르겠으나 지적 능력을 표현해 주지 못하기 때문에 타당도는 거의 없다.

측정 방법에는 여러 가지가 있다. 자기보고 측정(self-report measures)은 연구 대상자가 본인에 대하여 스스로 답하는 방식의 측정 방법이다. 질문지나 설문조사 또는 필답 형식의 심리검사가 여기에 속한다. 자연관찰(naturalistic observation)은 연구자가 의도적으로 상황에 개입하거나 변화를 시도하지 않고 자연스러운 상황에서 일어나는 행동을 관찰하는 것이다. 그리고 행동측정(behavioral measures)은 드러난 행동을 직접 관찰하는 방법이다. 스포츠 관람자 숫자 또는 기상정보와 같은 기록 자료를 분석하기도 한다. 그리고 한 사람 또는 제한된 수의 대상자의 행동과 현상에 대하여 집중적으로 조사하는 사례연구(case study) 방법을 사용하기도 한다.

인간과 동물의 기본권을 존중하는 것은 연구자의 기본적 의무다.

연구에 참여함으로써 연구 참가자가 당할 수 있는 위험, 고통 또는 스트레스 등을 최소화하여야 하며, 필요하면 이에 대한 사전 동의서를 받을 필요가 있다. 미국의 경우 모든 연구기관에는 심의위원회를 두어서 이러한 문제를 사전에 심의하지만, 우리나라는 아직 이 제도가 시행되지 못하고 있다. 그리고 연구가 끝났을 때에는 연구의 목적, 가설 예상되는 결과 그리고 연구에서 기대되는 이득 등에 대해서 참가자에게 정확하게 설명하여야 한다. 인간에게 할 수 없는 연구—생명을 담보로 하는 연구 등— 를 위하여 동물을 사용하기도 한다. 이때에도 동물의 고통과 통증 그리고 희생을 최소화하는 노력을 기울여야 한다.

대부분 문과 출신인 심리학과의 신입생이 가장 생소하게 생각하고 어려워하는 과목이 통계학(statistics)이다. 하지만 사회과학, 특히 심리학에서는 자료를 분석하기 위해서 통계학적 지식이 필수적이다. 통계적 기법은 실증적, 경험적, 양적 자료를 기초로 사회현상을 요약하고 정리하여 나아가 미래를 예측하고 통제하는 데 그 목적이 있다.

**추천도서**

임인재, 김신영, 박현정 (2003). **통계방법: 교육 심리 사회연구를 위한**. 서울: 학연사.

Myers, A., & Hansen, C. (2012). **마이어서와 핸슨의 사회과학을 위한 연구방법론(7판)**. (*Experimental psychology*, 7th ed.). (신현정 역). 서울: 박학사. (원전은 2012에 출판).

# 마음의 기원과 생물학적 구조: 진화심리학과 생리/생물심리학

인간의 현재 모습은 어떻게 만들어졌을까? 이 답을 얻기 위해서는 먼저 수백만 년 동안 이어온 유전적 유산과 태어난 후의 환경적 경험을 생각할 수 있을 것이다. 심리학에서 인과적 설명을 위한 주요한 차원이 천성 대 양육 또는 유전 대 환경의 논쟁이다. 다윈은 비글호를 타고 탐사한 결과로 『종의 기원』을 출간하여 진화론(theory of evolution)을 주장하였다. 아울러 그는 모든 동물은 자연 선택의 원리에 의해 진화한다고 하였다. 자연 선택 이론은 환경에 잘 적응하는 유기체가 적응하지 못하는 유기체보다 더 많은 자손을 낳을 것이라는 주장이다. 이처럼 적자생존의 원리는 신체적 · 심리적으로 환경에 가장 잘 적합한 개체가 생존할 확률이 가장 크다고 주장한다. 그리고 부모로부터 물려받은 유전적 구조로서 유기체의 발달과 행동을 결정하는 유전자형이 있고, 그 결과로 획득된 구체적인 겉모습과 행동목록을 표현형이라고 한다.

그렇다면 인간은 어떻게 진화하였을까? 약 700만 년 전의 인류의 조상은 '직립보행(bipedalism)'과 '대뇌화(encephalization)'라는 두 가지 중요한 적응기제로 현생 인류의 기틀을 닦았다. 우리가 말을 할 수 있는 언어의 출현은 현생 인류의 가장 획기적인 적응기제였다. 인간은 말을 함으로써 도구 제작, 농사 기술, 위험 피하기 등 중요한 정보를 다른 사람과 후손들에게 전달할 수 있었다. 언어는 문화적 진화를 촉진시켰고, 도구 제작의 진보와 산업 기술의 발달을 가져왔다. 문화는 오로지 인간만이 가진 유전적 잠재력이며 진화의 탁월한 유산이다.

인간 행동유전학(human behavior genetics)은 유전과 행동 사이의 인과적 관계를 탐색하기 위해 유전학과 심리학을 통합하여 연구하는 분야다. 이 분야에서는 특히 개인 차이의 기원을 찾는 데 초점을 맞춘다. 사회생물학(sociobiology)은 인간과 다른 종류의 동물들의 사회행동과 사회체계에 대해 진화론적으로 설명하고자 한다. 그리고 진화심리학(evolutionary psychology)은 인간 뇌의 메커니즘과 마음을 진화론적 관점을 통해 이해하는 것이다. 유전학은 인간의 염색체에 대한 연구로서 염색체의 구조와 기능에 대한 괄목할 연구 업적을 쌓아가고 있다. 유전율에 대한 연구는 쌍생아와 입양아 연구 등을 통하여 유전적 유사도와 행동의 유사도를 비교하여 유전과 환경의 영향을 구명하고자 한다.

최근에 놀랄 만큼 발전하고 있는 신경과학(neuroscience)은 감각에서 이용 가능한 정보가 신경충동에 의해 뇌와 몸 전체에 어떻게 전달되는가에 관심을 가지는 학문이다. 신경세포(neuron)는 정보를 수용하고 처리하며 신체 내의 다른 세포들로 전달하는 전문적인 일을 하는 세포다. 우리 뇌에는 1,000억 내지 1조 개의 신경세포가 있다. 신경세포는 세포체, 축색, 수상돌기 그리고 종말단추로 구성되어 있으며, 활동전위에 의해서 활성화되어 신경전달 기능을 하게 된다. 신경세포 내에서는 전기적인 흐름에 의해서 활성화되지만, 세포 간에는 시냅스 공간에서 화학적으로 연결된다. 이 시냅스 공간에서 화학적으로 작용하는 신경전달물질로는 아세틸콜린, 도파민, 세로토닌 그리고 엔도르핀 등이 있다.

현재에 이르기까지 우리 마음의 기저인 뇌의 구조와 기능에 관한 관심과 연구는 지속적이고 폭발적으로 증가하고 있다. 뇌를 연구하는 방법으로는 특정 부위가 손상되었을 때 상실되는 기능과의 관계를 알아보는 방법이 있다. 또한 뇌의 어떤 부위를 전기적으로 자극하여 나타나는 반응을 관찰하는 방법도 있다. 최근에는 뇌의 활동을 기록하고 영상화하는 기술이 발달하였다. 뇌전도(electroencephalogram: EEG)는 뇌 활동을 증폭시켜서 관찰하는 방법이고, 양전자방출단층촬영술(positron-emission tomography: PET)은 뇌에 방사능 물질을 투여하여 뇌의 활동을 기록하는 방법으로 심리적 활동이 일어나는 뇌 영역을 영상으로 보여 준다. 자기공명영상법(magnetic resonance imaging: MRI)은 자기장과 라디오파를 이용하여 뇌의 구조와 심리적 과정을 연결시킨다. 최근에는 기능적 MRI(functional MRI)가 개발되어 심리학의 주요 관심사인 주의, 지각, 언어 처리 그리고 기억과 같은 중요한 인지능력을 담당하는 뇌의 영역을 정확하게 찾아내게 되었다.

신경계는 크게 중추신경계(central nervous system)와 말초신경계(peripheral nervous system)로 구분된다. 중추신경계에는 뇌와 척수가 있다. 말초신경계는 뇌와 척수 외부의 신경조직으로 체신경계와 자율신경계로 나뉜다. 체신경계는 우리의 감각과 운동을 관장하는 신경조직으로 수의적 신경조직이다. 자율신경계는 불수의적 신경조직으로 우리가 위기에 처했을 때 대처하게 하는 교감신경계와 편안한 상태를 유지시키는 부교감신경계로 구성되어 있다.

뇌는 뇌 전체의 2/3를 차지하는 대뇌(brain)가 있어서 고차적인 인지기능과 정서를 조절하는 기능을 담당한다. 대뇌피질은 2~3mm 두께의 대뇌의 표면층을 이루고 있고 좌반구와 우반구로 나뉘어 있으며, 뇌량이 이들을 연결하고 있다. 대뇌는 계획, 판단 내리기, 목표 설정과 같은 인지기능과 운동을 통제하는 전두엽 그리고 촉각, 통증 및 온도 감각을 담당하는 두정엽으로 이루어져 있다. 대뇌의 후두엽은 시각 정보를 담당하고 측두엽은 청각 정보를 담당한다.

뇌에는 대뇌 이외에 많은 조직이 있다. 뇌간은 신체의 내부 상태를 조절하는 구조이며, 이 중에서 연수는 호흡, 혈압 및 심장박동을 관장하는 중추다. 망상체는 각성 수준을 조절하고, 시상은 감각 정보를 대뇌피질의 적절한 영역들로 전달하는 역할을 한다. 두개골의 기저부에 위치한 소뇌는 신체운동의 협응과 자세를 통제하며 평형을 유지시킨다. 변연계는 동기화된 행동, 혈압 및 혈당 수준을 조절한다. 변연계의 가장 큰 구조인 해마는 기억에 중요한 역할을 한다. 그리고 편도체는 정서통제를 하고 시상하부는 먹고, 마시고, 체온 조절 및 성적 각성을 조절한다.

우리 뇌는 좌반구와 우반구로 분리되어 있으며, 각 반구가 담당하는 기능이 다른 것으로 알려져 있다. 우반구는 왼손 동작, 음악과 예술적 기능, 상상과 환상, 공간 지각 그리고 신체조절과 지각을 주로 담당하는 반면에 좌반구는 오른손 동작, 논리적 사고, 언어 능력, 작문, 그리고 과학과 수학 등을 주로 담당한다. 하지만 이 두 반구를 연결하는 뇌량이 있어서 각 반구에서 처리된 정보는 순간적으로 통합되어 처리된다.

인간의 마음과 행동에 영향을 미치는 또 다른 체계는 내분비계(endocrine system)다. 내분비계는 호르몬이라는 화학물질을 혈류를 통해 분비하여 신체에 영향을 미치는 분비샘들의 조직망이다. 뇌하수체는 주 분비샘으로 성장을 조절하는 호르몬과 다른 내분비샘들의 작용에 영향을 미치는 10가지 정도의 호르몬을 분비한다. 남성에게는 테스토스테론이 분비되게 하고 여성에게는 에스트로겐의 생산을 자극한다. 시상하부는 내분비계와 중추신경계 사이의 중계역 역할을 한다.

## 추천도서

Buss, D. M. (2005). **마음의 기원: 진화심리학**. (*Evolutionary psychology: The new science of the mind*, 2nd ed.). (김교헌, 권선중, 이흥표 역). 서울: 나노미디어. (원전은 2004에 출판).

Carlson, N. R. (2016). **생리심리학(9판)**. (*Foundations of behavioral neuroscience*, 9th ed.) (정봉교, 현성용, 윤병수 역). 서울: 박학사. (원전은 2014에 출판).

# 우리는 주위 세상을 어떻게 이해하며 살아갈까: 감각과 지각

우리는 주위의 세상을 어떻게 알고 이해하며 살아갈까? 세상에 대한 우리의 경험은 감각(sensation)과 지각(perception) 과정으로 설명할 수 있다. 감각과 지각 과정은 세 단계—감각 과정, 지각 조직, 정체 파악(또는 재인/인식)—로 나누어서 볼 수 있다.

첫째, 감각 과정은 감각수용기를 자극하는 환경 변화가 신경반응으로 전환되는 과정이다. 환경의 자극이 감각 과정을 통해 신경반응으로 바뀌고 뇌의 신경세포로 전달되는 것이다.

둘째, 지각 조직은 외부 대상에 대한 표상을 형성하는 단계로서 감각기관을 통해 확보된 증거와 세상에 대한 기존 지식을 통합하여 대상의 크기와 거리 등을 결정하는 단계다. 그러나 정신활동은 우리가 의식하지 못하는 사이에 순식간에 그리고 효율적으로 이루어진다. 마지막 정체 파악 및 인식 재인 단계는 지각 경험에 의미를 부여하는 단계다. 눈앞의 대상이 무엇이며, 어떤 기능을 하는 것인지 등을 알

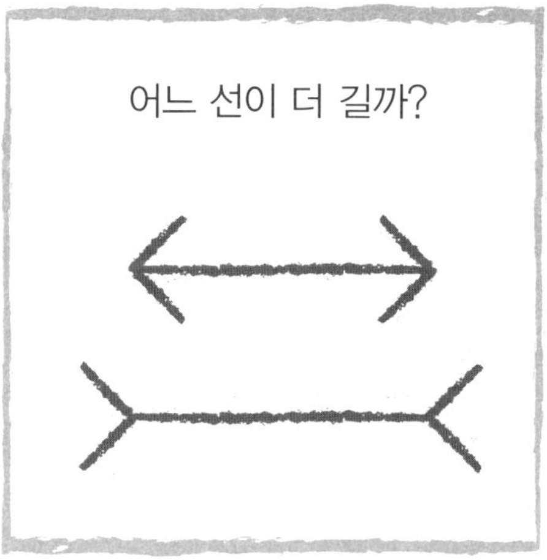


게 되는 과정이다.

19세기에 발달한 정신물리학(psychophysics)은 물리적 자극과 그 자극이 유발하는 행동 또는 정신적 경험 사이의 관계를 규명하기 위해 노력하였다. 페히너(Gustav Fechner, 1801~1887)는 물리적 단위로 측정된 자극의 강도와 심리적 단위로 측정된 경험의 크기를 관련짓는 방법을 고안하였다. 절대식역은 감각 경험을 야기하는 데 필요한 최소 자극 에너지다. 차이식역은 두 자극이 서로 다르다는 것을 인식할 수 있는 최소한의 물리적 자극의 차이를 말한다.

눈을 통한 시각에 대해서는 우선 눈의 구조와 각 부위의 기능을 공부한다. 그리고 시각 정보를 처리하는 뇌에서의 과정과 색채를 인식하는 기제를 배운다. 파장과 색상, 색깔의 순도와 선명도를 나타내는 채도 그리고 빛의 밝기를 나타내는 밝기에 대하여 배우고, 색의 혼합, 보색, 부적 잔상, 색맹 등을 공부한다. 그리고 삼원색 이론을 비롯하여 최근의 색채에 대한 이론을 공부한다.

청각은 귀의 구조에 대한 이해에서 시작하여 소리의 심리적 차원인 음고, 크기 그리고 음색에 대하여 설명한다. 음고 지각 이론과 소리의 근원, 즉 소리의 방향과 거리를 어떻게 탐지하는지에 대하여 공부한다. 그 외 감각기관으로 냄새에 관한 후각, 맛을 아는 미각, 촉감과 피부 감각 그리고 통증에 대하여 설명한다.

감각기관을 통해 들어오는 수많은 정보를 우리는 어떻게 인지하게 될까? 이에 대한 답을 지각조직화 과정을 통해 구할 수 있다. 먼저 우리는 '주의(attention) 과정'을 통해서 감각된 정보를 처리한다. 형태주의 심리학자들이 주장하는 '지각의 집단화 원리'는 조직화된 하나의 형태는 그 형태를 구성하는 요소의 합과 판이하게 다르다는 것을 잘 설명하고 있다. 예를 들면, 여러 개의 점이 조직적으로 배열되어 있으면 이를 낱개의 점이 몇 개 있는 것이 아니라 조직화된 모습으로 지각하게 된다는 것이다. 두 눈을 사용하여 물체와의 거리를 판단할 때는 두 눈과 물체와의 각도를 활용하게 된다. 그리고 한 눈으로 거리를 판단할 때는 사물이 중첩되었을 때 또는 사물의 상대적 크기를 기준으로 사용한다. 우리 눈의 망막에 비치는 모양이 서로 달라도 우리는 같은 모양으로 지각한다. 망막에 비치는 사물의 형태와 크기 그리고 밝기가 다르더라도 같은 물건으로 지각하는 현상을 '지각의 항등성'이라고 한다. 지각 경험이 사실과 다르다는 것이 분명함에도 계속해서 그대로 지각하게 되는 현상을 '착각'이라고 한다. 이러한 착각은 거의 모든 사람이 공통적으로 경험한다.

**추천도서**

Foley, H. J., & Matlin, M. W. (2013). **감각과 지각(5판)**. (*Sensation and perception,* 5th ed.). (민윤기, 김보성 역). 서울: 박학사. (원전은 2010에 출판).

Goldstein, E. B. (2015). **감각 및 지각심리학(9판)**. (*Sensation & perception*, 9th ed.). (곽호완 외 5인 공역). 서울: 박학사.

# 우리의 마음은 어떻게 생겼을까:
# 마음과 의식

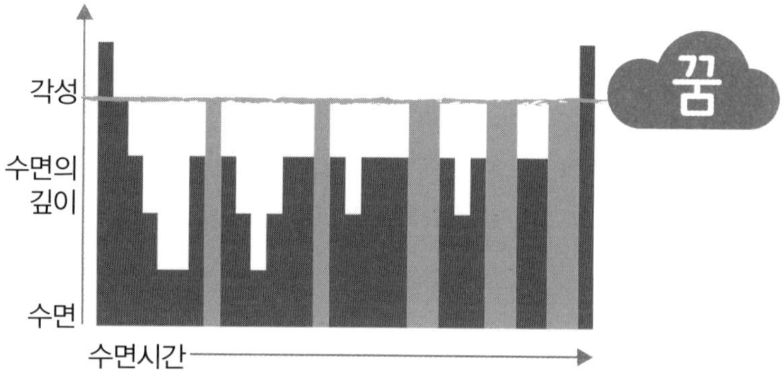


우리의 마음은 어떻게 생겼을까? 마음의 다른 표현으로 의식이라는 용어를 생각할 수 있다. 의식은 특정 순간의 지각, 사고, 느낌, 심상 및 욕구, 즉 주의를 집중하고 있는 모든 정신활동을 의미한다. 주의 집중의 수준에 따라 비의식적 처리, 전의식적 기억, 주의를 기울이지 않은 정보로 구분하여 설명할 수 있고, 의식 수준에서 수용하기 힘든 내용을 강하게 억압한 무의식 또한 우리 마음의 한 부분이다. 의식의 기능은 우리가 일상생활에서 적응하고 잘 생존할 수 있도록 하는 것이다.

우리는 인생의 1/3을 잠을 자면서 보낸다. 모든 생명체는 낮과 밤이라는 자연의 리듬에 영향을 받으며, 신체는 일주율(circadian rhythm)이라는 시간주기에 따라 조절되어 있다. 낮에는 깨어 있는 각성 상태를 유지하지만, 밤에는 잠을 잔다. 우리의 잠은 실제 숙면을 하는 비급속 안구운동 수면(non-REM sleep)과 대체로 꿈을 꾸는 급속 안구운동 수면(rapid eye movement sleep: REM sleep)으로 구분된다. 잠은 깊이에 따라 얕은 단계인 1단계에서 깊은 수면인 4단계로 반복된다. 이 반복 과정에 하룻밤에 5차례 정도의 REM수면을 한다. 일반적으로 수면은 에너지를 보존할 수 있도록 진화된 결과로 해석되고 있다. 수면에는 우리의 기억을 단단하게 하는 응고화의 기능도 있다.

생리적 · 환경적 · 심리적 원인으로 잠을 잘 자지 못하는 수면 장애가 있다. 미국 성인의 반 정도는 한 달에 한 번 이상 불면증(insomnia)을 경험한다고 한다. 드물기는 하지만, 낮 시간에 간헐적으로 수면이 엄습하는 기면증(발작수면, narcolepsy)도 있다. 수면무호흡증(sleep apnea)은 잠자는 도중에 호흡을 중단하는 장애로서 혈중 산소 수준을 떨어지게 하는 위험한 장애다. 몽유병(somnambulism)은 잠든 채로 잠자리를 떠나 배회하는 장애인데, 아동의 경우 7% 정도 나타나지만 성인이 되면 대개 사라진다.

의식의 상태가 변경된 것으로 최면과 명상을 들 수 있다. 최면(hypnosis)은 암시에 대하여 반응하여 지각, 기억, 동기 및 자기통제감에 변화를 가져오는 변경된 자각상태다. 최면 상태로 잘 유도되는 피최면성이 강한 사람이 있는가 하면 매우 약한 사람도 있다. 최면은 통증을 감소시키는 등의 긍정적 효과가 있다. 명상(meditation)은 마음을 깊은 평정 상태에 도달하게 하여 자기에 대한 지식과 편안함을 달성하도록 하는 의식이 변화된 상태다. 이 명상은 정신건강에 도움이 되는 것으로 밝혀지고 있다.

고대로부터 사람들은 마음에 영향을 주는 약물들을 사용해 왔다. 이러한 약물들은 향락을 위하여 사용하기도 하고 심리치료를 위하여 활용하기도 한다. 향정신성 약물(psychoactive drug)은 정신과 행동에 일시적으로 영향을 미치는 약물이다. 이 약물을 지속적으로 사용하면 동일한 효과를 내기 위하여 더 많은 용량을 요구하게 되는 내성(tolerance)이 생기게 된다. 신체가 특정 물질에 적응되고 의존하게 되면 생리적 의존(physiological dependence)이 된다. 내성과 의존성이 동시에 작용하면 체내에 약물이 없어질 때 심각한 고통 증상을 동반하는 중독(addiction)에 이르게 된다. 약물 중독 여부에 관계없이 특정 약물을 갈망하거나 즐기면 심리적 의존(psychological dependence) 상태에 빠지게 된다.

향정신성 약물은 그 작용에 따라 몇 가지로 구분된다. 가장 극적인 의식의 변화를 가져오는 환각제(hallucinogen)는 우리 마음의 내적 및 외적 지각을 모두 변경시키고, 자아와 비자아의 경계도 허물어서 환각 상태에 빠지게 한다. 대표적인 것으로 LSD가 있는데 이는 체내의 세로토닌 수용기에 매우 강하게 결합하여 신경세포를 지속적으로 활성화시킨다. 대마초는 환각 효과가 있는 식물이다. 낮은 용량의 대마

초는 사용자가 황홀감과 같은 즐거움을 느낄 수 있지만, 상습적으로 사용하면 공포나 불안과 같은 부정적 정서를 유발하기도 한다.

아편제(opiate)는 헤로인과 모르핀이 대표적인데, 신체적 감각을 강하게 억압하기 때문에 진통 효과를 강하게 경험하게 된다. 아편제는 뇌의 엔도르핀과 같은 수용기에 결합하므로 중독성이 강하며, 중독되었을 때 병적 폐해가 심각하다. 진정제(depressant)는 중추신경계에서 신경전달을 억제하여 정신적·신체적 활동을 낮춘다. 대표적인 약물로는 바비튜레이트와 벤조디아제핀이 있다. 그러나 인류 역사에서 가장 오랫동안 사용된 진정제는 알코올(술)이다. 축제에 술이 따르는 것처럼 술이 우리에게 즐거움도 주지만, 과도한 음주나 습관성 음주는 사고 기능을 저하시키거나 사고와 같은 심각한 부작용을 불러온다. 각성을 일으키고 희열감을 고조시키는 흥분제(stimulants)는 암페타민, 메탐페타민 그리고 코카인 등이 있다. 이들 약제들은 노르에피네프린, 세로토닌과 도파민 같은 신경전달물질의 수준을 증가시켜서 흥분 상태로 만든다.

**추천도서**

이정모 (2010). **인지과학: 과거-현재-미래**. 서울: 학지사.

# 우리는 어떻게 행동을 배울까:
# 학습과 행동분석

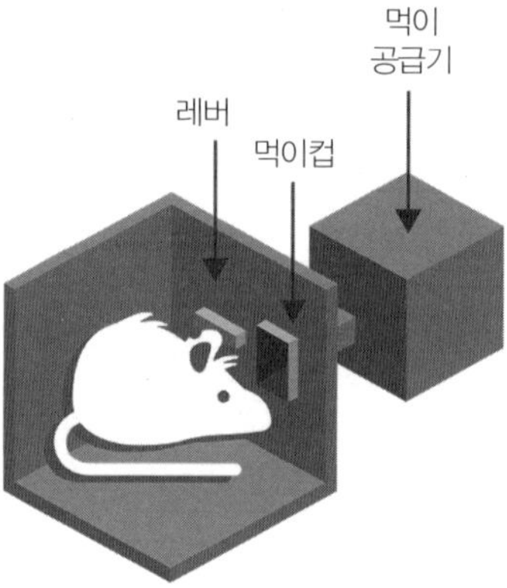


경험을 통해서 행동 또는 행동의 잠재력이 비교적 일관성 있게 변화되는 현상을 학습(learning)이라고 정의한다. 그러므로 성숙에 의한 변화나 약물에 의한 일시적인 변화는 학습이라고 할 수 없다. 학습에 대한 현대 심리학의 관심은 왓슨(John Watson, 1878~1958)이 창시한 행동주의(behaviorism)에서 비롯된다. 이후 스키너의 급진적 행동주의를 거치면서 행동주의는 심리학의 다양한 영역에 영향을 미치게 된다.

개의 소화기관을 연구하던 러시아의 생리학자 파블로프(Ivan Pavlov, 1949~1936)는 우연하게 조교의 발자국 소리가 개의 타액반사를 유도한다는 사실을 발견하게 되었다. 파블로프는 개가 먹이(무조건 자극)를 주기 전에 들려주는 종소리(조건 자극)에 대하여 침을 흘리는(조건 반응) 현상을 정리하여 고전적 조건형성(classical conditioning)을 주장하였다. 조건화된 자극과 비슷한 자극에 대해서도 비슷한 수준의 조건반응을 보이는 현상을 자극의 일반화라고 설명하였다. 우리나라의 속담 "솥뚜껑 보고 놀란 가슴 자라 보고 놀란다"는 이 자극의 일반화를 잘 대변해 주고 있다. 파블로프는 이 조건형성을 이론화하여 1904년에 노벨상을 받았다.

미국의 손다이크(Edward L. Thorndike, 1874~1949)는 문제상자에서 고양이가 고리를 잡아당겨서 탈출하는 모습을 보고 '효과의 법칙(law of effect)'을 발견하였다. 스키너는 자신이 고안한 스키너 상자에서 쥐가 먹이를 받아먹기 위하여 지렛대를 누르는 것을 배우는 과정을 조작적 조건형성(operant conditioning)으로 이론화하였다. 유기체의 경우 자신이 원하는 보상, 즉 심리학적 용어로 강화를 받은 행동은 앞으로 더 자주 하거나 강하게 할 가능성이 높아지지만, 원하지 않는 처벌을 받으면 그 행동을 할 가능성은 줄어들거나 없어지게 된다. 일정하지 않은 주기에 따라 간헐적으로 보상, 즉 강화를 받게 되는 행동은 한 번 학습되면 쉽게 사라지지 않는다. 한 번씩 대박이 터지기를 기대하며 도박에 몰입하는 도박중독의 심리기제를 이와 같은 변동비율강화 계획으로 설명할 수 있다. 동물원의 조련사들이 동물을 조련할 때 처음에는 작은 변화에 강화를 해 주지만 학습이 진행되면서 목표하는 행동에 점진적으로 가까운 행동에 대해서만 선택적으로 강화를 하다가, 최종적으로 난이도가 높은 행동에 대해서만 강화를 함으로써 목표를 달성한다. 우리가 일상생활 속에서 돈이 생기는 일을 더 많이 하게 되는 것은 바로 스키너의 원리로 설명이 가능하다.

우리의 사고와 기억과 같은 인지를 활용한 학습도 가능하다. 별도의 '강화'가 없어도 우리의 기억에 저장된 인지도(cognitive map)가 있으면 장소에 대하여 배우고 찾아가는 데 훨씬 효율적이다. 반두라(Albert Bandura, 1925~ )에 따르면 인간이라는 존재는 다른 사람의 행동을 관찰하여 그 행동을 모방하여서 배우는 사회학습(social learning)이 가능하다. 인간은 관찰 대상자(모델)의 행동이 보상을 받으면 그 행동을 모방할 확률이 높아지지만 그 모델이 처벌을 받으면 모방 가능성이 낮아진다고 주장하였다. 반두라는 이러한 현상을 대리 강화 그리고 대리 처벌이라고 하였다.

**추천도서**


Chance, P. (2014). **학습과 행동(7판)**. (*Learning and behavior,* 7th ed.). (김문수, 박소연 역). 서울: 센게이지러닝. (원전은 2014에 출판).

Matthew, H. O., & Hergenhahn, B. R. (2015). **학습심리학: 인간의 사고, 정서, 행동의 이해(9판)**. (신종호, 이선영 역). *(Introduction to the theories of learning,* 9th ed.). 서울: 학지사. (원전은 2013에 출판).

## 우리는 사물을 어떻게 기억할까: 기억

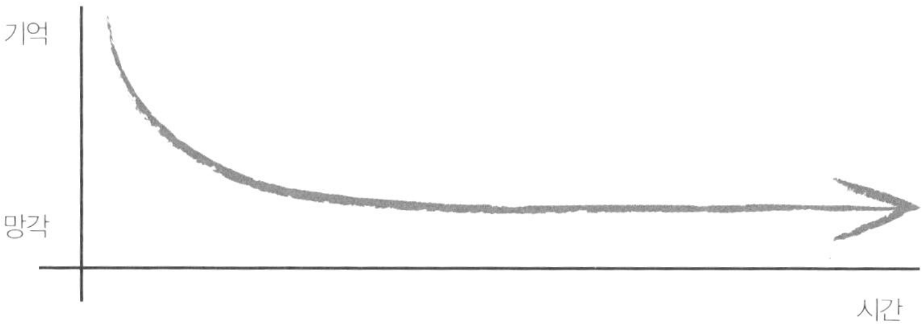


우리는 일상생활 속에서 수많은 내용을 기억(memory)하고 때로는 망각하고 살아가고 있다. 기억을 잘할 수 있는 능력은 살아가는 데 큰 도움이 된다. 특별한 노력 없이 기억이 가능한 암묵적 기억이 있는가 하면 노력을 기울여야 기억해 낼 수 있는 외현적 기억이 있다. 기억을 하는 정신과정은 감각기억 → 작업기억(단기기억 포함) → 장기기억으로 설명한다. 그리고 우리가 기억을 하기 위해서는 외부의 정보를 기억 내의 표상으로 정보를 처리하여 부호화(encoding)하는 초기 과정이 필수적이다. 다음으로 부호화된 정보를 일정 기간 동안 보유하는 저장(storage) 과정이 필요하고, 마지막으로 저장된 정보를 재생해 내는 인출(retrieval) 과정이 필요하다.

수 초 정도의 매우 짧은 시간 동안 기억에 남아 있으면서 정보가 저장될 수 있도록 해 주는 기억체계를 영상기억(iconic memory)이라고 하며, 이는 감각기억에 속한다. 전화를 걸 때 전화번호를 잠시 기억하여 전화를 걸지만 곧 그 번호를 잊어버린다. 이렇게 잠시 동안 활용할 수 있는 기억을 단기기억(short-term memory: STM)이라고 한다. 단기기억은 기억을 할 수 있는 기억폭이 제한되어 있다. 밀러(George Miller, 1920~2012)는 문자, 단어, 숫자 등 모든 종류의 유의미하고 친숙한 항목을 기억하는 용량이 마법의 숫자 7(±2)개에 제한된다고 하였다.

실제로 우리가 무언가를 기억을 할 때 이 마법의 숫자 7(magic 7)을 초월할 수 있는 방법이 청킹(chunking)이라는 기억 전략이다. 청킹은 유의미한 정보의 단위로서 낱개의 정보를 묶어서 의미를 부여하는 기억 방법이다. 가령 2002라는 숫자를 외울 때 4개의 독립된 숫자로 암기하는 것이 아니라 월드컵 경기에서 4강을 달성한 해로 기억하는 것이다. 이외로 작업기억(working memory)이라는 것이 있다. 작업기억은 추리와 언어 이해 같은 과제를 수행하는 데 사용하는 기억 자원이다. 작업기억은 음운 루프, 시공간 스케치판, 중앙 집행기 그리고 일화 버퍼라는 네 가지 요소로 구성되어 있다.

우리의 기억은 얼마나 오래 지속될까? 장기기억(long-term memory: LTM)은 우리의 모든 경험과 정보 등 감각기억과 단기기억에서 획득한 것들의 종합적 저장고다. 우리는 어떻게 기억된 내용을 찾아낼까? 필요한 특정 기억을 탐색할 때 사용하는 자극을 인출단서라고 한다. 기억을 단서 없이 재생하는 것을 '회상'이라고 하고 기억과 관련된 여러 가지 중에서 선택하여 기억하는 방법을 '재인'이라고 한다. 개인이 경험한 사건들에 대한 기억은 일화기억이고, 미국의 수도를 어느 도시인가와 같이 맥락적 의미가 있는 것을 기억하는 것은 의미기억이다. 기억해야 할 대상의 위치에 따라 기억을 하는 정도가 다르다. 예를 들면, 서열이 앞쪽인 것(초두효과)과 끝부분(최신효과)의 내용을 가운데 것보다 더 잘 기억한다.

독일의 심리학자 에빙하우스는 이른 시기인 1885년 이미 망각곡선을 만들어서 기억과 망각에 대하여 언급하였다. 그에 따르면 망각은 초기에 급속하게 나타나고 손실률은 점진적으로 감소한다. 기억해야 하는 정보들이 서로 간섭하여 기억을 방해하기도 한다. 이전에 학습한 기억이 현재 학습한 정보의 기억을 방해하면 순행간섭이고 현재 학습한 정보가 이전의 기억을 방해하면 역행간섭이라고 한다. 기억을 잘하기 위한 방법으로 정보를 전략적으로 정교화하여 되뇌어서 부호화 수준을 향상시키는 방법이 있다. 기억해야 할 목록에 장소를 결부시켜서 외우는 방법을 장소법이라고 하고, 외워야 할 내용에 숫자와 같은 단서를 연합시켜서 암기하는 방법을 쇄기단어법이라고 한다.

장기기억은 어떤 구조로 저장될까? 장기기억은 비슷한 내용 끼리 묶거나 논리적 연관성에 따라 범주화하여 기억에 저장하는 방법이 있다. '동물 → 새 → 가금류 → 닭'처럼 위계적 조직으로 정리하여 기억하는 방법도 있다. 부엌하면 연상되는 싱크대, 냉장고, 오븐과 같은 것을 하나로 묶는 큰 개념, 즉 도식으로 기억할 수도 있다. 사건을 목격한 사람들의 증언이 얼마나 정확할까? 그러나 명심해야 할 점은, 의외로 목격자의 기억이 사후 정보에 의해서 왜곡되는 경우도 많다는 점이다.

우리 뇌의 어느 부위에서 기억을 관장하는 것일까? 기억할 내용에 따라 담당하는 뇌의 부위가 다르다. 뇌의 부위 중 해마는 사실, 날짜, 이름에 대한 서술기억과 공간기억을 담당하고, 대뇌피질은 감각기억, 선조체는 습관 형성과 자극-반응 연합, 소뇌는 반복에 의해 얻게 되는 기억, 마지막으로 편도체는 정서적 기억을 담당하는 것으로 알려져 있다. 연속극에 자주 등장하는 기억상실은 두 가지가 있다. 순행성 기억상실증은 신체적 손상을 입은 이후의 기억을 형성하지 못하는 것이고, 역행성 기억상실증은 손상 이전의 일들을 기억하지 못하는 현상이다. 기억을 연구하는 의학적 방법은 기능적 자기공명영상(fMRI)을 주로 사용한다.

**추천도서**


Gluck, M. A., Mercado, E., & Myers, C. E. (2011). **학습과 기억: 뇌에서 행동까지**. (*Learning and memory: From brain to behavior*). (최준식, 김현택, 신맹식 역). 서울: 시그마프레스. (원전은 2007에 출판).

## 우리는 어떻게 생각할까: 인지심리학

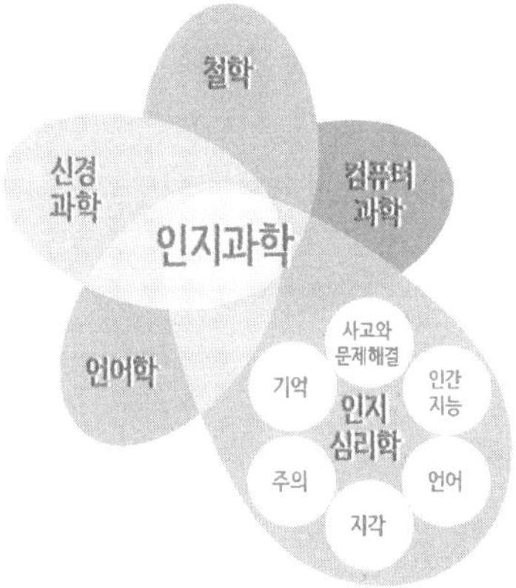


20세기 후반에 형성되어 가장 빠르게 발전하는 현대 심리학의 영역이 인지심리학(cognitive psychology)이다. 인지심리학은 지각, 주의, 기억, 사고와 문제해결, 언어, 인간 지능을 전부 망라하는 광범위한 영역이다. 인지심리학은 인지과학의 부분으로 철학, 신경과학, 언어학,

컴퓨터과학(인공지능) 등이 포함된다. 머리에서 정보를 처리할 때 하나하나를 단계적으로 처리하면 순차처리이고 여러 가지 정보를 동시에 처리하면 병렬처리라고 한다. 그리고 우리의 주의를 별로 요구하지 않고 쉽게 처리되는 과정을 자동처리라고 하고 주의를 집중해야 처리할 수 있는 과정을 통제처리라고 한다.

인간의 사고 기능 중에서 가장 핵심적인 요소가 바로 언어다. 대화를 할 때 말하는 사람이 만들어 낸 말의 정확한 의미를, 듣는 사람이 이해하여 어떻게 재생하는지에 대한 연구를 한다. 하나의 단어가 두 개 이상의 의미를 가질 때가 있다. 영어에서 'ball'은 공이라는 의미와 무도회장이라는 의미를 함께 가지고 있다. 우리가 이 단어를 들었을 때 문장의 맥락에 따라 그 의미를 해석하기 때문에 혼란스럽지 않게 의사소통할 수 있다. 또한 논리적 추론도 대화의 의미를 충족시키는 기능을 한다. 언어상대성 가설에 의하면 각 개인의 언어 구조는 그 개인이 살아가는 세상을 생각하고 살아가는 방식, 즉 문화의 영향을 직접 받는다고 한다. 파푸아뉴기니아의 다니(Dani)족 사람들은 색깔을 검은색(어두움)과 흰색(밝음) 두 가지로만 구분하여 사용한다. 우리의 생각을 시각적으로 표상하는 것은 사고 내용에 대한 이해를 효율적으로 할 뿐 아니라 문제해결과 추론 등의 복잡한 상황을 잘 극복하는 데 도움이 된다.

우리는 수없이 많은 문제에 직면하여 그 문제를 해결하고 살아간다. 앞서 살펴보았듯 우리는 대화를 할 때 저장된 정보와 현재의 정보를 통합하는 논리적 추론 과정을 통해서 다양한 언어의 의미를 이해한다. 이처럼 우리 인간은 주어진 문제를 해결하여 목표에 도달하기 위해서는 저장된 정보와 현재의 정보를 통합하여 활용하여야 한다. 문제를 해결하는 추론과정에는 연역추론(deductive reasoning)과 귀납추론 두 가지가 있다. 연역추론은 논리적 규칙을 정확하게 적용하여 지키는 추론과정이다. 예를 들어, A = B이고 B = C이면 A = C와 같은 삼단논법이 적용되는 추론이다. 이에 비하여 귀납추론(inductive reasoning)은 논리적 확실성 보다 확률에 근거한 추론 방법으로써 있음직하지만 확실하지 않은 결론을 생성하기 위해 이용 가능한 과거의 증거를 사용하는 형태의 추론이다. 일상생활에서 우리는 귀납추론을 자주 사용하는 경향이 있다.

**추천도서**

이정모, 강은주 외 15인 공저 (2009). **인지심리학**. 서울: 학지사.

Reed, S. K. (2014). **인지심리학: 이론과 적용(9판)**. (*Cognition: Theories and applications*, 9th ed.). (박권생 역). 서울: 박영사. (원전은 2013에 출판).

# 지능이란 무엇이며 어떻게 평가할 수 있을까: 지능과 지능평가

자연과학의 연구 대상은 매우 구체적이어서 그 대상을 측정하여 연구를 객관화하는 데 어려움이 없다. 그러나 심리학의 연구 대상은 성격 또는 지능과 같이 구체적으로 보이지 않는다는 특성을 지니고 있다. 그러므로 심리학 연구를 객관화하기 위해서는 연구 대상을 객관적인 수치로 측정하는 일이 매우 중요한 과제다. 심리학의 궁극적인 목표인 개인차(individual difference)를 객관적으로 설명하기 위해서는 개인의 특성을 구체적으로 측정하여 평가할 필요가 있다. 심리 측정 또는 평가의 객관성을 담보하기 위해서는 측정의 결과가 얼마나 믿을 만한지를 따져보는 신뢰도(reliability)를 알아보아야 하고, 의도한 바를 얼마나 정확하게 측정하였는지를 검토하기 위하여 타당도(validity)를 구해 보아야 한다. 그리고 모든 측정의 절차를 동일화하는 표준화 과정을 거쳐야 하고, 평가 결과를 비교할 수 있는 척도로서의 규준을 설정하고 이해하여야 한다.

심리학의 중요한 업적 중의 하나는 지능의 개념을 개발하고 측정하는 방법을 고안하였다는 것이다. 프랑스의 심리학자 비네(Alferd Binet, 1857~1911)는 1905년에 교육부의 요청으로 아동들의 지능을 측정하는 방법을 처음으로 고안하였다. 그는 실제 나이인 생활연령(chronological age)과 각 연령 아동의 정신적 발달 수준을 나타내는 정신연령(mental age)이라는 개념을 만들고, 이 개념을 기초로 지능을 측정하였다. 이 비네검사는 미국의 스탠퍼드 대학교의서 터먼(Lewis Terman, 1877~1956)에 의해서 지능지수(intelligence quotient: IQ)와 함께 1916년에 현대판 지능검사로 재탄생한다. 지능지수는 생활연령에 대한 정신연령의 비율에 100을 곱한 것이다. 그러나 현재 사용되고 있는 지능지수는 같은 연령의 사람들 간의 상대적 비교를 통하여 계산하는 방식을 사용한다. 웩슬러(David Wechsler, 1896~1981)는 1939년에 '웩슬러 지능척도(Wechsler Intelligence Scale)'를 제작하였다. 이 검사는 언어성 지능과 동작성 지능을 측정할 수 있고 개인별로 실시하는 특징이 있다. 우리나라에는 'K-WISC-IV'와 'K-WAIS-IV'이 출판되어 있다.

지능지수가 70에서 75 이하이고 적응적 행동이 떨어질 때 지적 장애(intellectual disability)로 진단한다. 이와 같은 지적 장애는 다운증후군 등 다양한 유전적 원인에 의해 생길 수도 있고 환경적 요인에 의해서 일어날 수도 있다. 반대로 지능이 130 이상으로 아주 높은 경우 영재(gifted)로 판정한다. 이 경우, 지능지수와 함께 창의성과 과제 헌신 등의 능력을 함께 고려하여 판정한다.

지능을 구성하는 요인에 대한 이론화는 1927년에 스피어먼(Charles E. Spearman, 1863~1945)의 일반지능(g)에 의해서 촉발되었다. 이후 커텔(Raymond B. Cattell, 1905~1998)은 지능을 결정성 지능(crystallized intelligence)과 유동성 지능(fluid intelligence)으로 나누는 이론을 제안하였다. 결정성 지능은 경험에 의해 축적되는 지적 능력으로 어휘력, 산술검사 그리고 일반 정보에 대한 능력 등이 여기에 속하며, 나이에 비례하여 증가하는 경향이 있다. 그리고 유동성 지능은 새로운 상황에 대처하는 능력과 복잡한 관계를 파악하는 능력으로서 토막짜기와 같은 검사로 측정할 수 있으며, 청소년기까지는 발달하지만 이후는 감소하는 경향이 있다.

스턴버그(Robert Sternberg, 1949~ )는 문제해결에서 인지적 과정을 중요시하면서 지능을 분석적 지능, 창의적 지능, 실용적 지능의 삼원이론으로 설명하였다. 분석적 지능, 창의적 지능, 실용적 지능은 사고와 문제해결의 기능에 있는 성분 요소 또는 정신적 과정으로 정의된다. 이 중 창의적 지능은 새로운 문제를 다룰 수 있는 능력이다. 그리고 실용적 지능은 환경에 효과적으로 적응하는 능력을 뜻한다. 가드너(Howard Gardner, 1943~ )는 8가지의 요소—논리수학, 언어, 자연 이해, 음악, 공간, 신체운동, 개인 간 그리고 개인 내—로 다면적 지능 이론을 제시하였다.

최근에는 정서지능(emotional intelligence)에 대한 연구도 활발하다. 정서지능은 가드너의 지능이론 중에 개인간 지능 그리고 개인내 지능과 관계가 있다고 본다. 정서지능은 다음 네 가지 요소로 요약 정리할 수 있다.

- 정서를 정확하고 적절하게 지각하고, 평가하고, 표현하는 능력
- 사고를 촉진하기 위해 정서를 사용하는 능력
- 정서를 이해하고 분석하며, 정서적 지식을 효과적으로 사용하는 능력
- 정서적 성장과 지적 성장을 증진시키기 위해 자신의 정서를 조절하는 능력

**추천도서**

이우경, 이혜원 (2012). **심리평가의 최신 흐름**. 서울: 학지사.

Gardner, H. G., Kornhaber, M. L., & Wake, W. K. (2006). **지능심리학: 다양한 관점에서 지능 연구하기**. (*Intelligence: Multiple perspectives*). (김정휘 역). 서울: 시그마프레스. (원전은 2006에 출판).

# 마음도 발달한다: 발달심리학

인간은 모체 내에서 수태되어 출생하고, 성장하고, 노화해서 죽음에 이르게 된다. 발달심리학은 사람이 수태되는 순간부터 죽음에 이르는 전반적인 과정에서 일어나는 모든 심리적 변화를 추적하여 연구한다. 이처럼 연령 증가에 따른 심리적 변화를 연구하는 발달심리학에서는 종단적 설계(longitudinal design)라는 독특한 방법을 사용한다. 종단적 설계는 오랜 시간 동안 같은 사람을 반복해서 관찰하고 조사하는 방법이다. 이에 비하여 횡단적 설계(cross-sectional design)는 여러 연령층을 동일한 시기에 관찰하고 조사하는 방법이다.

발달심리학에서는 우선적으로 신체적 발달에 관심을 가진다. 신체적 발달 과정을 정리하면 다음과 같다.

태아기 그리고 출생 시의 빨기 반사 등 기본 반사 기능을 점검한다. 아동기의 신체적 발달은 매우 신속하게 이루어지며, 이후 이차 성징이 나타나는 사춘기에 또다시 성장 급등이 나타난다. 인간은 성인이 되고 나이가 들어갈수록 각종 노화현상을 경험하게 되는데, 40~50세에는 시각기능이 감퇴하고 60세에는 청각이 떨어진다. 여자들은 50세경에 폐경을 경험하게 되고 남자들은 60세경에 성기능이 떨어지는 경험을 하게 된다.

인지발달(cognitive development)에 대한 이론은 피아제의 인지발달이론이 대표적이다. 피아제는 아동기의 인지발달을 '동화'와 '조절'의 개념으로 단계적으로 설명하였다. 아동의 인지능력이 발달하면서 다른 사람의 마음 상태를 이해하는 마음이론(theory of mind)이 발달하게 된다. 또한 성인기에 인지능력이 감소한다는 증거는 없지만, 결정성 지능에 비하여 유동성 지능은 훨씬 빨리 감퇴한다. 노인의 경우 기억력이 젊을 때에 비하여 현저하게 떨어지는 현상을 보인다. 이에 반해 아이들의 언어 발달은 놀랍도록 빠르게 이루어진다. 말소리를 지각하고 단어의 의미를 이해하고 학습하며 문법을 습득하는 과정이 아동기에 매우 신속하게 이루어진다. 촘스키는 아기들이 언어의 이해와 생성을 용이하게 해 주는 언어획득장치(Language Acquisition Device: LAD)와 보편문법(Universal Grammar: UG)을 가지고 태어난다고 하였다.

사회성 발달도 전 생애에 걸쳐서 이루어진다. 에릭슨(Erik Erikson, 1902~1994)은 심리사회적 발달이론(psychosocial development)을 세우고, 인간은 출생에서부터 사망에 이르기까지 8단계에 걸쳐서 발달하고 변화한다고 주장하였다. 그 주장을 정리하면 다음과 같다.

아이들은 각각 다른 기질을 가지고 태어나며 이 기질은 성격 발달의 기초가 된다. 사회적 발달은 아이와 엄마, 아빠 또는 정기적으로 아이를 돌보는 사람 간에 강력하고 지속적인 정서적 관계, 즉 애착에서 시작된다. 로렌츠(Konrad Lorenz, 1903~1989)는 갓 태어난 조류의 새끼가 맨 처음 보거나 움직이는 대상을 평생 어미로 생각하는 현상, 즉 각인(imprinting) 현상을 발견하였는데 이 현상은 인간에게 발견되지는 않지만, 애착을 설명하는 배경으로 인용될 수 있다.

애착 유형과 양육 유형은 아이들의 성격 형성에 결정적 영향을 미친다. 접촉 위안이 애착 형성에 영향을 미친다는 사실에 대해서는 할로우(Harry Harlow, 1905~1981)가 원숭이를 대상으로 한 실험으로 밝혔다. 그는 갓 태어난 원숭이를 부드러운 천으로 싼 엄마와 철사로 만든 엄마가 있는 우리에 두었을 때 철사 엄마에 붙어 있는 젖을 빨기는 하지만 몸은 천 엄마에게 붙어 있으려 하였고 위기 시에는 천 엄마에게 가서 안정을 찾는 현상을 확인하였다.

인간의 발달 과정을 연구하는 여러 심리학자의 연구 결과를 종합하면 청소년기에는 다양한 역할을 탐색한 후 어느 한 가지에 헌신하여 자아정체감을 성취하는 것이 발달 과제다. 아울러 성인기에는 타인에게 성적·정서적·도덕적으로 완전하게 헌신하는 능력인 친밀성을 갖추어야 한다. 그리고 자신을 넘어서 가족, 일 그리고 사회 또는 미래 세대에 대해 헌신하는 생산성도 함양하여야 한다. 노년기에는 자신이 살아온 인생을 돌아보고 성공과 실패의 의미를 정리하여서 후손들에게 전해 줄 수 있는 마음으로 인생을 정리하기 위해 성격의 통합을 이루는 것이 바람직하다.

**추천도서**

성현란 외 11인 공저 (2018). **발달심리학**. 서울: 학지사.

Egeland, S. B., Carlson, E. A., & Collins, W. A. (2015). **인간의 발달**. (*The development of the person*). (방희정 외 11인 공역). 서울: 학지사. (원전은 2005년에 출판).

Shaffer, D. R., & Kipp, D. (2014). **발달심리학(9판)**. (*Developmental psychology: Childhood and adolescence*, 9th ed.). (송길연 외 3인 공역). 서울: 박영사. (원전은 2013에 출판).

# 사람들은 왜 에베레스트 산을 등반할까: 동기

엄홍길씨와 고상돈씨는 왜 그 높은 에베레스트를 목숨을 걸고 오른 것일까? 우리의 신체적 활동과 심리적 활동을 촉발하고 관리하며 유지하는 데 관여하는 모든 과정이 동기(motivation)다. 모든 유기체는 생리적으로 균형이 잡힌 상태, 즉 항상성(homeostasis)을 유지하려고 하는데 이때 생기는 생리적 욕구 상태를 추동(drive)이라고 한다. 생리적 균형이 깨지면 긴장이 유발되고 이 긴장을 감소시켜서 항상성을 유지하려는 노력이 동기가 되는 것이다. 본능(instinct)은 선천적 특성으로 특정 종(種)의 생존에 필수적인 행동 경향성인데, 이는 유전적으로 물려받은 모든 행동을 말한다. 인본주의 심리학자 매슬로는 인간의 동기를 다섯 단계의 욕구위계로 설명하였다. 가장 낮은 단계인 생리적 욕구로부터 시작하여 안전 욕구, 애착(소속) 욕구, 존중 욕구 그리고 가장 높은 단계인 자아실현 욕구를 실현한다고 보았다.

우리는 왜 먹을까? 그리고 어떤 기제에 의해서 식사를 중지할까? 우리 뇌의 시상하부에는 음식을 섭취하게 하는 섭식중추가 있어서 음식을 먹게 하고 그 바로 옆에는 포만중추가 있어서 음식 섭취를 멈추게 한다. 문화에 따라서 식사의 종류와 기호가 달라질 수 있다. 최근에는 현대 사회의 심각한 이슈인 비만을 유발하는 기제가 발견되는 등 비만에 대한 연구가 활발하다. 이와 더불어 거식과 폭식장애 역시 중요한 심리적 현상으로 부각되고 있다. 섭식장애의 유형으로는 정상 체중의 85% 미만임에도 불구하고 살이 찔까 두려워서 식사를 거부하는 신경성 거식증이 있다. 그리고 폭식장애로는 신경성 폭식증이 있다. 신경성 폭식증은 과다하게 음식을 섭취 후 토하는 증상을 보이고, 폭식장애는 자제력을 상실하여 주기적으로 폭식을 하는 증세를 보인다.

개체 보존을 위해서 필수적인 것이 성행동이다. 동물의 성행동은 전적으로 생리적 흥분에 의해서 결정된다. 인간의 성행동은 생리적 흥분에 기초하지만 인지적 및 정서적 반응도 함께 작용한다. 인간의 성에 대한 연구는 과거에는 금기시 되었으나, 킨제이(Alfred Kinsey,

1894~1956)의 1940년대 연구와 마스터스(William Masters, 1915~2001)와 존슨(Virginia Johnson, 1925~2013)의 1960년대 연구 이후로 본격적인 연구가 시작되었다. 일반적으로 진화심리학자들은 남녀의 성행동이 서로 다르게 진화하였다고 주장한다. 남자는 다수의 여성을 찾는 쪽으로 진화한 반면에 여성은 우수하고 강한 남성을 선택하는 쪽으로 진화하였다고 보는 것이다.

여러 가지 동기 중에서 성취동기에 대해서 심리학적인 연구가 다양하게 이루어지고 있다. 성취동기는 무엇을 이루려는 내적 욕구를 말한다. 성취동기가 높은 사람은 위쪽으로 움직이는 경향이 강하고 높은 신분을 달성할 수 있다. 또한 성취동기가 높은 사람은 실패했을 때 실패의 원인을 외적 요인과 수정 가능한 가변적 요인에서 찾는 낙관적 귀인을 하는 경향이 있다. 반면에 성취동기가 낮은 사람은 실패의 원인을 자기 안에서 찾고 바꾸기 힘든 자신의 무능과 같은 안정적 요인에서 찾는 비관적 귀인을 하여서 실패할 수밖에 없었다고 믿는 경향이 있다.

이와 같은 인간의 심리적 동인을 기반으로 하여 복잡한 조직 속에서의 인간관계, 구성원들 간의 의사소통, 리더십 그리고 직무만족 등을 연구하는 것이 조직심리학이다. 이들 조직심리학자들은 직원의 채용, 선발 및 훈련과 직무 설계 등에 대해서 조직 측에 조언을 하기도 한다. 조직심리학에서 주로 거론되는 것이 형평이론이다. 형평이론(equity theory)은 회사에서 일에 투자한 노력의 대가를 정당하게 받기를 기대하는 심리를 설명한다. 이 형평성 이론은 개인주의 문화에 속하는 서양 사람들이 선호하는 원리다. 이에 반하여 우리나라와 같은 집단주의 문화권의 사람들은 투입한 노력의 양에 관계없이 결과를 함께 일한 사람들이 골고루 같이 나누는 균등 원리를 선호하는 경향이 있다.

**추천도서**

한덕웅 (2004). **인간의 동기심리**. 서울: 박영사.

# 스트레스를 어떻게 조절할 수 있을까: 정서, 스트레스 및 건강

기분과 정서 그리고 스트레스는 우리의 일상적인 생활의 상당한 부분을 차지하는 용어다. 심리학에서는 이러한 일상적 용어에 대하여 구체적인 정의를 내려서 연구한다. 정서(emotion)는 특정 사건에 대한 특정 반응으로 비교적 지속 시간이 짧고 강하다는 특성을 지닌다. 이에 비하여 기분(mood)은 비교적 강도가 약하고 며칠간 지속되는 경향을 보인다. 정서 표현은 얼굴 표정으로 나타난다. 일곱 가지의 기본적인 정서 표정은 행복, 노여움, 혐오감, 두려움, 슬픔, 경멸, 놀라움으로 알려져 있다. 이 기본적 정서 표정은 선천적일 뿐 아니라 어떤 문화에서는 보편적이고 공통적인 것으로 밝혀졌다.

강렬한 정서를 경험할 때 우리 몸은 심장박동과 호흡이 빨라지고, 입이 마르고 몸이 떨리기도 한다. 이러한 정서적 경험을 하게 하는 생리적 기제는 자율신경계의 활성화다. 대체로 유쾌한 정서에는 부교감신경계가 활성화되고, 불쾌한 정서 상황에서는 교감신경계가 작동한다. 그리고 뇌의 구조로 보면 시상하부와 변연계가 주로 관여한다. 대뇌의 피질 역시 인지적 측면에서 정서에 개입하는 것으로 알려져 있다.

정서적 반응을 야기하는 기제에 대해서는 제임스-랑게(James-Lange) 이론, 캐넌-바드(Cannon-Bard) 이론 그리고 샤흐트(Schachter) 이론(인지평가 이론) 등이 있다. 100여 년 전 제임스와 랑게는 일반적으로 인간들은 신체반응이 일어나고 난 뒤에 정서적으로 느낀다고 주장하였다. 즉, 우니까 슬프다는 논리를 편 것이다. 이에 반해서, 캐넌과 바드는 자극 상황이 뇌의 여러 중추에서 먼저 처리되고 그 결과로 각성과 행동 및 정서 경험이 동시에 일어난다고 주장하였다. 그리고 샤하터는 자극 상황과 생리적 각성이 동시에 평가되고 각성에 대한 평가의 결과로 나타나는 것이 정서라고 하였다.

최근에 빠르게 성장하고 있는 심리학의 새로운 영역으로 긍정심리학(positive psychology)이 있다. 긍정심리학에서는 인간의 강점에 초점을 두어 이를 더 신장시켜서 사람들을 행복하고 만족스럽게 살 수 있도록 하는 방안을 찾는다. 긍정심리학의 주요 연구 개념 중에 주관적 안녕감(subjective well-being)이라는 것이 있는데, 이는 우리가 주관적으로 느끼고 평가하는 행복감을 말한다. 주관적 안녕감은 유전적 요인이 큰 것으로 알려져 있고, 정서적으로 안정되고 사회적 활동이 활발할수록 높은 것으로 밝혀졌다. 그리고 기본적 욕구가 충족되고 나면 부와 주관적 안녕감 간의 상관은 낮은 것으로 알려져 있다.

스트레스(stress)는 그 정도는 서로 다르지만 우리가 생활하면서 누구나 겪는 일이다. 스트레스는 자신의 균형을 파괴하고 자신의 능력으로 대처할 수 없는 사건을 만났을 때 나타나는 유기체의 반응이다. 스트레스가 없는 삶이 과연 바람직할까? 스트레스가 전혀 없다면 도전할 일도 없고 무엇을 이루어 내지도 않을 것이다. 시작과 끝이 분명하고 짧은 시간 동안 각성 상태를 유지하는 급성 스트레스가 있고 오랫동안 각성 상태를 유지하는 만성 스트레스가 있다.

스트레스를 관리하는 중추인 시상하부의 지시에 따라 뇌하수체에서 스트레스 관리 호르몬을 방출하게 되고 자율신경이 이에 동조하여 스트레스에 대처하게 한다. 스트레스에 대응하는 과정은 첫째로 경고반응으로 짧은 시간 동안 신체적 각성 상태를 일으키는 단계가 있고, 다음으로 저항 단계로 지속적인 스트레스에 오랜 시간 동안 견디는 단계다. 마지막으로 너무 오랜 시간 동안 스트레스가 지속되면 신체적 자원이 고갈되는 단계에 이르게 된다. 그 결과 질환에 빠지거나 극단적인 경우에는 사망에 이르게 된다. 일반적으로 부정적 사건만을 스트레스의 원인으로 생각하는데 사실은 결혼과 같은 즐거운 사건도 우리에게 상당한 스트레스로 작용한다.

스트레스에 효과적으로 대처하기 위해서는 스트레스를 이해하고 평가를 객관적으로 해야 한다. 먼저 스트레스와 관련한 문제지향 대처방법으로는 직접적인 행동 또는 문제해결 활동을 통해 스트레스의 원인과 자신과의 관계를 변화시키는 것이 있다. 그리고 정서적 대처는 스트레스의 원인은 변화시키지 않고 자신의 느낌을 좋게 하는 활동을 통해 자신을 변화시키는 방법이다. 스트레스를 잘 극복하기 위해서는 주위로부터 물질적 지지와 정보적 지지를 받는 것도 많은 도움이 될 수 있다. 스트레스를 부정적으로만 볼 것은 아니다. 스트레스로부터 새로운 가능성도 배우고, 개인적 성장을 도모할 수도 있고 삶의 의미를 찾을 수도 있다.

스트레스 관리와 극복 등과 관련해서 새롭게 등장한 심리학의 영역으로 건강심리학이 있다. 건강심리학은 우리가 어떻게 하면 몸과 마음을 건강하게 유지할 수 있는지에 관심을 가지는 심리학의 영역이다. 최적의 건강 상태는 신체적 · 지적 · 정서적 · 영적 · 사회적 · 환경적 측면이 조화롭게 통합될 때 이루어진다. 건강심리학에서는 에이즈 예방, 금연 운동, 의사의 처방 지키기 그리고 'A형 성격과 행동'과 같은 주제를 다룬다. A형 성격은 마음이 급하고 공격적이며 지나치게 경쟁적인 양상을 보이며, 이러한 성격을 가진 사람들은 심혈관계 질환을 겪을 가능성이 높다. 이외에도 건강 증진을 위한 명상, 근육이완, 바이오피드백과 건강을 위한 생활 수칙 등에 관한 연구를 한다.

### 추천도서

Kalat, J. W., & Shiota, M. N. (2007). **정서심리학**. (*Emotion*). (민경환 외 공역) 서울: 센게이지러닝코리아. (원전은 2006에 출판).

Plutchik, R. (2004). **정서심리학**. (*Emotions and life: Perspectives from psychology, biology, and evolution.* APA). (박권생 역). 서울: 학지사. (원전은 2002에 출판).

Straub, R. O. (2015). **건강심리학(4판)**. (*Health psychology: A biopsychosocial approach,* 4th ed.) (황석현 외 7인 공역). 서울: 시그마프레스. (원전은 2014에 출판).

Taylor, S. E. (2016). **건강심리학(9판)**. (*Health psychology,* 9th ed.). (서수연 외 4인 공역). 서울: 시그마프레스. (원전은 2014에 출판).

# 성격이란 무엇이며 어떻게 측정할까: 성격심리학과 성격검사

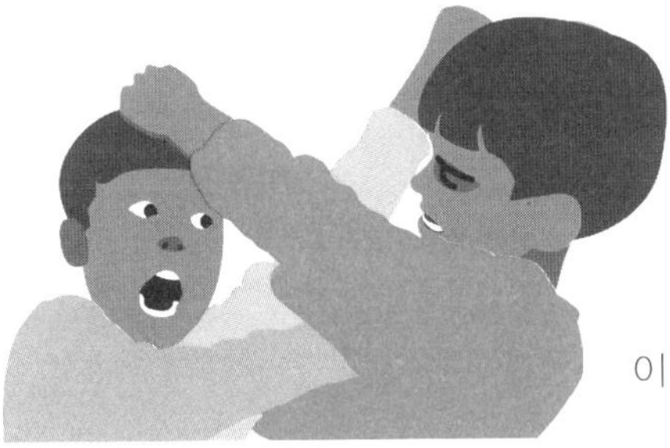

이 아이들은 왜
싸울까?

성격심리학(personality psychology)은 일상생활에서 우리가 흔하게 사용하는 성격이라는 용어에 대하여 심리학의 입장에서 전문적인 정의와 여러 가지 접근법에 따른 다양한 이론을 강의하는 과목이다. 상식적인 성격의 의미는 '다른 사람에게 보이는 전체적인 인상'이라 할 수 있다. 이는 성격의 영어 personality의 어원인 persona의 뜻이 탈춤에 나오는 가면이라는 것을 알면 쉽게 이해할 수 있을 것이다. 성격의 정의는 학자에 따라 다양하지만, 올포트(Gordon Allport, 1897~1967)가 '성격'의 정의로서 내린 "환경에 대한 개인의 독특한 적응을 결정하는 개인 내의 정신 신체적 체계들의 역동적 조직"이라는 의미를 일반적으로 수용하고 있다.

대개의 성격심리학(이론) 교재에서는 다음 다섯 가지 접근법에 따라 이론가를 중심으로 성격이론을 제시한다.

- 정신역동이론(psychodynamic theory): 인간의 심리적 동기를 무의식에서 찾으며 마음의 구성요소 또한 무의식적 요인이 주를 이룬다는 입장에서 성격을 설명하려고 한다. 이 접근법에서는 프로이트의 정신분석학에서 시작하여 신프로이트 학파 이론가들인 아들러의 개인주의 심리학, 융의 분석심리학, 머레이(Henry Murray, 1893~1988)의 욕구이론, 그리고 에릭슨의 심리사회 성격이론 등을 배우게 된다.
- 특성이론(trait theory): 인간의 성격을 구성하는 독특한 구성 개념을 탐색하는 이론들이다. 주요 이론들로는 올포트(Gordon Allport, 1897~1967)의 특질 성격론, 커텔(Raymond B. Cattell, 1905~1998)의 특질이론, 아이젱크(Hans J. Eysenck, 1916~1997)의 생물학적 유형론 그리고 5요인 모델(Big Five)을 배우게 된다.
- 행동주의(behaviorism) 및 사회학습이론(social learning theory): 인간의 성격을 행동의 단위로 분석하여 설명하고 학습되는 것으로 설명하려는 시도다. 이 접근법은 파블로프(Ivan P. Pavlov, 1849~1936)의 고전적 조건화, 스키너의 조작적 조건화, 반두라(Albert

Bandura, 1925~ ) 사회적 인지이론, 로터(Julian B. Rotter, 1916~2014)의 사회적 학습이론 그리고 미셸(Walter Mischel, 1930~ )의 사회인지적 성격이론으로 구성되어 있다.

- 인본주의 이론(humanistic theory): 인간 고유의 존재와 가치 그리고 인간에 대한 긍정적 입장에서 성격을 탐구한다. 이 접근법으로는 로저스의 인간중심 접근, 매슬로의 자아실현 접근 그리고 실존주의 이론 등이 있다.
- 인지주의 이론(cognitive theory): 인간의 성격을 인지적 요소로 파악하려는 시도다. 주요 이론으로는 켈리(George A. Kelly, 1905~1967)의 구성 개념 이론, 엘리스(Albert Ellis, 1913~2007)와 벡(Aron T. Beck, 1921~)의 인지적 성격이론이 있다.

대략 교과서에서 채택하는 목차에 따라서 성격심리학 이론가의 이론을 소개해 보았다. 그러나 연구서에 따라서는 성격 이론과 관련된 심리학의 주제를 다루기도 한다. 예를 들면, 자아 또는 자기, 불안, 공격성, 성, 사랑, 성격의 유전과 환경 그리고 성격과 적응 등이다. 그렇다면 이처럼 수량화하기 어려운 '성격'을 어떻게 측정할 것인가? 성격을 검사하는 방법은 다양하다. 면접을 통해서 성격을 파악할 수도 있겠으나 보다 객관적으로 측정하기 위해서 표준화된 성격검사를 실시한다.

일반적으로 자기에 대하여 스스로 평가하는 자기 보고식 평가(self report)의 성격검사가 많이 사용된다. 일반적인 성격을 종합적으로 측정하는 도구로는 NEO-PI(NEO Personality Inventory), 16PF(16 Personality

Factor Questionnaire), CPI(California Psychological Inventory) 등이 있다. 정신건강 진단용 성격검사로 대표적인 것은 다면적 인성검사(Minnesota Multiphasic personality Inventory)와 SCL-90(Symptom Check List-90) 등이 있다. 성격을 검사하는 또 다른 방법으로 투사법 검사(projective technique)가 있다. 투사법 검사는 모호한 형태의 형상에 대하여 연상하는 반응을 분석하는 방법이다. 로르샤흐 검사(Rorschach Ink Blot Test), 주제통각검사(Thematic Apperception Test) 그리고 DAP(Draw a Person Test) 등이 있다.

**추천도서**

김성태 (1977). **성숙인격론(成熟人格論)**. 서울: 고려대학교 출판부.

노안영, 강영신 (2003). **성격심리학**. 서울: 학지사.

민경환 (2002). **성격심리학**. 서울: 법문사.

이우경, 이혜원 (2012). **심리평가의 최신 흐름**. 서울: 학지사.

Cervone, D., & Pervin, L. A. (2015). **성격심리학(12판)**. (*Personality psychology,* 12th ed.). 서울: 시그마프레스. (원전은 2013에 출판).

Mischel, M., Shoda, Y., & Smith, R. (2012). **성격심리학: 통합을 위하여 (7판)**. (*Introduction to personality: Toward an integration,* 7th ed.). (손정락 역). 서울: 시그마프레스. (원전은 2003에 출판).

# 이상행동은 왜 나타나는 것일까:
# 이상심리학

거의 모든 심리학은 보통 사람, 즉 건강한 사람들의 마음에 대한 연구를 한다. 하지만 우리 주위에는 상당수의 사람들이 마음의 불편함이나 고통을 겪으며 살아가고 있다. 이상심리학(abnormal psychology)에서는 정상 상태를 벗어난 사람들, 즉 심리장애를 겪고 있는 사람들을 주로 연구한다. 한 개인의 정상적인 심리적 능력을 방해하거나 개인적 고통이 되는 정서적 · 행동적 또는 사고과정의 혼란 등이 이상심리학의 주 관심사다.

비정상 또는 심리적 장애로 인한 고통은 어떤 의미를 지니는 것일까? 『정신질환의 진단 및 통계편람』(DSM-5, 2013)에서는 이상행동을 분류하는 일곱 가지 기준을 다음과 같이 정리하고 있다.

- 개인이 심리적으로 고통을 겪거나 기능적 장애를 보일 때
- 자기 스스로 또는 다른 사람이나 사회에 도움이 되지 않는 생각이나 행동을 할 때
- 타인이 이해하지 못하는 비합리적 말과 행동을 할 때
- 상황에 부적합하거나 예측할 수 없는 별난 행동을 할 때
- 사회적으로 바람직하지 않고 규범을 벗어난 행동과 통계적으로 드문 행동을 할 때
- 어떤 방법으로든 다른 사람을 위협하게 하거나 스트레스를 주어서 불편하게 할 때
- 사회적 규준에 맞지 않는 행동을 할 때

진단분류체계 사용은 다음과 같은 점에서 유용하다.

- 정신건강에 관한 일에 종사하는 임상심리학자와 정신과 의사와 연구자 등이 분명하고 신속하게 의사소통을 할 수 있다.
- 정신장애에 대한 정확한 진단은 물론, 장애의 원인을 분명하게 설명해 준다.
- 장애의 원인을 포함한 진단을 기초로 그 장애를 치료할 수 있는 치료 계획 수립이 가능하다.

이러한 심리적 장애의 원인은 무엇일까? 일차적으로 생물학적 원인을 찾을 수 있다. 유전적 경향성, 뇌의 구조적 이상 그리고 뇌전달물질의 생리화학적 이상 등의 원인에 의해서 장애가 생길 수 있다는 주장이다. 그다음으로 제시할 수 있는 것이 심리학적 원인이다. 심리학적 원인은 그 접근법에 따라 여러 가지의 원인을 생각할 수 있다. 정신역동적 접근에 의하면 인생초기의 경험 그리고 무의식적 수준의 갈등이 장애를 유발한다고 보고 있다. 이와 달리, 행동주의적 접근에서는 잘못된 학습 결과가 장애라고 주장한다. 또한 인지적 접근에서는 왜곡된 지각, 잘못된 추리 또는 부적절한 문제 해결의 결과로 장애가 유발된다고 본다. 그리고 사회문화적 접근에서는 정신적 장애도 문화적 맥락에 따라 다르게 해석될 수 있다고 본다. 요즈음에는 이러한 여러 가지 요인이 서로 상호작용하여 장애를 유발하는 것으로 해석하려는 경향이 있다. 이와 같은 심리적 장애에는 여러 가지가 있는데, 간략하게 설명하면 다음과 같다.

- 불안장애(anxiety disorder): 불안이나 공포로 인하여 일상생활에 지장이 있거나 효율적으로 일을 하지 못하는 장애다. 불안장애의 중요한 다섯 가지 유형을 열거하면 일반화된 불안장애, 공황장애, 공포증, 강박장애 그리고 외상 후 스트레스 장애가 있다.
- 기분장애(mood disorder): 일상생활을 하기 어려울 정도로 우울하거나 믿을 수 없을 만큼 불행한 기분을 경험 한다면 기분장애 수준에 도달한 것이다. 그리고 기분이 너무 고조되어서 일상생활에 지장이 있는 경우는 조증으로 진단된다. 기분장애는 우울한

기분과 행복한 기분을 극단적으로 경험하는 장애다. 심각하게 슬프거나 우울한 기분을 주로 보고하는 주요 우울장애와 우울상태와 조증 상태가 교차하는 양극성장애가 주요한 진단 형태다.

- 해리장애(dissociative disorder): 정체성, 기억 또는 의식의 통합에 장애가 생긴 경우다. 주요 진단명은 해리성 건망증, 해리성 둔주, 그리고 해리정체성 장애다.
- 조현병(schizophrenic disorder): 사고와 지각이 왜곡되고 감정이 무디어지는 심각한 정신병이다. 이들은 사고가 비논리적이고, 환각을 경험하며, 언어가 지리멸렬해지고 심리운동 행동이 와해된다. 주요 유형은 와해형, 긴장형, 편집형, 감별불능형 그리고 잔류형이 있다.
- 성격장애(personality disorder): 성격에 이상이 있는 상태이며, 대인관계가 매우 불안정하고 분노 통제가 어렵고 자주 싸운다. 그리고 거짓말을 잘 하고, 사회규범을 무시하고 무책임하며 위법행동과 범죄에 잘 연루된다. 하위 유형은 경계선 성격장애와 반사회적 성격장애가 있다.
- 아동기 장애(childhood disorder): 아동기와 청소년기에도 정신장애 증상을 경험할 수 있다. 그 대표적인 장애로는 주의력결핍 과잉행동장애(attention-deficit hyperactivity disorder: ADHD)와 자폐장애(autistic disorder)가 있다.

**추천도서**


권석만 (2013). **현대 이상심리학(2판)**. 서울: 학지사.

Comer, R. J. (2014). **이상심리학(7판)**. (*Fundamentals of abnormal psychology*, 7th ed.). (오경자, 정경미, 송현주, 양윤란, 송원영, 김현수 공역). 서울: 시그마프레스. (원전은 2014에 출판).

# 마음의 병을 어떻게 고칠까: 상담심리학과 임상심리학

140여 년 심리학 역사에서 가장 중요하며, 큰 영역을 차지한 분야가 정신건강에 관한 것이다. 프랑스의 의사 피넬(Phillip Pinel, 1745~1826)이 18세기 말, 정신병원에 수용된 환자들이 차고 있던 쇠사슬을 벗기면서 심리장애를 정신장애로 인식하는 현대화가 시작되었다. 이후 많은 우여곡절을 겪은 다음 19세기 말부터 심리치료의 틀이 갖추어지기 시작하였다. 심리치료의 다양한 틀을 설명하면 다음과 같다.

① 정신역동적 치료(psychodynamic therapy)

프로이트의 정신분석 치료를 주축으로 발달하였다. 정신분석치료에서는 오랜 시간 동안 억압되었던 갈등을 의식화하고 이를 다시 새롭게 경험하게 하여 문제를 풀어가는 접근방식이다. 자유연상(free association)은 환자가 긴 의자에 긴장을 풀고 누운 상태에서 자신의 생각, 소망 그리고 심상 등을 자유롭게 떠올림으로써 무의식을 탐색하고 억압된 자료를 표출하는 기법이다. 이 과정에서 감정을 표출하는 것을 카타르시스(catharsis)라고 한다. 환자는 때때로 자신의 생각이나 감정을 표출하기를 꺼릴 수 있는데, 이러한 무의식과 의식 사이의 장애물을 저항(resistance)이라고 한다. 꿈은 무의식적 내용이 담긴 보고이므로 이를 분석하는 것은 정신분석의 기본이다. 전이(transference)는 환자가 과거 자기와 감정적 관계가 있었던 사람과의 관계를 치료자에게 옮겨와서 표현하고 이를 치료자가 건강하게 처리해 주는 과정을 말한다. 프로이트로부터 시작된 정신역동적 치료는 프로이트 이후로 많은 후학이 그들 자신의 치료법을 개발하였으며 이들을 총칭하여 신프로이트학파(neo-Freudian)라고 한다. 대표적인 사람으로 융, 아들러 그리고 설리번(Harry S. Sullivan, 1892~1949)을 들 수 있다.

② 행동치료(behavior therapy)와 행동수정(behavior modification)

이 두 가지 용어는 거의 같은 의미로 사용되는데, 이 행동치료는 학습이론에 기초를 두고 있다. 학습기제에 근거하여 학습시키거나 소거해야 할 목표행동을 매우 구체적으로 설정하고 이 행동을 학습시키거나 소거하는 학습전략을 짜게 된다. 체계적 둔감화(systematic desensitization)는 내담자가 가장 약하게 느끼는 불안에서부터 가장 심각하게 느끼는 불안까지를 단계적으로 정리한 다음, 내담자의 근육을 이완시켜서 마음을 편안한 상태에서 가장 낮은 수준의 불안 단계부터 점차적으로 연상하게 하여 이를 극복하게 하는 기법이다.

내담자의 동의하에 내담자를 실제 공포 상황에 바로 들어가게 하여 공포를 극복하게 하는 홍수법(flooding)이 있다. 예를 들면, 폐쇄공포증을 가진 내담자를 어두운 벽장에 혼자 앉아 있도록 하는 방법이다. 토큰강화(token economy)는 강화물과 교환할 수 있는 상징적 표(토큰)를 강화물로 사용함으로써 강화물을 여러 개로 나누어 줄 수 있는 효과와 직접적인 강화물을 주지 않음으로 학습과정을 방해하지 않는 유리한 점이 있다. 유치원이나 초등학교 저학년 교실 그리고 정신과 병동에서 매우 유용하게 사용하는 치료 방법이다.

이 두 방법 외에도 자해행동이나 약물중독과 같은 바람직하지 않은 행동을 없애기 위해서 가벼운 전기충격과 같은 혐오자극을 사용하는 혐오치료(aversion therapy)를 하기도 한다. 사회학습이론을 응용하면 다른 사람이 하는 행동을 모방(modeling)하게 하는 학습전략을 사용할 수 있다. 뱀을 무서워하는 사람에게 뱀을 잘 다루는 사람을 가까이서 보게 함으로써 뱀에 대한 공포를 소거할 수 있다. 행동치료는 내담자의 구체적인 증상 치료에 매우 효과적인 것으로 알려져 있다. 예를 들면, 공포, 강박행동, 우울, 중독, 공격성 그리고 비행 등이다.

③ 인지치료

정서적 장애가 비합리적 신념에서 비롯된다고 주장하는 인지주의

자들이 있다. 인지치료(cognitive therapy)를 주장하는 학자들은 잘못된 신념, 태도 그리고 습관적 사고 틀을 변화시킴으로써 정서적 문제를 해결하고자 한다. 자신에 대하여 부정적 생각을 반복적으로 하면 우울증에 빠질 수 있다. 합리적 정서치료(rational-emotive therapy)를 개발한 엘리스는 내담자의 불합리한 사고에 대하여 상담자가 내담자와 논박을 하여 바꾸어 줌으로써 내담자의 문제를 해결할 수 있다고 주장하였다. 최근에 주목을 받는 치료법 중의 하나로 인지행동치료(cognitive behavior therapy)가 있다. 이 방법은 비합리적 신념을 수정하려는 노력과 함께 강화 유관성(reinforcement contingencies)을 병행하는 치료 방법이다.

④ 인본주의 치료

인간의 본성을 긍정적 관점에서 파악하고 자유의지와 자기실현 가능성을 전제로 상담을 하는 인본주의적 치료(humanistic therapy)자들은 내담자 스스로 자신의 문제를 해결해 갈 수 있다고 주장한다. 대표적인 학자인 로저스는 내담자중심상담(client-centered counseling)을 구축하였다. 이 접근법에서는 모든 사람이 자기 스스로를 유지하고 긍정적 방향으로 향상시킬 수 있는 잠재력을 가지고 자기실현(self-actualization)을 할 수 있다고 전제한다. 그리고 이들은 내담자와의 관계에서 무조건적 긍정적 존중(unconditional positive regard)을 강조하고 개인의 건강한 심리적 성장을 도모한다.

상담 방법으로는 한 사람의 상담자가 한 사람의 내담자를 대하는 개인상담과 상담자가 동시에 비슷한 문제를 가진 여러 명의 내담자를 만나는 집단상담이 있다. 집단상담은 동시에 여러 사람을 상담할 수 있고, 비슷한 어려움을 가진 사람들과 함께 상담함으로써 공감할 수 있는 등의 장점이 있는 반면에 깊이 있는 문제를 다루기 곤란하고 집단구성원의 이탈이 있을 수 있는 등의 제한점이 있다. 부부의 문제를 다루는 부부상담과 가족구성원들 간의 갈등을 해결하기 위한 가족상담이 여기에 속한다. 지역사회 정신건강(community mental health)에서 강조하는 상호지지집단(mutual support group)과 자조집단(self-help group) 또한 집단상담의 한 가지라 할 수 있다. 예를 들면, 술 중독자들이 모여서 금주를 위해 노력하는 금주집단(Alchoholics Anonymous: AA)과 도박 중독자들의 모임인 단도박 같은 것이다.

⑤ 생물학적 치료

우리나라에서는 심리학 전공자가 할 수 없는 치료이기는 하지만, 정신과 의사들이 주로 실시하는 생물의학적 치료(biomedical therapy)가 있다. 우선 약물치료는 뇌의 신경전달물질에 영향을 주는 치료법이다. 항정신증 약물(antipsychotic drug)로는 망상, 환각 사회적 철수 등의 심각한 증상을 보이는 조현병에 처방되는 클로르프로마진(chlorpromazine)이 대표적이다. 우울증에는 프로작(prozac), 토프라닐(tofranil)과 엘라빌(elavil) 등이 항우울제(antidepressant drug)로 처방된다. 리튬(lithium)은 양극성 장애에 효과적인 것으로 알려져 있다. 불안증에 처방되는 항불안제(antianxiety drug)로는 발륨(valium)과 자낙스(xanax) 그리고 벤조디아제핀(benzodiazepine) 등이 있다. 매우 드물게는 전두엽절제술로 뇌의 일부를 제거하는 수술을 하거나 심각한 우울증 환자에게 전기충격치료를 하기도 한다.

**추천도서**


김중술, 이한주, 한수정 (2012). **사례로 읽는 임상심리학**. 서울: 서울대학교 출판부.

노안영 (2006). **상담심리학의 이론과 실제**. 서울: 학지사.

이장호, 이동귀 (2014). **상담심리학(5판)**. 서울: 박영스토리.

Kramer, G. P., Bernstein, D. A., & Phares, V. (2014). **임상심리학의 이해(7판)**. (*Introduction to clinical psychology*, 7th ed.). (황순택, 강대갑, 권지은 역). 서울: 학지사. (원전은 2012에 출판).

Trull, T. J., & Prinstein, M. (2014). **임상심리학(8판)**. (*The science and practice of clinical psychology*, 8th ed.). (권정혜, 강연욱, 이훈진, 김은정, 정경미, 최기홍 역). 서울: 박영사. (원전은 2012 출판).

# 인간은 사회적 동물이다: 사회심리학

어떻게 두 사람은
친해질 수 있었을까?

흔히 인간은 사회적 동물이라고 한다. 우리는 혼자서 살아가는 것이 아니고 언제나 누구와 함께 살아간다. 사회심리학(social psychology)은 사람들 간의 사고, 감정, 지각, 동기 그리고 행동의 상호작용과 교류에 관하여 연구하는 분야다. 사회적 현실을 우리는 어떻게 지각하는가? 귀인이론(attribution theory)은 사회적 지각자가 인과적 설명을 도출하기 위해서 정보를 사용하는 방법을 말한다. 행동의 원인이 사람 때문(내부 또는 기질적 원인)인지 아니면 상황 때문(외부 또는 상황적 원인)인지 그리고 그 결과는 누구의 책임인지에 관심이 있다. 행동의 원인을 찾을 때 일반적으로 기질적 요인을 과다 추정하고 상황적 요인을 과소 추정하는 기본적 귀인오류를 하는 경향이 있다. 그리고 성공에 대해서는 인정을 받으려고 하고 실패에 대해서는 책임을 회피하는 이기주의 편향(self-serving bias)이 있다. 기대와 자기충족적 예언(self-fulfilling prophecy)은 자기가 기대하는 대로 상황과 일이 벌어지도록 행동하는 경향성을 말한다.

상황은 우리에게 어떻게 영향을 미칠까? 사회적 역할(social role)은 특정 상황이나 집단에서 기능하는 개인에게 기대되는 사회적으로 정의된 행동 유형이다. 짐바르도(Zimbardo, 1933~ )가 스탠퍼드 대학교에서 시행한 스탠퍼드 교도소 실험은 교도관 역할을 맡은 사람과 죄수 역할을 맡은 사람이 상황이 부여한 사회적 역할에 얼마나 충실한지를 극명하게 보여 준다. 사회적 규범(social norm)은 사회적으로 적절한 태도와 행동을 하도록 구체적 또는 묵시적으로 언급된 규칙이다. 동조(conformity)는 사람들이 집단의 다른 구성원들에 의해 제시된 의견과 행동을 받아들이려는 경향이다. 애시(Solomon Asch, 1907~1996)의 실험은 주위 사람들의 판단 또는 의견이 우리에게 얼마나 영향을 미치는지를 잘 보여 준다. 무엇이 나치당원들로 하여금 히틀러의 명령에 따라 유대인을 독가스실로 보내게 하였을까? 사람들이 사회적으로 수용되고 인정받기 위해서 권위에 대하여 맹목적으로 복종하는 현상이 의외로 쉽게 일어난다. 밀그램(Stanley Milgram, 1933~1984)의 실험은 권위에의 복종 현상을 분명하게 설명해 준다.

태도(attitude)는 사람, 사물 또는 어떤 사안에 대한 긍정적 또는 부정적 평가를 의미한다. 태도와 관련된 행동은 접근 가능성이 높고 직접 경험하였을 때 나타날 가능성이 높다. 태도 변화를 위해 설득을 시도할 때 정교화 가능성 모형으로 설명할 수 있다. 여기에는 핵심적인 통로와 주변적인 통로가 있으며 광고에서 유명 인사를 동원하는 것은 주변적인 통로의 한 예다. 사람들은 시간이 경과하여도 자신의 태도에 일관성을 유지하려는 경향이 있다고 한다. 그런데 자신의 태도, 신념 또는 가치와 다른 의사결정이나 행동을 부득이하게 한 경우 인지부조화(cognitive dissonance)를 경험하게 되고 이를 줄이려는 노력을 부단히 하게 된다.

편견(prejudice)은 표적 대상에 대한 학습된 태도로서 혐오와 공포 같은 부정적 감정이나 태도를 정당화하려는 부정적 신념, 거부하기 위한 행동적 의도, 통제, 대상 집단의 사람들을 몰아내거나 지배하려는 것 등을 의미한다. 우리나라에서 지역 간의 불편한 선입견 등이 여기에 속한다. 이 편견은 같은 집단의 모든 구성원에게 적용되는 동일한 특성을 특정 집단 구성원에게 일반화하는 고정관념(stereotype)에 기인하는 경우가 많다. 접촉가설(contact hypothesis)에 의하면 그릇된 편견은 개인 간의 직접적인 상호작용에 의해서 해소될 수 있다.

사회적 관계에서 매력은 왜 생길까? 신체적 매력은 서로 좋은 인간관계, 즉 호감을 가지는 데 직접적인 영향을 준다. 서로 비슷한 사람들끼리의 상호작용 또한 호감 형성에 도움이 된다. 호감은 열정, 친밀, 그리고 헌신과 같은 여러 차원을 직접 체험하면서 사랑으로 이어질 수 있다.

다른 사람을 심리적 또는 신체적으로 해치는 행동, 즉 공격성(aggression)은 왜 생길까? 공격성의 원인으로 유전적 요인과 세로토닌이라는 신경전달물질의 이상을 들 수 있다. 공격의 유형으로는 감정에 의해 유발되고 상황에 대한 반응으로 나타나는 충동적 공격과 목적을 달성하기 위해 인지적 계산을 해서 하게 되는 수단적 공격이 있다. 공격성과 반대로 다른 사람들의 이해를 도모하고 돕는 이타주의(altruism) 행동도 있다. 이타주의는 강화나 처벌 위협 없이도 일어나는 비이기적인 본질적 동기에 의해서 나타난다.

**추천도서**

한규석 (2017). **사회심리학의 이해(4판)**. 서울: 학지사.

한덕웅 외 7인 공저 (2005). **사회심리학**. 서울: 학지사.

# 기타 응용심리학

이제까지 설명한 심리학 개론 수준의 내용은 주로 심리학의 기초 이론 영역이다. 마지막 부분에서 다룬 상담심리학과 임상심리학은 심리학의 오래된 전통적인 응용 영역이어서 개론에서 통상적으로 다루고 있다. 심리학 개론 서적에서는 흔하게 언급하지 않지만, 여기에서는 심리학 전공자들의 직업을 안내하기 위하여 심리학의 다른 응용 영역도 몇 가지 소개하고자 한다.

### ① 산업 및 조직심리학

산업 및 조직심리학(industrial and organizational psychology)은 대규모의 산업체 그리고 정부 조직과 같은 대규모 조직의 인사 선발, 인사 배치, 사내 교육 그리고 노사관계 등에 개입하여 보다 효율적인 조직 운영이 될 수 있도록 심리학적 서비스를 제공하는 심리학의 응용 분야다. 직장마다 그 직장에서 필요하고 중요하게 여기는 능력과 심리/사회적 특성이 있을 수 있다. 산업심리학자들은 우선 이러한 심리적 특성을 파악하여 이 특성을 측정할 수 있는 도구를 제작한다. 이 심리척도를 사용하여 지원자들의 심리적 특성을 측정하고 평가하여 선발된 신입사원은 그 직장에서의 업무능력이 좋을 수밖에 없을 것이다. 과거에는 이런 업무를 경영학 영역에서 주로 하였으나 최근에는 심리학자들의 전문 영역으로 인식이 바뀌어 가고 있다.

### ② 소비자광고심리학

소비자심리학(consumer psychology)은 인간의 경제활동, 특히 그중에서도 소비활동에 심리학의 지식을 적용하여 소비자를 심층적으로 이해하는 데 도움을 주는 학문 분야다. 소비자가 살고 있는 거시적 환경 요소로부터 소비자를 둘러싼 친구, 가족, 동료, 준거집단 등 사회적 요소, 그리고 소비자의 내적 심리 과정이 소비자의 행동과 소비 과정에 영향을 주게 되므로, 이와 같은 요인들을 지각, 인지, 학습, 동기, 감정, 태도 형성과 변화 등의 심리학 기초 이론을 적용하여 체계적으로 학습한다.

광고심리학(advertizing psychology)은 광고라는 자극물을 중심으로 심리학적 원리를 적용하는 분야다. 구체적으로 광고가 소비자의 주목을 받기 위해서는 어떤 요인이 필요한가, 광고를 통해 소비자를 설득하는 과정은 어떻게 발생하는가, 효과적인 광고 집행을 위해서는 미디어 구성과 실행을 어떻게 계획해야 하는가 등 소비자의 정보 처리 과정에 대해 이해하고, 정보 처리 대상으로서의 광고가 소비자에게 영향을 미치게 되는 효과 과정을 체계적으로 분석하여 이를 광고 활동에 적용하는 것을 배운다.

### ③ 건강심리학

우리의 신체 및 정신건강에 관하여 생물학, 심리학 그리고 사회학적 측면에 관심을 가지는 영역이 건강심리학(health psychology)이다. 이들은 건강과 질병의 원인과 관리에 대하여 통합적 이해를 바탕으로 질병을 예방하고 건강을 증진시키려는 노력을 한다. 건강심리전문가들은 병원의 통합의학과, 건강증진과, 재활의학과 그리고 가정의학과 등과 협력하여 일을 할 수 있다. 전반적으로 건강관리 전문가들과의 협력이 필요하다. 그리고 정부의 건강관리 체계와 정책 등에도 도움을 줄 수 있다.

### ④ 학교심리학

학교심리학(school psychology)은 초・중・고등학교에서 일어나는 제반 심리학적 문제를 다루는 영역이다. 아동과 청소년들이 겪는 심리적 어려움은 불안, 우울과 같은 정서적 문제, 비행, 게임중독, 따돌림과 학교폭력, 중도 탈락 그리고 학습장애 등 수없이 많다. 이러한 문제는 학생 개인의 문제이기도 하지만 이 아이들이 자라는 가정에서 비롯된 것일 수도 있다. 이런 문제에 시달리는 학생들이 자신의 문제를 극복하고 학교생활에 잘 적응할 수 있게 치료적 접근을 하는 영역이 학교심리학이다. 물론 예방적 노력도 하고 있다. 학교 현장에 적합한 심리검사 도구를 개발하는 것도 이 분야의 몫이다. 서비스 대상은 학생은 물론이고 부모를 중심으로 한 가족, 나아가서는 지역사회가 되기도 한다. 우리나라에서는 전문상담교사가 이 역할을 맡아서 하고 있는데, 아직 이들의 교육과 훈련의 수준이 이 문제를 모두 감당하기는 부족한 것이 현실이다. 미국의 경우 석사 또는 박사 학위를 가진 훈련된 전문가들이 이 역할을 담당하고 있다.

### ⑤ 범죄심리학(법정심리학)

범죄심리학(criminal psychology)은 범죄의 원인에 대한 심리학적 연구를 할 뿐 아니라 형사사법 체계 전반에 걸쳐 범죄자와 관련된 주제를 다루는 심리학의 영역이다. 범죄의 심리적 기제를 연구하는 미시적 영역뿐 아니라 형사사법 절차에 포함되는 경찰, 법원, 교정 단계까지 광의의 심리학적 주제를 다룬다. 이러한 연구의 결과는 형사사법 분야에 적용되어 유무죄를 판단하거나 죄의 경중을 판단하기 위한 근거 자료로 활용된다. 나아가서 범죄를 예방하는 방안을 강구하는 기초 자료로 이용될 수 있다. 넓은 의미에서 법정심리학(forensic psychology)도 범죄심리학과 유사한 개념으로 사용된다. 범죄심리학을 지원하는 기초심리학으로는 생물 및 신경심리학, 발달심리학, 인지심리학, 사회심리학 등을 들 수 있고 응용 영역으로는 교정심리학, 법정임상심리학, 수사심리학 그리고 경찰심리학 등이 있다.

### ⑥ 중독심리학

중독(addiction)은 마약과 알코올(술) 중독 같은 물질 중독(substance addiction)이 있고, 도박이나 인터넷 중독과 같은 행위 중독(behavior addiction)이 있다. 특정 물질이나 행위에 탐닉하게 되어 정상적인 생활을 할 수 없는 상태를 중독이라고 한다. 중독심리학(addiction psychology)은 우선 중독에 빠지게 되는 심리학적 기제에 관심을 가지고 연구한다. 그리고 다양한 방법으로 중독을 치료하는 방법을 강구하고 치료 작업을 진행한다. 나아가서 중독에 빠지지 않도록 예방하는 방안도 강구하고 예방을 위한 여러 가지 프로그램도 개발하여 현장에서 실시한다. 우리나라는 불행하게도 도박의 중독 비율이 선진국에 비하여 약 3배에 이르고 인터넷 중독도 도를 넘어서 청소년뿐 아니라 성인들의 정신건강을 심각하게 해치고 있는 실정이다. 중독은 본인의 정신과 신체적 건강을 해칠 뿐 아니라 가정도 함께 파괴되는 심각한 장애다.

⑦ 코칭심리학

심리적 장애가 없는 건강한 보통 사람들이 현재보다 더 생산적이고 바람직한 생활을 하려는 욕구가 있다. 코칭심리학(coaching psychology)은 이들의 욕구를 충족시킬 수 있는 심리학적 이론과 모형을 개발하여 서비스를 한다. 그 대상과 내용에 따라 비즈니스코칭, 커리어코칭, 라이프코칭, 학습코칭, 부모코칭, 건강코칭 그리고 스포츠코칭 등이 있다. 이러한 코칭을 하기 위해서는 대상과 주제에 따라서 약간 다르지만, 심리학의 기초 영역으로 성격심리학, 사회심리학, 인지 및 생물심리학, 발달심리학 등의 전문지식이 필요하고, 응용 영역으로는 산업 및 조직심리학, 상담심리학 그리고 임상심리학에 관한 전문적 지식을 활용할 수 있다.

⑧ 지역사회심리학

우리가 일상에서 함께 살아가는 가까운 이웃, 즉 지역사회에서의 생활과 관련된 심리학적 주제를 다루는 심리학의 하위 영역이 지역사회심리학(community psychology, 또는 공동체심리학)이다. 서로의 정을 나누면서 살아가는 좋은 이웃(good neighbour)은 도시화와 대중화로 인하여 파괴된 지 오래다. 농촌뿐 아니라 도시에서도 이웃의 인간관계를 회복하고 더불어 같이 살아가는 마을을 가꾸려는 노력이 우리나라에서도 시작되고 있다. 서구에서는 이러한 운동이 시작된 것이 상당히 오래전이다. 어떻게 하면 좋은 이웃을 만들 수 있을까라는 질문에 대한 심리학적 해답이 있을 수 있다. 지역사회심리학을 전공한 전문가들이 지역사회에 기반을 둔 삶의 질을 개선할 수 있는 방안을 강구하여 직접/간접적으로 개입할 수 있다. 그리고 정신건강, 학교폭력, 도박, 노숙자, 지역사회에서 일어나는 범죄 등에 대하여서도 지역사회 단위에서 해결할 수 있는 심리학적 방안을 연구하여 찾을 수 있다. 중앙정부는 거리가 너무 멀고 우리의 생활에 직접적인 영향을 주기 어렵다. 이 지역사회심리학은 아직 우리나라에서는 관심을 가지기 시작하는 수준이지만 앞으로 많은 관심을 가져 올 수 있고 능동적으로 관심을 가져야 할 영역의 심리학적 주제다.

**추천도서**

권석만 (2009). **긍정 심리학: 행복의 과학적 탐구**. 서울: 학지사.

김재휘, 박은아, 손영화, 우석봉, 유승엽, 이병관 (2011). **광고심리학**. 서

울: 커뮤니케이션북스.

양윤 (2014). **소비자심리학(2판)**. 서울: 학지사.

이수정 (2015). **최신범죄심리학(3판)**. 서울: 학지사.

Jansson-Bond, C. V. (2014). **소비자심리학**. (*Consumer Psychology*). (양병관, 김재휘, 이병관 역) 서울: 시그마프레스. (원전은 2010에 출간).

Jex, S. M., & Britt, T. W. (2017). **조직심리학(3판)**. (*Organizational psychology: A scientist-practitioner approach*, 3rd ed.). (박영석, 서용원, 장재윤 역). 서울: 시그마프레스. (원전은 2014에 출판).

Marines, D. (2011). **다문화사회의 학교심리학**. (*Multicultural school psychology competencies: A practical guide*). (신현숙, 이승연, 이동형 역). 서울: 학지사 (원전은 2008에 출판).

Merrell, K. W., Ervin, R. A., & Gimpel, G. A. (2008). **21세기를 위한 학교심리학**. (*School psychology for the 21st century: Foundations and practices*). (이승연, 신현숙 역). 시그마프레스. (원전은 2006에 출판).

Muchinsky, P. M., & Culbertson, S. S. (2016). **산업 및 조직심리학(11판)**. (*Psychology applied to work*, 11th ed.). (유태용역). 서울: 시그마프레스. (원전은 2015에 출판).

Straub, R. O. (2015). **건강심리학(4판)**. (*Health psychology: A biopsychosocial approach*, 4th ed.). (황석현 외 7인 공역). 서울: 시그마프레스. (원전은 2014에 출판).

Taylor, S. E. (2016). **건강심리학(9판)**. (*Health psychology*, 9th ed.). (서수연 외 4인 공역). 서울: 시그마프레스. (원전은 2014년에 출판).

# 03
# 우리나라 대학교의 심리학과, 대학원 그리고 유학은 어떻게 갈까

## 심리학과는 어떤 학과인가

우리나라 대학교의 심리학과는 1946년 서울대학교에 처음 설치된 이후로 1960년까지 중앙대학교, 이화여자대학교, 성균관대학교 그리고 고려대학교에 설치되었다. 이 시절에는 심리학과가 대학교에서 가장 작은 규모의 학과였다. 이후 심리학에 대한 사회적 관심과 수요가 증가하면서 1980년을 전후로 전국의 여러 대학교에서 심리학과를 설치하였다. 현재 심리학과 또는 심리학과와 유사한 제목(산업 또는 상담 전공을 강조한)의 학과가 40여 개 대학교에 설치되어 있다(〈표 3-1〉 참고). 심리학과가 설치된 대학교와 대학원에서 개설하는 세부 전공 그리고 학과 사무실의 전화번호는 〈표 3-1〉에 있는 바와 같다. 각 대학교의 심리학과 홈페이지는 인터넷 사이트에서 각 대학교 홈페이지를 거쳐서 쉽게 접속할 수 있다.

여러 대학교의 심리학과에서 운영하는 교과과정은 대개 비슷하다. 앞의 2장에서 제시한 심리학 개론에서부터 시작하여 기초와 응용

〈표 3-1〉 각 대학 심리학과 현황(2018년 10월 현재)

| 학교명(학과명) | 전화 | 대학원 | 석 · 박사 세부전공 |
|---|---|---|---|
| 가톨릭대학교 (심리학과) | 02-2164-4270 | 석 · 박사 | 상담심리, 임상심리, 발달심리, 실험 및 인지심리, 산업 및 조직심리 |
| 강원대학교 (심리학과)) | 033-250-6850 | 석 · 박사 | 인지 및 신경심리 / 임상 및 상담심리 |
| 건양대학교 (심리상담치료학과) | 041-730-5419 | 석, 박사 | 임상심리, 상담심리 |
| 경기대학교 대학원 (범죄심리학과) | 031-249-9114 | 석 · 박사 | 범죄심리 |
| 경남대학교 (심리학과) | 055-249-2180 | 석 · 박사 | 사회심리, 발달심리, 상담심리, 임상/공동체심리, 인지심리 |
| 경북대학교 (심리학과) | 053-950-5244 | 석 · 박사 | 노화 및 인지심리, 지각 및 신경심리, 발달심리, 임상심리, 소비자심리, 인지신경과학, 상담심리 |
| 경상대학교 (심리학과) | 055-772-1260 | 석 · 박사 | 산업 및 소비자심리, 상담심리, 임상 및 건강심리 |
| 경일대학교 (심리치료학과) | 053-850-7520 | 석 · 박사 | 심리치료 |
| 계명대학교 (심리학과) | 053-580-5413 | 석 · 박사 | 실험 및 인지심리, 임상 및 상담심리, 산업 조직 및 소비자심리 |
| 고려대학교 (심리학과) | 02-3290-2060 | 석 · 박사 | 생물심리, 인지심리, 소비자 및 광고심리, 문화 및 사회심리, 임상 및 상담심리, 산업 및 조직심리 |
| 광운대학교 (산업심리학과) | 02-940-5420 | 석 · 박사 | 산업 및 조직심리, 코칭심리(박사), 공학심리, 상담심리, 소비자 광고심리 |
| 꽃동네대학교 (복지심리학과) | 043-270-0183 | 석 · 박사 | 임상사회복지 |
| 대구가톨릭대학교 (심리학과) | 053-850-3207 | 석 · 박사 | |
| 대구대학교 (재활심리학과) | 053-850-4330 | 석 · 박사 | 일반(미술치료, 놀이치료, 임상심리, 신경심리, 상담심리) |
| 대구대학교 (심리학과) | 053-850-6360 | 석 · 박사 | 상담심리, 임상심리, 산업 및 조직심리, 범죄심리, 광고심리, 사회심리 |
| 덕성여자대학교 (심리학과) | 02-901-8301 | 석 · 박사 | 임상심리, 발달 및 발달장애, 건강심리 |
| 동신대학교 (상담심리학과) | 061-330-3538 | 석 · 박사 | 상담심리 |
| 부산대학교 (심리학과) | 051-510-1561 | 석 · 박사 | 사회 및 성격심리, 인지 및 발달심리 |
| 삼육대학교 (상담심리학과) | 02-3399-1679 | 석 · 박사 | 상담심리, 군상담 |
| 서강대학교 (심리학과) | 02-705-8833 | 석 · 박사 | 사회 및 조직심리, 상담 및 임상심리, 인지 및 발달심리 |
| 서울대학교 (심리학과) | 02-880-6429, 02-880-6316(대학원) | 석 · 박사 | 성격심리, 생물심리, 조직심리, 사회심리, 발달심리, 언어심리, 인지심리, 임상 및 상담심리, 임상 및 신경심리, 계량, 지각심리 |

| | | | |
|---|---|---|---|
| 서울여자대학교 (교육심리학과) | 02-970-5561/7621 | 석 · 박사 | 교육측정 및 평가, 교육심리, 상담 및 임상심리 |
| 선문대학교 (상담 · 산업심리학과) | 041-530-2602 | 석사 | 교육대학원(상담심리) |
| 성균관대학교 (심리학과) | 02-760-0485 | 석 · 박사 | 심리검사 및 측정, 인지심리, 산업 및 조직심리, 사회 및 건강심리, 임상심리 |
| 성신여자대학교 (심리학과) | 02-920-7132 | 석 · 박사 | 임상(게슈탈트, 인지심리, 신경심리)심리, 사회심리, 발달심리, 상담심리, 측정 및 계량 |
| 숙명여자대학교 (사회심리학과) | 02-2077-7621 | 석사 | 사회심리, 법/범죄심리, 집단역학, 조직심리 |
| 아주대학교 (심리학과) | 031-219-2792 | 석 · 박사 | 사회심리, 산업 및 조직심리, 상담심리, 인지심리, 임상심리, 건강심리 |
| 연세대학교 (심리학과) | 02-2123-2435 | 석 · 박사 | 임상심리, 인지공학, 인지심리, 발달심리, 산업심리, 학교 및 상담심리, 성격 및 사회심리, 인지과학, 상담심리, 신경심리, 기억 및 의사결정 |
| 영남대학교 (심리학과) | 053-810-2230 | 석 · 박사 | 산업심리, 상담심리, 생리심리, 인지심리, 임상심리 |
| 우석대학교 (심리학과) | 063-290-1375 | | |
| 이화여자대학교 (심리학과) | 02-3277-2637 | 석 · 박사 | 발달심리, 임상심리, 상담심리, 소비자 및 광고심리, 심리측정, 인지심리 |
| 전남대학교 (심리학과) | 062-530-2650 | 석 · 박사 | 발달심리, 노인심리, 성심리, 사회 및 문화심리, 상담심리, 생물 및 학습심리, 인지 및 신경심리, 임상심리 |
| 전북대학교 (심리학과) | 063-270-2925 | 석 · 박사 | 레저심리, 사회심리, 산업및조직심리, 상담심리, 생리심리, 인지심리, 임상심리 |
| 전주대학교 (상담심리학과) | 063-220-2267 | 석 · 박사 | 상담심리 |
| 중앙대학교 (심리학과) | 02-820-5124 | 석 · 박사 | 사회 및 문화심리, 발달심리, 산업 및 조직심리, 소비자 및 광고심리, 임상심리, 인지 및 지각심리 |
| 충남대학교 (심리학과) | 042-821-6361 | 석 · 박사 | 실험 및 인지심리, 발달심리(노인, 노년심리), 뇌신경과학, 생물심리, 임상 및 건강/중독심리, 인지심리(응용인지심리), 감각 및 지각심리, 산업 및 조직심리, 사회 및 소비자심리 |
| 충북대학교 (심리학과) | 043-261-2188 | 석 · 박사 | 일반(인지심리, 발달심리, 산업 및 조직심리, 지각심리, 사회심리, 법심리), 임상심리, 상담심리 |
| 침례신학대학교 (상담심리학과) | 042-828-3205 | 석 · 박사 | 상담심리 |
| 한동대학교 (상담심리학과) | 054-260-1930 | 석 · 박사 | 상담심리, 임상심리, 중독심리, 산업 및 조직심리, 사회심리 |
| 한림대학교 (심리학과) | 033-248-1720 | 석 · 박사 | 임상심리(석사), 법심리(석사), 인지 및 발달심리(석사), 조직심리 및 방법론(석사) |
| 한신대학교 대학원 (심리학과) | 031-379-0133, 0143 | 석사 | 놀이치료, 발달심리, 임상심리, 상담심리, 정신분석, 임상심리 |
| 호서대학교 (산업심리학과) | 041-560-8370 | 석 · 박사 | 산업심리 |

한국심리학회, 2018. 10.

과목의 전공과목으로 구성되어 있다. 학교에 따라서는 특정 전임 교수의 전공 또는 관심 영역에 따라서 관심 영역을 교과과정에 편성하여 강의하기도 한다. 상담심리학 또는 산업심리학 전공을 학과 명칭에 달고 있는 학과에서는 그 학과에서 내세운 전공과목을 조금 더 편성하여 강의한다.

심리학과는 일반적으로 문과로 분류되어 고등학교 때 문과 학생들이 지망한다. 대학에서도 사회과학대학 또는 문과대학에 소속되는 경우가 대다수다. 그렇지만 심리학 자체를 들여다보면 이과적 속성이 상당히 많다. 심리학이 기본적으로 표방하는 것이 과학적 방법이기 때문이다. 여기에서 과학이라 함은 객관성을 전제하는 자연과학적 접근을 의미한다고 볼 수 있다. 세부 과목을 보면, 생리(생물)심리학, 실험심리학, 지각심리학 그리고 통계학 등은 이과적 속성을 가지는 영역이다. 이에 비하여 성격심리학, 사회심리학, 상담심리학 등은 문과적 속성을 반영하는 과목으로 분류할 수 있다. 그래서 심리학과 신입생들이 이과적 속성을 가진 과목을 수강하면서 힘들어하기도 한다. 심리학과의 교과목 중에서 생리심리학과 실험 같은 이과적 과목을 그 취지에 따라 운영하기 위하여 다수 대학에서 2000년을 전후하여 심리학과와 비슷한 입장인 지리학과 등과 함께 실험실습비를 이과인 학과에 준하여 학생들에게 부과하여 수년간 일시적으로 징수한 적이 있다. 하지만 그 정도 예산으로는 심리학에서 필요로 하는 실험과목을 운영하기 어려워서 포기하고 말았다.

심리학과의 교과과정은 다른 사회과학에 비하여 비교적 기초 과목과 응용 과목이 분명하게 구분되어 있다. 대학의 심리학과에 입학하면 첫해에는 거의 교양 과목으로 구성된 수업을 듣게 된다. 1학년 때에는 심리학 개론 한 과목으로 심리학을 처음 접하게 된다. 다음 해인 2학년부터는 전공 과목에 집중하게 되는데, 통계학, 생리(생물) 심리학, 성격심리학, 사회심리학, 학습심리학, 실험심리학 그리고 발달심리학 같은 기초 이론 과목을 주로 수강하게 된다. 3학년이 되면 기초와 응용을 연결할 수 있는 과목과 일부 응용 과목을 듣게 된다. 예를 들면, 심리검사(측정), 조사방법론, 이상심리학(정신병리학), 소비자심리학, 광고심리학, 범죄심리학 그리고 건강심리학 등이 해당 과목들이다. 마지막으로 4학년에서는 응용 과목으로 산업심리학, 상담심리학, 임상심리학의 이론과 실습 과목을 수강하게 된다. 물론 학교에 따라서 3학년 과목과 4학년 과목이 서로 바뀔 수도 있다.

요즈음 거의 모든 대학의 심리학과에서는 심리학과 정원 이외의 학생들을 위한 교육 역시 병행해야 하는 부담 때문에 힘들어한다. 다시 말하면 심리학에 대한 관심과 수요 급증으로 인해 심리학을 복수로 전공하거나 부전공으로 이수하는 학생이 많아졌기 때문이다. 대학에 따라 다르기는 하지만 심리학과 정원보다 더 많은 수의 복수 전공자와 부전공 희망자가 있는 경우도 있다. 그래서 전공 과목 수업을 A반과 B반 등으로 나누어서 심리학 전공 학생과 복수 전공 학생을 교육하기도 한다.

심리학과 입학 경쟁률은 매우 높다. 정시모집과 수시모집 등 입시 형태에 따라 다르기는 하지만 대개의 대학교에서 최근 몇 년간의 경쟁률은 10대 1에서 30 대 1 정도를 보이고 있다. 가장 치열한 경우는 100대 1인 경우도 있다. 이처럼 심리학과 입학 경쟁률은 거의 모든 대학교 내에서 가장 높은 것으로 나타나고 있다. 양이 질을 낳는다는 말이 있듯이 심리학과 응시자와 신입학생들의 학력 수준도 거의 모든 대학교의 인문사회계열 학과들 중에서 가장 높은 편이다.

심리학과에 지망하는 학생들의 관심사와 희망하는 미래 직업 등에 대한 구체적인 조사는 없지만, 심리학과 지망생들은 거의 고등학교의 문과 출신이고 상담전문가를 꿈꾼다. 가끔은 임상심리학 또는 범죄(법정)심리학 그리고 산업심리학을 언급하기도 한다. 앞 장에서 설명한 바와 같이 심리학은 문과뿐 아니라 이과의 내용을 상당히 포함하는 학문이다. 현재 고등학교에서 문과와 이과라는 이분법적 분류로 학생들의 장래를 미리 결정하는 것은 심리학의 관점에서 보면 매우 불합리한 것이다. 어쩌면 이과적인 적성을 가진 학생이 심리학을 전공하기에 더 유리할 수도 있다.

심리학을 전공한 후에 가능한 사회 진출 영역도 앞에서 언급한 것처럼 의외로 다양하다. 필자는 미국 유학에서 많은 것을 배웠는데 그 중에서 하나가 "사람 있는 곳에 심리학 있다!(Psychology exists where people live!)"는 격언이다. 한국이 미국처럼 심리학 만능 사회는 아니지만, 우리나라도 심리학 전공자의 사회적 기여가 점차 높아지고 있음은 주지의 사실이다. 그러므로 심리학과 상담심리학을 등식화하는 생각은 벗어나야 한다. 상담심리학자 이외에도 심리학 전공을 필요로 하는 직업들이 수없이 많다.

상담심리학 전문가와 비슷한 일을 하는 임상심리학 전문가는 주로 병원에서 정신장애자를 진단하고 치료하는 일을 한다. 대규모 산업체 또는 큰 규모의 정부 조직에서는 지원자들 중에서 그 조직에서 필요한 특성을 가진 사람을 선발하는 방법과 기술이 필요하다. 사람의 숨은 잠재력과 성격 등을 찾아내고 평가하는 전문적 일은 산업심리학 전공자의 몫이다. 이처럼 심리학을 바탕으로 한 직업은 수 없이 많다. 심리학 전공자의 취업에 대해서는 다음 심리학과 취업을 설명하는 장에서 더 구체적인 정보와 함께 자세하게 소개한다.

# 심리학을 더 깊게 공부하자! 대학원 진학하기

## 대학원에 대한 기본 정보부터 체크

심리학 전공으로 학부만 졸업해도 일단 기본적인 심리학적 소양을 갖추게 된다. 그러므로 학부 졸업만으로 심리학적 전공과 관련한 직장을 구할 수 있기도 하다. 예를 들면, 전문상담교사의 경우 교육법에 따라 주어진 국가 자격(전문상담교사 2급)을 취득하면 초·중·고등학교에 전문상담교사로 취업할 수 있다. 교사의 기본 요건이 4년제 대학 졸업이기 때문이다. 그러나 대개의 경우는 심리학으로 전문인이 되기 위해서는 대학원 교육을 전제로 한다. 심리학을 전공하여 전문인으로 활동을 하기 위해서는 대학원 과정이 거의 필수적이다. 대학원 과정은 석사 학위와 박사 학위로 나뉘며 단계적으로 이수하고 학위를 취득하게 된다. 우리나라의 심리학과 대학원 석사 및 박사 과정에는 대개 다음과 같은 전공들이 개설된다: 실험/생물심리학, 발달심리학,

사회심리학, 인지심리학, 임상심리학, 상담심리학, 산업/조직심리학, 건강심리학, 소비자/광고심리학(표 〈3-1〉 참조).

대학원 진학을 계획할 때는 무엇보다 자기가 어떤 전공을 할 것인지에 대한 계획과 판단이 분명하게 있는 것이 바람직하다. 자기가 졸업하는 대학의 대학원에 진학하고자 할 경우, 학과 교수 및 교과목, 시험 준비 등에 관한 정보를 쉽게 얻을 수 있지만, 학교를 바꾸어서 진학하고자 할 때는 진학하고자 하는 대학 심리학과의 홈페이지에 안내된 커리큘럼과 교수에 대한 정보를 최대한 알아볼 필요가 있다. 석사 과정뿐 아니라 박사 과정에 진학하는 경우에는 그 학교 심리학과에 자기가 하고 싶은 전공 분야에 어떤 교수가 있는지 그리고 어떤 과목을 강의하는지를 확인한 다음에 진학할 대학원을 결정하는 것이 좋다. 특히 박사 과정 진학을 계획한다면 자신이 하고 싶은 전공의 해당 교수를 직접 만나서 사전에 의논하는 방법도 권하고 싶다. 그 교수의 마음이 열려 있고 친절하다면, 아마도 그 만남의 자리에서 진학 과정과 입학 후의 수학 과정에 대해서도 중요한 정보를 구할 수 있을 수 있을 것이다.

## 대학원으로 진학

### ① 석사 과정

우리나라의 대학교의 대학원에서 공통적으로 석사 과정에 개설하는 전공은 임상심리학과 상담심리학이다. 그 외의 전공은 각 대학의 전임교수의 전공에 따라서 다르다. 이 두 가지 전공 외에 국내 대학원에서 개설하는 전공은 대체로 응용 영역으로 산업 및 조직심리학, 소비자 광고심리학, 범죄심리학 그리고 코칭심리학 등이다. 그리고 소수의 대학원에서 기초 심리학 영역인 인지심리학, 발달심리학, 생리심리학, 성격심리학 그리고 사회심리학 전공을 개설하고 있다.

석사 학위 과정은 수학기간이 2년이며, 이 기간 동안 전공 과목으로 24학점(8과목) 이상을 필수적으로 이수하여야 한다. 이에 추가하여 개별연구지도(논문지도) 학점을 최소한 1학점 이상 이수하여야 한다. 학부에서 심리학을 전공하지 않고 심리학과 대학원에서 수학을 하려는 학생은 보충 과목(학부의 심리학 전공 과목을 대체할 수 있는 과목)을 9학점 정도 별도로 이수하여야 한다. 그리고 대개의 대학의 경우 2학기를 이수하면 외국어 시험에 응시할 자격을 부여한다. 외국어 시험은 TOEIC, TEPS, TOEFL, IELTS 그리고 TOPIC의 점수로 면제받을 수 있으며, 면제하는 점수의 기준은 각 대학에 따라 다르다. 외국어 시험을 통과하고 3학기를 수료하면 종합시험을 칠 수 있는 자격이 생긴다. 종합시험은 재학 기간 동안 배운 과목 중에서 3~4 과목을 선택하여 응시하게 된다.

앞의 과정을 모두 통과하면 논문을 작성할 수 있는 조건을 갖추게 된다. 논문은 논문 계획서를 발표하여 통과하여야 하고, 다음 단계로 예비논문을 발표하고 최종적으로 석사 학위 청구논문을 발표하여서 석사 학위를 취득하게 된다. 대개의 대학에서는 논문 계획서에서 청구논문까지를 한 학기 만에 마칠 수 없음을, 기본적인 규정으로 정하고 있다. 최소한 두 학기를 거쳐서 논문을 마칠 수 있도록 하고 있다. 석사논문을 작성하는 과정에는 지도교수와 두 사람의 심사위원 교수의 지도와 심사를 받아야 한다. 학점 이수와 외국어 시험, 종합시험 그리고 논문 지도와 심사 과정은 앞에서 설명한 것이 일반적인 것이며, 학교에 따라 약간씩 다를 수 있다. 심리학과에서 석사 학위를 취득하게 되면 일반적으로 준전문가로서의 자격을 갖춘 것으로 인정받게 된다. 혼자서 독립적으로 연구하고 일을 할 수 있는 자신감을 갖추고 타인이 인정하는 전문가가 되기 위해서는 박사 과정을 거쳐서 박사 학위를 취득하여야 한다.

학교에 따라서 학부와 석사 과정을 연결하여 '학 · 석사연계과정'을 운영하기도 한다. 학부 성적이 우수한 학생에 대하여 학부에서 대학원 수업 일부를 수강할 수 있도록 하여 석사 과정을 좀 더 조기에 마칠 수 있도록 하는 제도다. 대학에 따라서 학생을 선발하는 기준과 운영하는 방법이 조금씩 다르다.

② 박사 과정

박사 과정에 진학하여 박사 학위까지 취득하면 혼자서 독립적으로 연구하고 각자의 전공에 따른 전문 지식을 갖춘 전문가로 인정받을 수 있다. 박사 과정은 학문을 하는 전문인으로는 마지막인 최고의 단계다. 우리나라의 대학교 대학원에 개설된 심리학 전공은 앞의 석사 과정과 거의 같다. 소수의 대학에서는 석사 과정만 개설하고 박사 과정을 개설하지 않고 있다.

박사 학위 과정도 수학기간이 2년이며, 이 기간 동안 전공 과목으로 36학점(12 과목) 이상을 필수적으로 이수하여야 한다. 이에 추가하여 개별연구지도(논문지도) 학점을 최소한 2학점 이상 이수하여야 한다. 석사 과정에서 심리학을 전공하지 않고 심리학과 대학원에서 박사 과정을 수학하려는 학생은 보충 과목(석사 과정의 심리학 전공 과목을 대체할 수 있는 과목)을 최대 18학점까지 별도로 이수하여야 한다. 그리고 대개의 대학의 경우 2학기를 이수하면 외국어 시험을 응시할 자격을 부여한다. 외국어 시험은 TOEIC, TEPS, TOEFL, IELTS 그리고 TOPIC의 점수로 면제받을 수 있으며, 면제하는 점수의 기준은 각 대학에 따라 다르다. 외국어 시험을 통과하고 3학기를 수료하면 종합시험에 응시할 수 있는 자격이 생긴다. 종합시험은 재학 기간 동안 배운 과목 중에서 네 과목 정도를 선택하여 응시하게 된다.

외국어 시험과 종합시험을 모두 합격한 학생들은 박사 논문을 작성할 자격을 갖추게 된다. 박사 논문은 한 사람의 지도교수와 네 사람의 심사위원의 지도와 심사를 받게 된다. 논문 계획서, 예비논문 그리고 마지막 청구논문을 작성하기까지는 최소한 1년이 소요된다. 학교에 따라서 청구논문을 제출하기 전에 별도의 부논문을 일정 수준 이상의 학회지에 게재하게 하기도 한다.

석사 과정과 박사 과정을 통합하여 대학원을 운영하는 대학도 있다. 석사 과정에서 논문을 제출하여 석사 학위를 받고 박사 과정에 입학하는 것이 아니라 석사 과정과 박사 과정의 이수과목을 이어서 수강하고 석사 논문을 작성하지 않고 바로 박사 논문을 제출하는 방법으로 전체 대학원 재학 기간을 단축할 수 있는 장점이 있다. 운영 방법은 대학에 따라서 조금 다르다.

## 심리학이 발달한 나라로의 학문적 여행: 유학

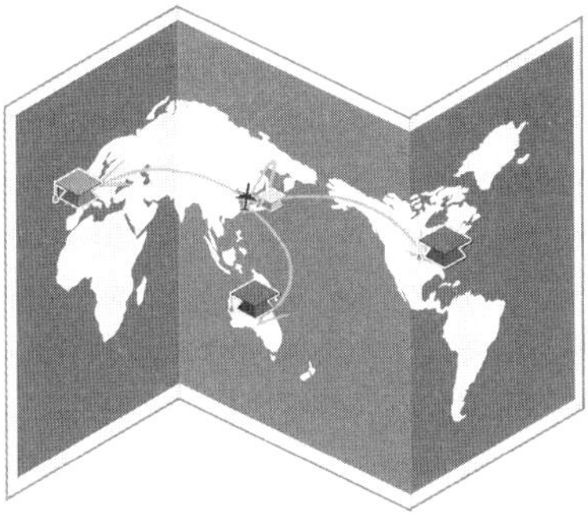

다른 나라에 가서 공부하는 것이 쉽지는 않지만, 한 번쯤은 도전해 볼 만한 일이다. 국내에서 대학원에 진학하지 않고 유학을 선택하는 경우 여러 가지 이유가 있을 수 있다. 무엇보다 심리학의 경우 미국을 비롯한 영어권 국가들이 역사적으로 앞서 있고 질적 및 양적으로 많이 발전해 있기 때문일 것이다. 독일에서 창시된 심리학이 미국 대륙으로 건너가서 꽃을 활짝 피우고 있다는 것은 누구나 인정하는 사실이다.

미국의 심리학을 대변하는 몇 가지 지표를 보면, 거의 모든 대학교에서 전임교수 숫자와 등록 학생 숫자 등에서 규모가 가장 크다. 대학원에 개설된 전공과 영역별 전임교수의 숫자를 검토해 보면 우리나라의 사정과는 매우 다르다는 것을 쉽게 알 수 있다. 우리나라 대학원의 심리학과에서는 거의 모든 전공을 개설하고 각 전공당 담당 교수가 딱 한 명인 경우가 대부분이고 몇몇 대학교에서만 복수의 교수가 있는 실정이다. 그러나 미국의 대학교에서는 개설 전공에 전담 교수가 최소한 4~5명 이상 재직한다. 예를 들어, 유명한 하버드대학교 심리학과 대학원에서는 인지, 뇌 그리고 행동, 발달심리학, 임상심리학, 사회심리학 그리고 조직심리학 전공만을 개설하고 있다. 이렇게 미국 대학원의 심리학과에서는 한 전공에서도 여러 명의 다양한 세부적인 전공을 한 교수로부터 배우고 지도를 받을 수 있다. 그리고 우리나라에 비하여 훨씬 더 세부적이고 다양한 명칭의 전공을 개설하고 있으므로 자신이 입학하기를 원하는 대학교의 전공을 면밀하게 검토할 필요가 있다.

여기에서는 미국을 중심으로 한 영어권 나라로 유학하기 위한 준비와 이웃 일본으로의 유학을 간략하게 소개한다. 일본의 심리학은 우리나라에 비하여 역사가 길 뿐 아니라 질과 양 모든 면에서 우리보다 많이 앞서 있다.

① 미국과 영어권

미국을 비롯하여 캐나다, 영국, 호주와 같이 영어를 사용하는 나라에 유학하고자 할 때는 필수적으로 준비해야 하는 두 가지의 시험과 점수가 있다. 바로 TOEFL과 GRE 점수다. TOEFL은 대학 수준의 교육을 받을 수 있는 미국식 영어 능력을 검증하는 시험이다. 그리고 GRE는 대학원 또는 경영대학원에 진학하고자 하는 모든 지원자가 치러야 하는 시험이다. 한국의 대학교 학부에서 심리학을 전공하거나 다른 전공을 한 학생이 미국 또는 영어권의 국가로 대학원을 진학하고자 한다면 이 두 가지 시험은 필수적이다. 특히 미국의 경우는 모든 대학교 대학원에서 이 두 가지 시험 성적을 요구한다. 시험을 치르고 점수를 받아서 지원하고자 하는 대학에 서류를 접수시키려면 대학원의 전형 일정을 고려하여 미리미리 준비해야 한다. 대학원에서 전형하는 데 대개 한 학기가 소요되므로 미리 접수해야 하고 시험을 친 후에 성적을 받는 데도 일정 시간이 소요되기 때문이다. 일반적으로 외국의 입학 전형 등의 절차가 우리나라 보다 일찍 시작하고 오래 걸리기 때문이다. 특히 장학금을 신청하는 경우는 더욱더 일찍 절차를 시작하여야 한다.

〈 TOEFL 〉

토플(TOEFL: Test of English as a Foreign Language)은 대학생 수준의 표준 미국식 영어를 사용하는 능력을 측정하는 시험이다. 이 시험은 비영어권 국가의 학생들이 영어권 국가의 대학교를 지원하는 데 필요하다. 또한 정부기관, 장학금, 기업, 이민 그리고 자격증 등에도 이 시험 점수가 사용되기도 한다. 토플 시험 점수의 유효기간은 대개 2년으로 보며, 미국의 대학교를 진학하는 경우는 2년 이내의 점수를 요구한다.

TOEFL은 미국의 ETS(Educational Testing Service)의 등록상표다. 현재 미국, 영국, 캐나다, 호주 등 전 세계 130여 나라의 9,000여 개 대학교와 기관에서 사용되고 있다. 한국에서는 한미교육위원단(Korean American Educational Commission)에서 주관하여 운영하고 있으며, 인터넷으로 시행된다. 시험의 세부 영역은 〈표 3-2〉에 제시된 4개로 구성되어 있다. 점수는 4개 영역 각각 0~30점으로 채점되어 총점이 0~120점으로 구성되어 있다. 각 세부 영역과 시험 제한 시간, 문항 수 그리고 각 영역에 대한 과제는 〈표 3-2〉에 제시된 바와 같다.

〈표 3-2〉 인터넷 기반 시험(iBT: Internet-Based Testing)의 세부 영역

| 세부 영역 | 시간 제한 | 질문 | 과제 |
|---|---|---|---|
| 읽기(Reading) | 60~80분 | 36~56문항 | 학술적 교재에서 3~4개의 절을 읽고 질문에 답하기 |
| 듣기(Listening) | 60~90분 | 34~51문항 | 강의, 수업 중 토론 그리고 대화를 듣고 질문에 답하기 |
| 휴식 | 10분 | | |
| 말하기(Speaking) | 20분 | 6과제 | 익숙한 주제에 의견을 표현하기, 읽기와 듣기 과제에 근거하여 말하기 |
| 쓰기(Writing) | 50분 | 2과제 | 읽기와 듣기 과제에 근거하여 수필 쓰기, 쓰면서 의견을 입증하기 |

〈 GRE 〉

GRE(Graduate Record Examination)는 미국 및 영어권 국가들의 대학원과 경영대학원에 입학하려는 학생들의 영어와 수학 그리고 전공 과목 능력을 평가하는 시험이다. ETS에서 1949년에 개발하였으며, 현재 사용되고 있는 관리 기준은 2010년에 이루어진 것이다. 이 시험은 특정 분야에 쏠림이 없는 언어 추론, 수리 추론, 비판적 사고 그리고 분석적 작문 능력을 측정한다. GRE의 일반시험(General Test)은 지정된 시험장에서 컴퓨터로 시험(Computer Based Test)이 치러지고 컴퓨터로 시험 치기가 불가능한 일부 지역에서는 지필시험(Paper Based Test)으로 시행한다.

각 대학교의 대학원에서 요구하는 GRE 점수는 학교와 학과에 따라서 다르다. 거의 모든 대학교의 심리학과 대학원에서는 GRE 점수

를 요구하며 이 점수는 입학허가를 결정하는 데 가장 중요한 요소로 사용되며 장학금 등 다른 사항을 결정하는 데도 사용되는 등 적용 범위가 다양하다. GRE는 일반 시험과 과목 시험으로 구성되어 있다. 일반 시험은 다시 언어 영역, 수리 영역 그리고 분석적 작문으로 나누어서 구성되어 있다. 분석적 작문(Analytical Writing)은 에세이를 ETS가 구축한 워드 프로세스에 입력하여 작문을 하는 방식이다. 이 워드 프로세스에는 기본적인 작문 기능은 있지만 철자 검사와 같은 기능은 없다.

GRE의 시험 구성

- 일반 시험
  - 언어 영역(Verbal Reasoning): 주어진 문장을 분석하고 평가하는 능력과 이러한 정보를 통합하는 능력, 문장을 구성하는 부분의 관계를 분석하는 능력, 단어와 개념 간의 관계를 인지하는 능력을 측정한다.
  - 양적 영역(Quantitative Reasoning): 산수, 대수학, 기하학 그리고 자료 분석의 기본적 개념을 사용하여 문제를 푸는 능력을 측정한다.
  - 분석적 작문(Analytical Writing): 비판적 사고와 분석적 작문 기술을 검토하는데, 특히 복합적인 아이디어를 분명하고 효율적으로 표현하고 입증하는 능력을 측정한다.
- 과목 시험: 특정 영역의 지식을 측정하는 성취검사다. 학부의 전공 지식과 광범위한 배경을 평가하기 위한 검사다. GRE에서 다

루는 과목들은 생화학과 세포 및 분자 생물학, 생물학, 화학, 영문학, 수학, 물리학 그리고 심리학이다. 과목 시험은 전 세계의 지정된 센터에서 지필고사로 치러진다. 시험 시기는 5월, 9월, 10월이다.

② 일본

심리학을 공부하기 위해 유학을 생각하는 한국 학생들은 미국이나 유럽을 우선순위에 둘 것이다. 그러나 일본의 심리학을 이해하고 일본의 심리학자와 협력할 수 있는 심리학자가 한국에는 필요하다(일본뿐 아니라 중국을 비롯한 다른 나라와의 관계도 중요하다). 일본 유학을 도외시하는 것은 일본 심리학의 수준을 잘 모르기 때문이다. 한국에서 심리학을 발전시키기 위해서는 일본의 심리학을 아는 것이 도움이 된다. 현재의 한국 심리학의 상당 부분은 일본 심리학에 뿌리를 두고 있기 때문이다.

일본 유학을 위한 팁을 간단히 소개한다(어디까지나 주관적인 소개다. 관련 정보들은 웹 사이트에서 쉽게 발견할 수 있다). 일본은 한국 학생들이 유학하여 적응하기에 비교적 편리한 곳이다. 일본은 한국과 역사, 문화, 언어 등에서 공통점이 많다. 일본 대학교의 교수들도 한국 학생들을 높이 평가한다. 학부 유학도 가능하지만 대부분의 경우 편입은 드물고 신입생으로 1학년에 입학해야 한다. 따라서 대학원에서 유학을 시작하는 것이 현실적이다. 가장 중요한 것은 전공 분야를 정하고 그 분야의 전공 교수를 물색하는 것이다. 종합대학교, 국립대학교 등 좋은 환경의 대학교를 선택하는 것도 중요하지만 좋은 교수를 만나는 것이 우선이다(해당 분야의 교수에 대한 정보를 발견하고 평가하는 방법에 대해서는 생략한다).

지도를 받고 싶은 교수를 찾게 되면 이메일 등으로 연락을 시도한다. 자기의 희망, 현재 상황, 어학 능력 등에 대해서 자세히 말하고 도움을 요청한다. 예를 들면, 자신의 졸업논문을 (영어나 일본어로 번역하여) 보내는 것도 좋은 방법이다(일본의 대학에서 심리학 실험실습과 졸업논문은 필수다). 교수가 승낙하더라도 학위 과정에 바로 입학하지 않고 연구생 시기를 거친다. 연구생을 하는 동안에 교수와 학생은 서로를 탐색해 볼 수 있다. 짧으면 한 학기 연구생 후에 정식 학위 과정에 입학할 수 있다.

일본의 새 학기는 4월과 10월에 시작하며, 연구생 허가를 받기까지 6개월 정도 걸린다. 어학 능력은 필수적이다. 일본어와 영어를 모두 잘할 수 있도록 노력해야 한다. 또 다른 문제는 경제적인 것이다. 수업료와 생활비가 한국에 비해 비싼 편인데 장학금 혜택은 많지 않다. 문부성 장학금은 일본 정부에서 지급하는 것으로 가장 선호된다. 민간 장학금으로 로터리장학금 등이 있다. 교수의 연구보조원을 하는 것도 한 방법이다. 실험, 통계분석, 워드, 엑셀 등의 경험과 전문지식이 있거나 영어 작문 등이 가능하면 유리하다.

# 04
# 심리학을 공부해서 어디에 취직할 수 있을까

경제적 지표는 우리의 사회경제적 생활 수준을 설명하는 가장 간편한 수단이다. 우리 역사의 과거를 잠시 되돌아보면, 먹고, 입고, 잠자는 의식주 문제에서 못 벗어나서 허덕이던 때가 불과 그리 오래되지 않았다. 의식주 문제가 눈앞에 놓인 상황에서 우리는 삶의 질을 생각하기보다 생활고를 해결하는 데 몰두할 수밖에 없었다. 그러한 상황에서 요즈음 말하는 '삶의 질'이나 '마음의 평화' 또는 '행복'은 사치스러운 탁상공론이었을 것이다. 그러나 우리나라의 1인당 GDP가 20,000달러를 넘어선 지 이미 몇 년이 지났다. GDP 20,000달러가 생활 수준을 결정하는 분수령은 아니지만, 이제 우리도 삶의 질을 논하고 마음이 편안한 생활을 설계하고 미래를 구상할 때가 된 것 같다. 선진국과 후진국을 포함한 여러 나라의 경제지표와 삶의 질을 비교한 여러 연구 결과를 보더라도 경제적 수준이 삶의 만족을 결정하는 충분조건은 아니지만, 삶의 만족을 가져다줄 수 있는 필요조건은 되는 것으로 나타나고 있다.

우리나라의 경제적 수준이 선진국에 근접하는 정도에 이르게 된 지금, 이제 우리도 경제 발전과 관련한 여러 가지 사회적 변화와 지표를 검토하고 둘러볼 필요가 있다. 우리의 경제 성장은 우리 생활에서 심리사회적 변화도 함께 가져온 듯, 일상생활에서 '삶의 질'이나 '만족' 그리고 '행복'이라는 용어가 보편적으로 사용되고 사회적 화두로 등장하고 있다. 자녀 양육, 어린이의 심적 안정감과 성장, 왕따 문제 등 소위 '먹고 사는 문제'를 넘어서서, 인간의 마음과 관련한 새로운 문제가 우리 관심의 표면에 떠오르기 시작한 것이다.

아기를 어떻게 양육하는 것이 바람직할까? 초등학교 아동들에게는 어떠한 교육적 서비스를 제공하는 것이 바람직한 것일까? 왕따와 학교폭력의 원인은 무엇이며, 이에 대한 해결 방법은 없을까? 사춘기 청소년들의 고민은 무엇이고 이들은 어떻게 이 문제를 해결할 수 있을까? 대학 학과를 어떤 기준으로 선택하여 지원하여야 할까? 등 최근 급격하게 대두되고 있는 아동과 청소년에 관한 수많은 질문은 바로 이와 같은 우리 사회의 변화를 반증한다. 또한 성인들의 생활과 관련해서도 심리학적 관심이 고조되고 있다. 사회가 점차 복잡해지면서 많은 사람이 일상적인 스트레스에 노출되고 있다. 감기처럼 스트레스는 대개의 정신장애의 원인으로 작용한다. 성인들의 스트레스 관리/극복을 포함하여 건강한 몸과 마음을 지키기 위한 다양한 심리학적 서비스가 필요하다. 이처럼 인간의 마음, 정신건강과 관련한 사항들이 우리 사회의 주된 관심사로 등장하고 있는 만큼 심리학에 대한 사회적 필요성 역시 지속적으로 증대하게 될 것이다.

여기에서는 심리학과 학부와 대학원에서 석·박사 수준의 공부를 마치고 선택할 수 있는 심리학 전공자들의 대표적인 직장을 소개하고자 한다. 우리나라에서는 대학교 졸업자들 중 상당수가 자신의 전공과 무관하게 취업하는 것으로 나타나고 있다. 이는 극심해진 취업난과 더불어 다변화되어 가고 있는 현대 사회에서 특정 전공 지식만으로 당면한 문제 해결이 어렵다는 점에서 비롯되고 있다. 그럼에도 불구하고 심리학은 전문상담 교사는 물론, 임상심리전문가, 상담심리전문가, 인사 선발 및 조직관리뿐만 아니라 정부의 여러 부처(법원, 법무부, 경찰청 등)에서 심리학적 서비스를 제공하고 있다. 나아가서 심리학적 지식과 기술을 활용하여 기업과 정부를 상대로 자문을 하는 등 독립된 회사를 경영하는 심리학 졸업생도 많다. 여기에서는 심리학적인 전공지식을 기본적으로 필요로 하는 직업에 대하여 소개하고자 한다. 물론 필요한 전공지식의 수준은 상당히 다를 수 있다.

## 전문상담교사: Wee클래스, Wee센터, Wee스쿨

전문상담교사는 2004년 1월 4일에 「초 · 중등교육법」이 개정되면서 우리나라에 정식 제도로 뿌리내리기 시작하였다. 이 법 개정을 위하여 필자가 직접 대구와 서울을 삼십여 차례 오가며 일 년 가까이 국회의원과 교육부 관계자를 설득하였던 당시의 일화와 과정을 간단하게 소개하고자 한다. 2004년 법 개정 이전, 「초 · 중등교육법」에서 각급 학교의 상담교사 배치 부분은 "상담교사를 '둘 수 있다'"라는 임의조항으로 되어 있었다. 필자는 그 법적 내용을 '둘 수 있다'에서 '둔다'라는 의무조항으로 변경되는 것을 목적으로 활동하였다.

그 당시 전국의 교사 임용률이 86%였기 때문에 교육부로서는 새로운 제도로 교사의 정원을 잠식한다는 인식 때문에 전문상담교사 제도를 의무조항으로 바꾸는 것을 매우 반대하는 입장이었다. 국회에서는 미국에서 교육학으로 박사 학위를 받은 김정숙 의원이 이 법 개정을 발의하기로 되어 있었다. 처음에는 2003년 8월에 법을 개정하기로 예정되었으나 그 해 봄 학기에 모 학교에서 식중독사고가 발생하면서 영양교사법을 만드는 것이 갑자기 부상하게 되었다. 그 결과 전문상담교사 제도를 위한 개정은 약 5개월 뒤로 밀려났다.

다시 국회에서 김정숙 의원이 발의한 전문상담교사 제도 개선을 위한 법 개정 논의 과정에 현승일 의원이 발의한 「학교폭력예방법」과 전문상담교사 관련 「초·중등교육법」 개정을 병합 심리하는 것이 바람직하다는 것이 필자와 당시 국회 전문위원들의 의견이었지만 그 의견대로 일이 진행되지는 못했다. 논의 마지막 단계에서 기존의 상담교사 10,000명 이상을 전문상담교사로 전환하자는 교육부의 안을 국회에서 수용하면서 극적으로 법 개정이 가능하게 되었다. 이후 시행령 등 임용시험을 거쳐서 전문상담 교사를 선발하고 현장에 임용하기 위한 작업이 발 빠르게 진행되었다. 2017년 4월 현재 전국의 Wee클래스, Wee센터, Wee스쿨 그리고 학생 상담 관련 기관에 배치되어 근무하는 전문상담교사의 현황은 〈표 4-1〉과 같다.*

전문상담교사가 되기 위해서는 심리학과 입학 정원의 10%에 해당하는 숫자의 학생에게 주어지는 전문상담교사 이수과정에 들어가야 한다. 대개의 대학에서는 1학년 성적으로 평가하여 이수 대상 학생을 선발한다. 이 과정에서 면접이 있지만, 성적만큼 객관적 평가 자료가 없기 때문에 성적을 선발기준으로 하기 쉽다. 전문상담교사가 되기를 원하는 학생은 1학년부터 성적 관리를 매우 잘해야 한다. 소정의 과

* 이 자리를 빌려 「초·중등교육법」 개정안을 발의해 준 김정숙 전의원과 이 작업을 함께 하였던 연세대학교 심리학과의 이기학 교수에게 고맙다는 인사를 전하고 싶다.

〈표 4-1〉 지역 및 기관별 전문상담교사 배치 현황(단위: 명)

| 지역 | Wee클래스 | | | | Wee 센터 | Wee 스쿨 | 117 센터 | 피해자 전담 기관 | 기타 | 계 |
|---|---|---|---|---|---|---|---|---|---|---|
| | 초 | 중 | 고 | 소계 | | | | | | |
| 서울 | 172 | 195 | 84 | 451 | 60 | – | 12 | 8 | – | 531 |
| 부산 | 47 | 70 | 32 | 149 | 20 | – | 6 | – | 3 | 178 |
| 대구 | 98 | 22 | 19 | 139 | 14 | 1 | 5 | 1 | – | 160 |
| 인천 | 44 | 57 | 46 | 147 | 13 | 3 | 5 | 3 | 5 | 176 |
| 광주 | 30 | 44 | 32 | 106 | 14 | 2 | 4 | – | 4 | 130 |
| 대전 | 7 | 52 | 30 | 89 | 8 | 2 | 4 | – | – | 103 |
| 울산 | 47 | 36 | 40 | 123 | 6 | – | 4 | 4 | 2 | 139 |
| 세종 | 7 | 14 | 6 | 27 | 10 | – | – | 4 | 1 | 42 |
| 경기 | 144 | 140 | 130 | 414 | 115 | 8 | 17 | – | – | 554 |
| 강원 | 76 | 70 | 50 | 196 | 38 | 3 | 3 | 2 | 1 | 243 |
| 충북 | 22 | 65 | 29 | 116 | 59 | 8 | 4 | – | 1 | 188 |
| 충남 | 65 | 50 | 54 | 169 | 63 | 16 | 4 | 5 | – | 257 |
| 전북 | – | – | – | – | 45 | – | 3 | 2 | – | 50 |
| 전남 | 85 | 52 | 32 | 169 | 78 | 2 | 4 | – | – | 253 |
| 경북 | – | 79 | 68 | 147 | 78 | – | 5 | – | – | 230 |
| 경남 | 118 | 117 | 83 | 318 | 48 | 3 | 7 | – | 2 | 378 |
| 제주 | 15 | 25 | 14 | 54 | 4 | – | 4 | – | 7 | 69 |
| 계 | 977 | 1,088 | 749 | 2,814 | 673 | 48 | 91 | 29 | 26 | 3,681 |

자료출처: 교육부, 2018. 10.

목을 이수하고 4학년 때 학교현장실습(교생실습)을 이수하면 졸업과 함께 '전문상담교사 2급' 자격증이 주어진다. 졸업 예정 학기부터 교사임용 시험 응시자격이 주어지므로 이 시험에 응시하여 합격하여야 한다. 임용시험에 합격하면 전문상담교사로 임용되는데 전문상담교사는 7급 공무원에 해당하는 지위이고 62세 정년이 보장되는 아주 선망되는 직업이다. 2018년 10월 현재까지 3,681명의 전문상담교사가 임용되어 학교와 Wee센터에서 학생들의 문제 해결을 위하여 노력하고 있다. 전문상담교사로 임용되면 대체로 두 종류의 직장으로 임지가 정해진다. 하나는 초·중·고등학교이고 다른 하나는 지역의 Wee 센터다.

## 초·중·고등학교의 전문상담교사

학교에 전문상담교사로 배치되면 요즈음 학교마다 설치되어 있는 Wee 클래스의 책임을 맡게 된다. 전국의 학교급별 전문상담교사의 배치 현황은 〈표 4-1〉과 같다. Wee 클래스는 대개 교실 하나 또는 절반 정도 크기의 독립된 공간이다. 각 학교 조직에 따라 다르지만, 행정적으로는 진로상담부, 인성부 또는 학생안전부의 결재라인에 있다. 거의 모든 학교의 Wee 클래스에는 전문상담교사 혼자 근무하며 학교에 따라서는 자원봉사 하는 어머니들의 지원을 받을 수 있다. Wee클래스의 업무는 학교의 분류(초·중·고등학교), 학교의 위치(대도시 또는 농어촌) 그리고 학교의 규모(학생 수 또는 학급 수) 등에 따라 다양하지만, 자살예방, 학교폭력, 일반적 학교 적응, 학업문제, 장기결석 등 수없이 다양하고 많다. 학교의 Wee센터가 얼마나 활동적으로 학생들의 문제를 해결하고 돕는지는 담당 전문상담교사의 전문적 역량과 열의에 따라 결정되겠지만, 그 학교의 교장선생님이 학생문제에 얼마나 관심을 가지는지도 결정적 변수다.

## Wee센터의 전문상담교사

Wee센터는 대부분 교육지원청에 설치되어 있다(〈표 4-1〉 참조). 대구광역시의 경우 대학병원에 설치되어 있기도 하다. 설치 장소가 교육지원청 건물 내부에 있는 경우가 다수이지만, 초등학교의 빈 교실을 빌려서 설치된 곳도 있다. 공간의 크기는 대개 교실 2개 내지 3개 정도다. 행정적으로 Wee센터장은 교육지원청의 교육지원과장(장학관 급)이 겸임하며 실무는 장학사가 담당한다. 그리고 전문상담교사는 Wee센터실장으로 불린다. 이 상담센터에는 전문상담사, 임상심리사 그리고 사회복지사가 함께 근무한다. Wee센터의 규모가 크면 여러 명의 전문상담사를 두기도 한다. 이 세 가지 직종의 근무자들은 거의 모두가 계약기한이 한정되지 않는 무기직으로 임용된다.

센터에 상담을 하러 오는 학생들은 주로 학교에서 위탁한 경우이지만 몇몇은 본인이 스스로 찾아오는 경우도 있다. 그래서 학교 Wee센터에서 경험하는 사례보다 좀 더 심각한 경우가 많다. 예를 들면, 자살 위험군 학생들, 학교폭력 가해자와 피해자 그리고 정서행동특성검사 관심군 등 매우 다양하다. 그리고 센터에서는 지역의 다른 전문기관과 협력 체계를 형성하여 서로 도움을 주고받는다. 예를 들면,

정신과 병원과 복지시설 그리고 주민자치센터 등은 필수적인 협력기관이다. 현실적인 문제 중의 하나는 전문상담교사로 임용된 실장이 센터의 과도한 행정적 업무에 시달려서 정작 해야 하는 상담업무에 전념하지 못하는 사례가 많다는 것이다. Wee센터에 근무하면 방학 동안 쉬지 못하므로 학교에 배치되어 방학 동한 쉬면서 근무하기를 선호하는 경향이 있다.

이상 살펴보았듯이 전문상담교사가 학교 현장에 배치되기 시작한 지 벌써 10년의 시간이 지났다. 전문상담교사제도 도입 초기에는 여러 가지 어려움이 많았다. 일단, 초기에는 사범대학을 졸업하고 교사 자격증은 받았으나 임용되지 못한 미발령 예비교사들에게 일정 기간의 연수를 통해 전문상담교사 자격을 부여하는 한시적 법이 시행되었다. 그래서 첫 임용고사에는 심리학과 출신보다 미발령 사범대학 출신 교사가 더 많이 합격하는 기현상이 있었다. 그러나 사범대학 출신으로 전문상담교사로 임용된 선생님들이 자신의 직업적 정체성을 전문상담교사로 굳게 갖추지 못하는 경우가 문제점으로 드러나기도 했다. 그런 점에서 개인의 교육 배경이나 임용과정에 관계없이 전문상담교사로서 자긍심을 가지고 전문성을 더 키우는 노력이 필요한 것으로 판단된다. 최근에는 진로상담교사가 학교에 배치되면서 새로운 어려움이 생겼다. 상대적으로 교직 경험이 많은 진로상담교사가 학교의 상담 관련 직제인 진로상담부장 또는 인성부장직을 맡으면서 상담 고유 업무에 대한 마찰이 적지 않게 야기되기도 하는 것으로 알려지고 있다. 이 문제 역시 학생 상담이라는 전문적 업무를 고려하여 지혜롭게 해결되기 바란다.

우리나라의 교사 임용제도는 4년제 대학을 졸업한 사람을 기준으로 하므로 전문상담교사도 심리학과 학부 4년 졸업을 기본으로 선발하게 되어 있다. 전문상담교사의 직무를 간단하게 설명하면 학생들의 정신건강을 돌보고 학생들의 학교 적응을 돕는 매우 전문적인 업무다. 그래서 일반 과목 교사와는 교육 수준을 다르게 고려해야 할 필요가 있다. 전문상담교사 관련법을 개정할 때 교사의 임용 기준을 석사 수준으로 상향 조정하여 준전문가로 임용하기를 원하였으나 앞에서 언급한 교사의 기본 기준 때문에 성사되지 못하였다.

미국은 학교에 근무하는 학교심리학자 또는 학교상담가가 최소한 석사 학위를 가지고 관련 자격과 훈련을 거친 다음에 임용되고 약 1/3은 박사 학위 소지자다. 이웃 일본도 석사 수준의 학력과 전문적인 훈련을 전제로 임용됨을 고려한다면 앞으로 우리나라도 전문상담교사의 선발기준을 재고할 필요가 있다고 본다. 현재 우리나라 상황에서는 임용된 전문상담교사가 스스로 자신의 전문성을 향상시키도록 노력하는 수밖에 없다고 본다. 대학원 또는 교육대학원에 진학하여 공부를 더 하고 상담에 관한 전문적인 지식과 기술은 별도의 연수 등을 통하여 연마하기를 권장한다.

# 상담심리전문가

상담심리학을 공부할 수 있는 교육기관은 대학의 심리학과가 대표적이다. 심리학을 기초로 하여 현장에 적용하는 학과들에서 상담과 상담심리학을 가르치고 있다. 청소년상담 또는 기독교상담과 같은 수식어가 붙어 있는 상담 관련 교육기관들이 여기에 해당된다. 최근에는 여러 사이버대학에서 상담심리학 관련 학과를 개설하여 상당히 많은 수의 학생을 교육·훈련하고 있다. 어떤 경우는 4년제 대학이 아닌 기관에서 상담심리학을 가르치기도 하고 평생교육기관에서 단기로 교육을 하기도 한다. 이처럼 전문성을 요구하는 엄격한 수준의 교육기관에서부터 단기의 낮은 수준의 교육기관에 이르기까지 다양한 교육기관에서 상담심리학과 관련한 교육과 훈련하고 있다. 그리고 상담심리학을 표방하는 자격증도 수없이 많아서 800여 가지에 달한다. 이는 우리 사회에서 상담심리학적 서비스에 대한 요구가 매우 많은 것으로서 해석될 수도 있다. 하지만 전문가의 입장에서 보면

상담의 질적 관리가 어려워지고 상담시장 자체를 저급화한다는 점에서 우려스럽지 않을 수가 없다.

상담심리학 관련 자격증은 매우 다양하다. 크게는 국가자격과 민간자격으로 나누어 볼 수 있다. 국가자격으로는 교육부의 전문상담교사, 여성가족부에서 발급하는 청소년상담사(1, 2, 3급), 고용노동부에서 발급하는 직업상담사(1, 2급)를 들 수 있고, 민간자격증으로는 대표적으로 한국심리학회(상담심리학회)에서 발급하는 상담심리사(1, 2급)를 들 수 있다. 국가자격 중 전문상담교사는 한국교육평가원에서 관장하고 나머지 자격증들은 산업인력공단에서 시험을 관장한다. 무엇보다 이들 국가자격들은 각 부처에서 자격증을 관리하기 때문에 공신력이 있으며, 다양한 국가 조직의 상담자들을 선발할 때 우선 요구되는 자격이 된다.

민간자격증들은 상담 관련 학회에서 발급하는 자격으로서, 학회의 공신력과 자격관리의 엄정성에 따라 현장에서의 가치가 달라진다. 앞에서 제시한 상담심리사는 한국심리학회에서 발급하는 자격증으로 심리학회 산하 분과학회인 한국상담심리학회에서 관리하고 있으며, 우리나라에서 가장 오래된(1973년부터 발급됨) 상담심리 자격증이니만큼 현장에서 가장 인정받는 자격증이다. 초기에는 상담심리전문가와 상담심리사로 나누어 관리되었다가, 현재에는 상담심리사 1, 2급으로 나누어 관리된다. 이 자격증 역시 전형절차와 관리가 상당히 엄격한 편이다. 이외에 수많은 상담 관련 자격증이 있다. 몇몇은 일정 수준의 전형절차를 지키면서 자격증을 발급하지만 거의 대부분은 관리가 매우 허술하다. 상당수는 발급기관의 영리적 목적으로 이루어지는 것이 많다. 상담 관련 자격증 취득을 원하는 사람은 자격증의 공신력을 사전에 따져볼 필요가 있다.

상담심리학 관련 자격증을 취득한 사람들은 어떤 곳에서 일을 할까? 우선 국가기관을 생각해 볼 수 있다. 국가기관에서 일한다는 것은 그 직책과 직무에 대하여 법에서 규정해 놓고 있다는 것을 의미한다. 대표적인 곳이 여성가족부에서 감독하는 한국청소년상담복지개발원과 각 지방자치단체에 설치되어 있는 청소년(상담)복지지원센터다. 지방자치단체에 설치되어 있는 센터에는 많게는 6명에서 적게는 1명 정도가 정규직으로 일하고 있으며, 정책에 따라 계약직이지만 그 수가 수십 명에 이르기도 한다. 청소년동반자(Youth Companion: YC)가 대표적인 예라고 할 수 있다. 또한 여성가족부의 가정지원센터, 이주민지원센터들에서도 상담자들을 요구하고 있다. 국방부에서도 병영생활전문상담관 제도를 설치하여 각 연대에 상담관을 배치하고 있다. 고용노동부의 고용안정센터에는 직업상담사들이 일을 하고 있으며, 법무부의 가정법원에서는 조사관으로, 교정기관에서는 상담요원으로 일할 수 있다.

몇 년 전부터는 통일부의 지역하나센터에 북한이탈주민을 위한 전문상담사들이 80여 명 일하고 있다. 상담심리학 관련 자격증 소지자들이 가장 많이 일하는 곳은 역시 초·중·고등학교다. 전문상담교사 자격증을 가지고 있는 사람 중 임용시험을 통과한 전문상담교사는 교육공무원으로 교육청과 일선 Wee 프로젝트 기관에서 일하고 있다. 문을 연 지 10년 남짓한 전국의 200여 개소의 Wee센터와 8개의 Wee스쿨에서 상담전문가를 채용하고 있고, 거의 모든 학교에 있는 Wee클래스에서도 기간제 등으로 상담 관련 자격증 소지자를 채용하고 있다. 그리고 Wee센터에서는 2년 이상 근무하면 무기직으로 전환해 주고 있다.

사실 우리나라에서 상담전공자가 가장 먼저 전문가로 일하기 시작한 곳은 대학의 학생생활상담센터다. 현재도 대학의 상담센터는 상담전공자가 전문가로서 일할 수 있는 곳이며, 전문가를 교육, 양성하는 기관으로서의 역할을 하고 있다. 국가기관이 아닌 민간기관으로는 대기업의 상담실, 비영리기관들의 상담실을 들 수 있으며, 최근에는 개인 상담소가 증가하고 있다. 이들 개인 상담소는 혼자서 개업하는 작은 규모도 있지만 상담전공자 몇 사람이 모여 공동으로 개업하기도 한다. 최근에는 프랜차이즈를 낼 정도의 브랜드를 가지고 있는 상담소도 있다. 개업을 한 경우 개인 상담에서부터 집단상담을 기본으로 하고 정부의 바우처 사업과 같은 외주의 업무를 하는 경우가 많다. 안정적으로 수입을 창출하기 위해서는 집단적 연수와 바우처 사업과 같은 고정 수입원을 확보할 필요가 있다.

# 임상심리전문가

임상심리전문가는 전통적으로, 첫째, 심리평가를 바탕으로 하는 진단, 둘째, 수련 과정 중에 있는 수련생을 위한 임상 슈퍼비전, 셋째, 임상현장에서의 연구와 검사 개발, 마지막으로 임상 장면에서 개인과 집단에 대한 자문을 하는 역할을 한다. 우리나라의 임상심리전문가는 종합병원의 정신건강의학과와 개인이 개업한 신경정신과 또는 병원의 신경과와 같은 심리학적 진단을 필요로 하는 과에서 환자들을 상대로 심리평가를 주로 하여 환자에 대한 진단에 도움을 준다. 학교에서는 심리치료를 많이 배우지만 의사들의 경직된 태도로 인하여 병원 상황에서 심리치료를 실시하는 경우는 드물다. 그러나 개인이 개업을 한 임상심리학자의 경우 심리평가와 심리치료를 함께 실행할 수 있다. 임상심리학은 심리학의 독특한 고유 영역이다. 임상심리학을 학과의 정규 과목으로 강의하는 학과는 심리학과뿐이기 때문이다. 임상심리학을 수강하기 전에 필수적으로 배워야 할 과목으로 기초심리학 과목에 더하여 이상심리학(정신병리학)과 심리검사 그리고 여러 가지 종류의 심리치료기법이 있다. 이러한 과목 또한 심리학과 이외 학과에서는 개설되지 않는 과목들이다.

임상심리학에 관한 자격증은 세 가지가 있다. 첫째는 보건복지부에서 발급하는 국가전문자격인 '정신보건임상심리사'가 있고, 두 번째는 산업인력공단에서 관리하여 발급하는 국가기술자격인 '임상심리사'가 있다. 마지막으로 한국심리학회 산하 단체인 한국임상심리학회에서 발급하는 '임상심리전문가' 자격증이 있다. 자격증을 따기 위한 준비 과정이나 기간으로 자격증을 평가한다면, 정부 자격인 임상심리사가 정신보건임상심리사와 임상심리전문가보다 쉽고 준비 기간도 더 짧다. 임상심리사의 경우 국가자격이라는 이점이 있지만, 직업 현장에서 바로 근무하기에는 자격기준에서 요구하는 역량이 다소 부족한 것으로 판단된다. 임상심리전문가 자격증은 40여 년의 발급 역사(1973년부터 발급됨)를 가지고 있고, 전형 과정이 상당히 엄격하고 실습기간도 길어서 취득하기 힘들고 민간자격증이지만 자격증 소지자의 역량은 상당히 인정을 받고 있다. 예를 들면, 대부분의 정신건강의학과에서는 이 임상심리전문가 자격증 소지자를 주로 임용하여 환자들에게 심리검사를 실시한다. 정신보건임상심리사는 준비 과정이 앞의 임상심리전문가와 비슷한 점이 많아서 이 두 가지 자격증 준비를 병행하는 경우가 많다.

임상심리학 관련 자격증을 가진 사람들이 가장 선호하는 직장이 병원의 정신건강의학과다. 거의 모든 병원의 정신건강의학과에는 임상심리학 전문가를 고용하고 있다. 대학병원의 정신건강의학과와 규모가 큰 신경정신과 병원은 임상심리전문가 또는 정신보건임상심리사가 되기 위한 훈련기관으로 지정되어 있기 때문에 임상심리실의 수련감독자 책임하에 여러 명의 수련생을 두고 있다. 정신건강의학과에 근무하는 임상심리학 전공자의 주요 업무는 환자들을 심리평가하고 진단을 하는 일이다. 많이 사용되는 검사로는 웩슬러형 지능검사(Wechsler Intelligence Scale, K-WISC-IV, K-WAIS-IV), 다면적인성검사(MMPI, MMPI-2), Rorschach 검사, 주제통각검사(Thematic Apperception Test, TAT), 그림검사[집-나무-사람 그림검사(House-Tree-Person Drawing Test)], 인물화검사(Draw A Person Test), 가족화검사(Kinetic Family Test) 그리고 몇 가지의 신경심리검사 등이다. 대학병원의 경우 정신건강의학과 의사들과 논문 작성 작업에 많이 도우며 관여한다. 한 가지 아쉬운 점은 임상심리학자들이 병원에서 치료에 개입하기 어렵다는 점이다. 이러한 현실은 '치료'라는 용어와 기능을 의사만이 사용할 수 있다는 의사들의 배타적 고정관념 때문이라고 본다.

대개의 정신건강의학과 의사들은 심리치료를 하는 사람들도 있지만 약물치료에 주로 집중한다. 결과적으로 심리치료가 필요한 환자에게 심리치료를 받을 수 있는 혜택의 기회를 주지 않는 매우 불편한 상황으로 만든다. 미국의 경우 치료 주체에 있어서, 우리와 같은 구분의 경계가 없이 임상심리전문가가 병원 상황에서 치료를 많이 하고 있다. 또 한 가지 아쉬운 짐은 병원의 임상심리학 전공자 대부분이 정규직이 아니고 계약직 또는 비정규직으로 고용되어 있다는 것이다. 이 또한 의사들의 배타적 사고에 기인한 것으로서 판단된다. 이 두 가지 제한점이 하루 속히 해결되기를 기대한다.

이외, 임상심리학 관련 자격증을 소지한 사람들 다수가 가지는 직업으로 공무원을 들 수 있다. 앞에서 언급한 바와 같이 임상심리학의 지식과 훈련이 심리평가와 진단이므로 이러한 기능이 필요한 공무원 자리가 여러 부서에 상당 수 있다. 대표적인 정부 부서는 법무부의 교정직, 병무청의 의료기술직, 법원의 조사직 그리고 경찰청의 프로파일러 등이다. 임상심리전문가들은 개인 또는 4~5명이 연합하여 클리닉을 개업하기도 한다. 현재 전국에 100여 개의 클리닉이 있는 것으로 알려져 있다. 이들은 심리평가와 함께 심리치료를 주로하며 주변의 Wee센터, 청소년상담복지센터 그리고 여성가족부의 해바라기센터 등에 대한 자문에 응하기도 한다.

## 산업심리전문가

산업심리학을 전공(석사 이상)하였다면 대기업 인사 관련 부서 또는 소규모의 컨설팅회사에서 일을 하게 된다. 이들은 공통적으로 신입사원 채용과 기존 구성원들의 인사평가 및 교육과 관련된 일을 한다. 조직에 필요한 역량을 갖춘 신규 직원을 채용하기 위하여 인적성검사 개발, 면접문항 개발, 면접자 교육 등을 하며, 업무수행의 개선과 승진 및 보상을 결정하기 위해 업무수행 평가를 한다. 조직의 중상위직 구성원들의 승진 여부를 평가하기 위하여 역량평가(assessment center)를 실시하는데 산업심리학 전공자는 평가에 필요한 평가도구를 개발하기도 하며 평가자로도 활동한다. 공무원의 경우 5급 이상 그리고 대기업 경우는 팀장급 이상이 이 평가의 대상이 된다. 아직 소수이기는 하지만 일부 중앙부처와 지방자치단체는 산업심리학 전공자를 채용하여 이 일을 맡기고 있다. 컨설팅회사는 정부 부처, 지방자치단체, 대규모 조직과 대기업으로부터 산업심리학(선발, 승진, 교육, 배치, 평가 등) 관련 용역을 수행하는 등의 전문적인 서비스를 한다. 대기업에서는 인사팀 또는 교육에 자체적으로 산업심리학 전공자를 채용하여 이러한 일을 담당하게 하고 있다.

정부나 대기업과 같은 대규모 조직에서 산업심리학자들의 전문적 지식과 기술의 필요성이 인식되어 활용된 지가 그리 오래되지 않았기 때문에 당분간은 이 영역의 인력 수요 규모가 점차 커질 것으로 예상된다. 다행인 점은 인력의 공급 과잉인 현시대에서 필요로 하는 훈련된 산업심리전문가가 부족한 공급 부족의 시대라는 점이다.

## 소비자/광고심리전문가

모든 것을 자급자족하던 전근대 사회를 지나 산업 사회로의 발전은 모든 사람을 소비자로 변모시켰다. 즉, 아침에 눈을 떠서 마시는 생수 한 잔부터 지친 밤 하루의 피로를 풀어 주는 포근한 이불에 이르기까지 우리가 사용하는 모든 일상재는 소비자로서의 구매 결정이 이루어진 결과다.

이렇게 현대인은 소비자로서의 삶을 산다. 이런 소비자의 심리와 행동을 심리학적으로 접근하여 연구하는 분야가 소비자심리학이다. 그런데 소비자의 구매 의사결정에  큰 영향을 미치는 매개체 중 하나는 바로 광고다. 광고는 소비자의 현명한 의사결정을 도와주고, 미처 알지 못하던 정보를 제공해 주기도 하지만, 소비자 자신도 인식하지 못했던 소유 욕망을 자극하기도 하고, 필요 없는 소비를 부추기기도 한다. 즉, 소비자의 마음과 행동에 영향을 주는 광고는 소비 행동과 뗄 수 없는 것이다. 광고가 어떻게 소비자의 마음을 움직이고, 소비행동에 영향을 미치는가를 연구하는 분야가 광고심리학이다.

이들 두 분야는 심리학의 기초 원리와 이론들을 적용하고 응용하는 분야로서 다양한 직업군과 기업 현장에서 필요로 한다. 그중에서도 특히 기업의 마케팅 파트에서 시장을 이해하고 분석하기 위한 작업에는 소비자심리학 지식이 큰 도움이 된다. 또한 소비자, 마케팅 조사 및 여론 조사를 주요 업무로 하는 리서치 회사의 경우에도 심리학 전공자의 활약이 두드러진다. 또한 직접 광고를 제작하고 집행하는 광고대행사에도 심리학과 광고 관련 지식을 무장하면 취업의 길이 활짝 열린다.

## 발달심리전문가

현대 사회에서 자녀의 출산이 현저히 감소하면서 자녀를 잘 키우고자 하는 욕구가 그 어느 때보다 강하다. 그렇지만 과거와 달리 학교에서의 경쟁은 점점 더 치열해지고 컴퓨터와 스마트폰의 과다 사용에 따른 영상미디어의 부정적 영향 등도 급속히 증가하고 있어 자녀를 올바르게 키우기가 과거보다 훨씬 어렵고 부적응 문제나 정신병리의 발생률도 점차 증가하는 추세다. 발달심리사는 발달심리학적 전문 지식을 기반으로 하여 발달 과정에서의 부적응 문제나 정신병리를 보이는 아동, 청소년 및 성인 문제를 파악하고, 그에 적합한 상담이나 훈련을 통해 문제를 감소시키거나 치료하는 일을 담당한다. 특히 학령전기의 아동들을 진단하고 치료하기 위해 놀이치료를 많이 활용하며 모래놀이치료나 미술치료를 부가적으로 활용하기도 한다. 발달심리사는 1급(발달심리전문가)과 2급이 있으며, 일반적으로 발달심리학 전공으로 석사 또는 박사 과정을 이수하고 한국발달심리학회에서 주관하는 시험에 합격한 후 소정의 수련을 쌓아 자격증을 발급받는다. 심리학과 및 유관 학과 전공자가 시험 응시 자격을 가지며, 아동발달상담센터, 청소년상담복지센터, 대학부설 발달장애센터 등에서 각종 심리검사 실시와 상담 사례의 충족을 통해 수련감독관의 슈퍼비전을 받아 학회에서 자격증을 받는다.

발달심리사는 다양한 발달상담센터, 아동발달연구소나 병원의 정신건강의학과 부설 발달상담클리닉 등에서 아동과 청소년의 상담과 치료를 담당하고 있거나 센터를 스스로 개업하여 치료를 담당하면서 수련을 위한 교육을 하고 있다. 발달심리사는 정서 및 행동 문제의 치료뿐 아니라 인지발달의 원리를 적용하여 학습장애아동이나 학습부진아동의 학습능력을 증진시키는 치료도 하고 있다. 곧 초고령 사회 진입을 눈앞에 두고 있는 한국 사회에서 아동과 청소년뿐 아니라 성인과 노인의 행복한 삶을 증진시키고 편안한 죽음을 맞기 위한 다양한 치료 프로그램 등을 개발하고 수행하는 발달심리사들의 역할에 대한 요구가 더욱 증가할 것으로 전망된다.

# 공무원

최근 들어 취업 지망생이 가장 선호하는 직종은 공무원인 것으로 나타나고 있다. 공무원에 대한 선호도가 과거에 비하여 더 높아진 것에는 여러 가지 원인이 있겠지만, 무엇 보다 신분이 안정적이고 정년 60세가 보장된다는 점일 것이다. 그리고 보수 또한 과거에 비하여 많이 개선되어 유명세를 타는 대기업 수준은 아니지만 웬만한 중소기업보다는 나은 정도가 된 탓도 있을 것이다. 연금 혜택과 출산 휴직 같은 복지가 사기업 어디보다 잘 보장되는 것도 취업준비생들이 공무원을 선호하는 중요한 요인이 될 것이다. 대한민국이라는 국가가 망하지 않는 한 국가가 선발하여 채용한 공무원은 가장 안정적인 직장으로 국민들의 선호를 받을 것이고, 나아가서 이러한 현상이 점차 더 호전될 때 우리나라는 선진국으로 발전해 갈 수 있을 것이다.

## 전문상담교사(교육부)

심리학을 전공한 졸업생들이 여러 직종의 국가기관에서 공무원으로 일하고 있다. 우선 앞에서 설명하였던 전문상담교사의 경우 각 시와 도교육청별로 응시하여 임용시험에 합격하면 7급 공무원으로 임용되게 된다. 임용된 전문상담교사의 일부는 자신이 응시한 교육청의 초등학교와 중학교 그리고 고등학교에 발령을 받아서 그 학교의 Wee클래스(상담실)를 맡아서 학생들을 위한 상담을 하게 된다. 그리고 또 다른 일부는 교육지원청에 설립된 Wee센터에 발령을 받게 되어 센터의 실장 직책을 맡아서 소속 전문상담사, 임상심리사와 사회복지사 등을 지휘하여 지역의 학생들을 상대로 상담활동을 할 수 있다. 전문상담교사들은 교직의 특성상 62세까지 정년이 보장되는 장점이 있다. 현재 전국에 약 2,000명의 전문상담교사가 임용되어 있으며, 이 중에서 1,000명 가까운 숫자의 심리학과 출신 전문상담교사들이 근무하고 있다.

## 의료기술직(병무청)

현재 병무청에는 의료기술직 국가공무원으로 심리학과 졸업생 40여 명이 근무하고 있다. 이들은 대개 7급으로 채용되었다. 병무청의 경력경쟁채용시험을 보면, 20세 이상으로 공무원 임용에 결격 사유가 없는 사람으로 정신보건임상심리사 1급 자격증 소지자 또는 2급 소지 후 3년 이상 실무 경력을 가진 자이면 응시할 수 있다. 그리고 6급의 경우는 정신보건임상심리사 1급 자격을 가지고 경력 3년 이상인 자들에게 응시 자격을 주고 있다. 요즈음은 주로 7급을 채용하고 있다. 병무청에 취업하기 위해서는 앞에서 자격증 소지 여부가 중요하듯이 심리검사를 정확하게 실시하고 해석하는 임상심리학적 지식의 교육과 훈련이 매우 중요하다.

## 조사관(가정법원)

가정법원은 가족 간에 발생하는 분쟁사건을 다루는 헌법기관이다. 대표적으로는 이혼소송이 있다. 가족 간의 사건은 재산사건과 달리 감정이 얽혀 있는 경우가 많아서 표면에 드러나지 않는 숨겨진 진짜 원인을 알아내는 것이 중요하다. 조사관은 법관의 지시를 받아 면담조사, 심리검사 그리고 출장조사를 통하여 이 숨겨진 원인을 찾아내는 일을 한다. 또한 조사관은 맡은 직무에 따라 가사조사관(이혼, 위자료, 재산분할 등), 소년보호조사관(소년범 관련) 그리고 가정보호·아동보호조사관(가정폭력, 아동학대 등)으로 구분된다. 조사관의 업무 중에는 후견이나 복지제도와 관련된 일도 있다. 당사자를 직접 상담하고, 이혼 당사자 또는 소년/소녀와 보호자를 교육하기도 한다. 그리고 이혼 가정 당사자와 가족 또는 보호소년과 가족을 위한 캠프를 계획하고 운영하기도 하며, 외부기관과 연계하는 업무를 하기도 한다.

조사관의 임용은 심리학, 사회학, 교육학, 사회복지학, 아동학, 가족학 등 인간관계 분야의 석사 학위 소지자를 대상으로 한다. 1차 시험은 서류전형이며 관련 분야의 경력을 중요하게 평가한다. 그리고

2차 시험은 면접으로 결정한다. 채용이 결정되면 조사주사보(조사직 7급)으로 법원에 임용된다. 전국의 가정법원에는 128명(2016. 9. 현재)이 근무하고 있으며 이들의 직급은 7급에서 5급(2명)까지다. 전공별 통계치는 없으나 지금까지는 심리학 전공자가 절대 다수인 것으로 알려져 있다. 현재는 가정법원이 서울, 부산, 대구, 대전, 광주에 있고 각 지방법원에 소속된 소규모의 가정법원도 많이 있다. 가정법원의 업무가 가파른 속도로 증가하는 추세이므로 가정법원의 설치가 더 늘어날 것으로 예상될 뿐 아니라 조사관의 필요성 또한 점증하여 채용이 앞으로 상당히 증가할 것으로 본다.

## 보호관찰직(법무부)

보호관찰 업무는 소년/소녀 범죄자에 대해서는 비행의 반복성을 억제하고 성인범죄로의 발전을 방지하기 위해 상습성이 고착되기 이전인 청소년기에 다양한 방법으로 개입하는 것이다. 그리고 성인 범죄자에 대해서는 재범 방지를 위해 엄격한 법 집행과 함께 여러 가지의 사회정착 지원을 통해 정상적인 사회생활을 할 수 있도록 돕는다. 최근에는 전문적인 검사 실시를 통하여 대상자들의 욕구와 위험요인을 파악하여 주거안정, 치유상담, 직업훈련과 취업지원을 하고 있다. 그리고 재범요인이나 가정환경에 따른 전문적인 프로그램을 실시하고, 심리치료와 가족치료, 보호자 교육과 가족관계 회복을 위하여 적극적으로 개입한다.

법무부 산하 조직인 보호관찰소는 전국에 56개가 있다. 채용시험은 일반 공무원과 비슷하지만, 형사소송에 관한 과목과 심리학과 사회복지학 과목이 있어서 심리학 전공자들에게 유리하다고 볼 수 있다. 보호관찰직의 직급별 임용시험은 다음과 같다.

- 9급(5과목)
  - 필수 과목(3과목): 국어, 영어, 한국사
  - 선택 과목(2과목): 형사소송법 개론, 사회복지학 개론, 사회학, 과학, 수학, 행정학 개론
- 7급(7과목)
  - 국어(한문 포함), 영어, 한국사, 형사정책, 형사소송법, 심리학, 헌법
- 5급(행정고시)
  - 1차: 언어논리영역, 자료해석영역, 상황판단능력
    영어(영어능력검증시험으로 대체), 한국사(한국사능력검증시험으로 대체)
  - 2차: 필수(4과목): 형법, 형사소송법, 심리학, 형사정책
    선택(1과목): 교육학, 사회학, 사회복지학

## 교도관(법무부)

교정직 공무원에게 부여되는 일반적인 직무는 수용자의 구금 및 형의 집행, 수용장에 대한 지도·처우와 계호 등이다. 여기에 임상심리 전공자들에게는 수형자의 인성, 행동 특성 및 자질 등의 조사·측

정 · 평가를 하고 수형자의 개별 처우 계획 수립 및 변경과 그 밖의 교정행정에 관한 사항 등의 직무가 부여된다. 그리고 상담심리학 전공자에게는 수형자의 교화와 상담, 수용자 생활지도 및 교육 그 밖의 교정행정에 관한 사항을 하도록 직무를 정하고 있다. 실제로는 심리학 전공자들이 주로 하는 업무는 사회복귀업무와 분류심사업무다.

교정직 9급(교도) 국가공무원 경력경쟁채용시험에는 임상심리 분야와 상담심리 분야로 구분되어 있다. 임상심리 분야에 필요한 자격증은 정신보건임상심리사 또는 임상심리사 2급 이상 자격 소지자로 한정하고 있다. 그리고 상담 분야에 필요한 자격증은 전문상담교사 2급 이상, 중등정교사 2급(상담전공) 이상, 직업상담사 2급 이상 그리고 청소년상담사 3급 이상으로 정하고 있다. 시험 과목은 임상심리 분야와 상담 분야 모두에서 심리학 개론과 교정학 개론을 부과하고 있다. 제1 · 2차 시험은 병합하여 실시하는데, 선택형 필기시험으로 각 과목별 25문항의 시험을 치러야 한다. 각 과목 만점의 40% 이상, 전 과목 총점 60% 이상 득점한 자 중에서 고득점자 순으로 선발예정 인원의 150% 범위에서 제3차 시험 응시 대상자를 결정한다. 제3차 시험은 실기시험(체력검사)과 면접시험으로 이루어진다. 체력시험은 4종목으로 20미터 왕복 오래달리기, 10미터 2회 왕복 달리기, 악력, 윗몸일으키기다. 면접시험에서는 공무원으로서의 정신 자세, 전문지식과 그 응용 능력, 의사 표현의 정확성과 논리성, 예의 · 품행 및 성실성, 창의력 · 의지력 및 발전 가능성을 평가한다.

## 프로파일러(경찰청)

경찰청에서 범죄수사를 담당하는 프로파일러는 전국의 경찰서에 소속되어 근무한다. 프로파일러는 수사팀에서 형사를 도와서 수사가 원활하게 진행되도록 하는 역할을 한다. 범죄 현장의 재구성, 용의자 추정 그리고 수사 방향 제시 등을 한다. 좀 더 구체적인 업무는 범죄자 유형 분석, 연관성 분석, 지리적 프로파일링, 진술 및 행동 분석 그리고 용의자를 어떻게 심문할지 등을 수사팀에게 제시해 주는 일이다.

현재 서울과 경기도에는 프로파일러가 4~5명이 배치되어 있고 나머지 지방 경찰청에는 1~2명이 배치되어 있는 등 전국에 약 40여 명의 프로파일러들이 활약하고 있다. 이들의 전공은 대체로 심리학이다. 이들은 모두 특채 과정으로 임용되며 전공은 범죄심리학, 임상심리학 또는 범죄학이 유용하게 활용될 수 있다. 범죄분석요원(프로파일러)의 임용에 관해서는 〈표 4-3〉을 참고하기 바란다. 임용 시 계급은 경장이고 현재는 경사까지 진급을 한 상태다.

〈표 4-3〉 2016년 범죄분석요원 경력경쟁채용 응시자격 및 시험방법

| 자격 요건 |
|---|
| ○ **다음 요건 중 1가지에 해당하면 응시 가능**<br>– 관련 분야 석사 학위 이상 소지자(심리학 · 사회학 · 범죄학)<br>– 관련 분야 학사 학위 이상 소지자로서 2년 이상 근무(연구) 경력자 |

■ **관련 분야 범위**

– 학위: 학과명에 '심리학', '사회학', '범죄학'이 명시된 경우 지원 가능
(복수전공자는 가능, 부전공 불가 – 학위 취득 여부로 판단)

※ 他 전공 학사 학위 취득 후, 관련 분야 석사 학위를 취득한 경우는 불인정

– 경력: 국가기관 · 지방자치단체 · 공공기관에 준하는 기관에서 임용예정직과 관련이 있는 세부 직무 분야에서 정규직으로 2년 이상 전일제 근무(연구)한 경력

※ 학교기관 및 연구기관 행정조교, 대학원 과정 등은 경력 불인정

· 세부 직무 분야: 범죄수사, 범죄행동(심리)분석, 심리측정 · 평가

| | | |
|---|---|---|
| **연 령** | | ㅇ 20세 이상 40세 이하(1975. 1. 1.~ 1996. 12. 31. 사이 출생자)<br>※ 제대군인은 복무기간에 따라서 3세까지 연장됨 |
| **병 역** | | ㅇ 병역을 필한 자 또는 면제자(2016. 6. 13.까지 전역 가능한 자 응시 가능) |
| **운전면허** | | ㅇ 제1종 보통면허 이상 소지자 |
| **신체조건** | **체격** | ㅇ 국공립병원 또는 종합병원에서 실시한 경찰공무원채용 신체검사 및 약물검사(TBPE) 결과 건강 상태가 양호하고, 사지가 완전하며 가슴 · 배 · 입 · 구강 · 내장의 질환이 없어야 함 |
| | **시력** | ㅇ 양쪽 눈이 각각 0.8 이상(교정시력 포함)인 자 |
| | **색신** | ㅇ 색신 이상이 아닌 자. 단, 종합병원, 국공립종합병원의 검사 결과 색신 이상자 중 약도색신으로 판정된 경우 응시 자격 인정<br>※ 색약 보정렌즈 사용금지(적발 시 부정행위 간주로 5년간 응시 자격 제한) |
| | **청력** | ㅇ 좌우 각각 40(dB) 이하의 소리를 들을 수 있는 자 |
| | **혈압** | ㅇ 고혈압 · 저혈압이 아닌 자(확장기: 90~60mmHg, 수축기: 145~90mmHg) |

| 구 분 | 평가내용 | 배 점<br>(100점) |
|---|---|---|
| **직무지식<br>(40%)** | • 현장 재구성 등 과학수사 기초 지식<br>• 범죄행동분석 직무지식(프로파일링, 범죄심리 등)<br>• 사건 자료 활용 방안 | 40 |
| **전공지식<br>(40%)** | • 심리/사회학 기초 지식<br>• 심리평가/측정<br>• 심리(사회)통계 활용(연구방법론 포함)<br>• 데이터 관리 및 통계분석 | 40 |
| **발전역량<br>(20%)** | • 범죄행동분석 또는 전공분야 연구 실적<br>※ KSCI 등재(후보) 학술지에 논문 게재 시 평가 우대<br>• 학위 과정 외 관련 교육 실적<br>※ 프로파일링, 범죄심리, 임상심리, 상담, 통계, 심리평가 등<br>• 관련 업무 실적, 근무 경력<br>• 개인업무 추진 계획(발전방안) 등 | 20 |

# 연구원

심리학을 전공하고 전공지식을 살려서 순수하게 연구에 전념하는 연구직이 현재 우리나라에 그다지 많지 않은 것이 현실이다. 국가의 연구기관 또는 정책연구기관 등에서 박사 학위를 소지한 심리학 전공자를 채용하기도 한다. 예를 들면, 국립뇌연구원, 한국청소년상담복지개발원, 한국청소년정책연구원 등에서 생물심리학, 임상심리학 그리고 상담심리학 등을 전공한 심리학자들을 채용하고 있다. 그리고 지방자치단체에서 직접 또는 간접적으로 운영하는 각종 정책 연구소에서는 석사 학위 수준의 심리학 전공자들을 고용하고 있다. 이 경우 세부 전공은 중요하지 않으나 연구를 설계하여 자료를 수집하고 분석하여 보고서를 작성하는 능력이 필요하다.

## 교수

심리학과 교수는 다수의 심리학도들이 희망하는 직업이다. 명시적으로 심리학과의 교수가 되겠다는 학생들도 있고, 겉으로는 표현하지 않지만 속마음은 교수직을 기대하는 학생들이 상당수 있는 것으로 알고 있다. 심리학의 어느 세부 전공을 선택하건 간에 관계없이 교수가 되기 위해서 갖추어야 할 몇 가지 조건이 있다.

첫째, 심리학 영역에서 취득한 박사 학위다. 현재 국내 심리학과 교수들은 100% 심리학과에서 박사 학위를 받은 심리학자들이다. 학위를 받은 국가별 조사는 없지만, 국내와 외국의 학위가 반반 정도이고, 외국의 학위 소지자는 주로 미국이다. 그 외의 나라로는 일본, 독일, 호주, 캐나다 출신이 소수 있다.

둘째, 논문 실적이다. 한국연구재단에 등재된 학술지에 게재된 논문을 기준으로 점수를 매긴다면 대개 최근 3년간 단독으로 5편 정도의 출판 이력이 필요하다. 임용일 기준으로 3년간의 연구업적을 심사 대상으로 정하는 대학이 대부분이다. 대개의 대학에서는 박사 학위 논문에 대하여 200%의 점수를 부여하고 앞의 학술지의 단독 연구물에 대하여 100%를 부여하므로 이 두 가지를 합하면 700%가 된다. 여기에 공동 저술이 몇 편 더 있으면 응모 서류를 접수하는 데 무리가 없을 것이다. 학술재단에 등재되지 않은 논문집이나 기타 학술지에 게재한 논문에 대한 평가 점수는 대학에 따라 다르지만 대개 점수를 부여하지 않거나 부여하더라도 매우 낮은 점수를 준다. 그리고 게재된 모든 논문에 대하여 점수를 부여하는 것이 아니라 모집 전공과 관련된 주제에 한정하여 논문점수를 인증하는 경향이 있다. 서울의 유명 대학교에서는 서류 접수 시에 외국의 저명학술지(SCI, SSCI)에 게재한 논문을 필수적으로 요구하기도 한다. 논문 점수가 몇 점이어야 하는지는 정해진 것이 없다. 교수를 모집하는 대학교의 그해 응모자의 숫자와 세부 전공에 따라 당락을 결정하는 논문 점수는 달라질 수 있다.

셋째, 전공과 관련된 자격증이다. 현재 우리나라의 심리학과 교수 임용에서 자격증을 요구하는 전공은 임상심리학과 상담심리학이다. 임상심리학 전공은 한국심리학회(임상심리학회)에서 발급하는 '임상심리전문가' 1급과 보건복지부에서 발급하는 '정신보건임상심리사' 1급을 필수적으로 요구한다. 산업인력공단에서 발급하는 '임상심리사'는 임용 조건으로 필수적이지는 않다. 상담심리학 전공에 임용되고자 할 때는 한국심리학회(상담심리학회)에서 발급하는 '상담심리전문가' 1급이 필수적이다. 부가적으로 청소년상담원에서 발급하는 '청소년상담사' 1급이 도움이 되기도 한다. 상담심리학 관련하여 수많은 자격증이 시중에 나와 있지만, 심리학과 임용 과정에서 인증되는 것은 위의 자격증이 전부다. 외국에서 임상심리학과 상담심리학 관련 자격증을 받아 온 경우는 해당 국내 학회에서 인준을 받는 절차를 거쳐야 한다.

넷째, 경력 관리다. 임용 지원서를 접수시킬 때까지의 강의 경력이나 직장 경력은 임용심사 점수에 거의 반영되지 않는다. 대학교에서 전임자로 임용되어 있다면 경력자로 평가 받을 수는 있다. 앞에서 언급한 학위, 논문점수 그리고 자격증 이외에 임용에 결정적인 영향을 미치는 요인은 본인의 인간관계와 같은 살아온 족적이라고 할 수 있다. 임용대상 후보에 오르게 되면 학과 교수들이 대상자의 주변 인물을 통해서 그 사람의 인간관계와 살아가는 방식 등에 대하여 수소문을 해 보기 때문이다. 아무리 앞의 필수조건을 잘 갖추었다고 하여도 주위 사람들로부터의 일상적인 평가가 좋지 않으면 임용되기 어렵다. 요즈음 심리학과에 신규 교수로 임용되는 심리학자들의 나이는 기초 영역은 30대 중반 정도에서 40세 정도이고, 임상심리학과 상담심리학과 같이 현장 경험을 중요하게 고려하는 전공인 경우는 40세 전후이다. 교수의 정년이 65세이므로 임용 후 약 25년에서 30년 전후의 기간을 교수직을 가질 수 있다.

다섯째, 교수가 해야 하는 주요 업무는 교육, 연구 그리고 사회봉사 세 가지다. 대개의 대학에서는 교수가 기본적으로 책임져야 하는 수업 시수가 3학점 과목 3개를 하는 주당 9시간이다. 전공 과목과 교양 과목을 합쳐서 계산한다. 그리고 대학원이 개설된 대학에서는 추가적으로 수업을 더하여야 할 수도 있다.

연구 또한 교수가 의무적으로 하여야 하는 업무다. 정해진 분량은 없으나 대개의 대학에서는 매년 한 편 이상의 논문을 전문 학술지에 게재하는 것을 기본으로 한다. 연구실적은 승진에 직접 평가되고 반영되는 것이므로 꾸준하게 쌓아야 한다.

마지막으로 사회봉사는 먼저 자신이 전공하는 학회에서의 역할이 중요하다. 학회에서 회장, 편집장이나 편집위원 그리고 논문심사 등의 역할이 여기에 속한다. 그리고 국가기관이나 지방 자치단체 등 공공기관에서의 자문역 또는 위원 그리고 국가의 자격시험 출제와 같은 일을 하면 봉사점수로 평가 받을 수 있다. 그리고 언론기관에 기고하거나 출연하는 것도 사회봉사의 일환으로 평가받을 수 있다.

교수의 정년은 65세다. 요즈음 심리학과에 임용되는 초임 교수들의 연령이 30대 중후반에서 40대 초반임을 감안하면 교수로 재직할 수 있는 기간이 20년에서 30년 정도 된다. 교수가 되기 위하여 투자하는 기회비용(대학원 석사와 박사 과정, 연구와 논문 작성 등에 소요되는 경비)과 시간을 감안하면 교수에게 주어지는 경제적 보상이 많다고 보이지는 않는다. 오히려 교수직이 가지는 심리사회적 보상 또는 명예 때문에 교수직을 희망한다고 볼 수 있겠다.

# 05
# 현장의 심리학자들

# Wee클래스 전문상담교사: 박소영

2016~ / 충북 제천여자고등학교 Wee클래스

2013~2015 / 충북 제천교육지원청 Wee센터

2013 / 전문상담교사 임용

2015 / 충북대학교 교육대학원 학교상담전공 입학/재학

2009 / 삼육대학교 상담심리학과 졸업

전문상담교사 1급

저는 학부에서 상담심리를 전공하고 교직이수를 통해 전문상담교사 2급 자격을 취득하였습니다. 이후 교원임용고시에 합격하여 현재 전문상담교사로 재직 중에 있습니다. 2005년부터 청소년의 일탈, 비행, 폭력 등의 문제가 사회적으로 점차 심각해지면서 교육인적자원부에서는 증가하고 있는 청소년 문제를 효과적으로 예방하고 대처하기 위해 학교상담 업무만을 전담하는 전문상담(순회)교사를 학교 및

시 · 도 교육청에 배치하였습니다. 이후 2008년부터는 학생들의 건강하고 즐거운 학교생활을 지원하는 다중의 통합 지원 서비스를 제공하고 학교–교육지원청–지역사회의 긴밀한 협력으로 종합적인 안전망을 구축하기 위해 'Wee Project'를 시행하였습니다.

Wee Project에서 중추 역할을 담당하고 있는 전문상담교사는 학교현장에서 직접적으로 상담활동을 전담하고 있기 때문에 심리학과 업무와 관련성이 매우 높다고 볼 수 있습니다. 특히 학부나 대학원에서 공부하는 상담의 이론과 실제, 이상심리학, 발달심리학, 심리평가, 집단상담, 가족상담, 청소년상담, 진로상담 등의 과목을 통해 습득한 지식은 실제 현장에 적용하거나 활용하는 데 많은 도움이 된다고 생각합니다. 전문상담교사는 초 · 중 · 고등학교, 또는 Wee센터에서 학생들의 학업, 진로, 대인 관계, 정신건강, 학교폭력, 학업중단 등 다양한 영역에 걸쳐 개입하게 되는데 주요 업무는 다음과 같습니다.

제가 근무하고 있는 Wee클래스(학교상담실)를 기준으로 말씀드리면 업무 영역은 크게 상담활동, 교육활동, 연계활동, 행정업무로 구분할 수 있습니다. 보다 세부적으로 설명하자면, 첫 번째는 상담활동으로 이에 해당하는 직무는 개인상담, 집단상담, 심리검사, 자문으로 나눌 수 있습니다. 두 번째는 교육활동입니다. 교육활동은 학생 및 학부모 교육과 교사 연수 그리고 상담행사 등이 있습니다. 세 번째는 연계활동으로 지역사회 자원을 발굴하고 협력하여 필요에 따라 외부기관으로 연계하는 것을 의미합니다. 그 밖에 행정업무로는 상담실 구축이나 자료 구입과 같은 상담 환경 조성과 연간 계획 수립, 사례관리 및 평가, 상담실 운영 및 프로그램에 대한 홍보 등이 있습니다.

전문상담기관에서 이루어지는 일반상담과 달리 전문상담교사는 학교라는 특수한 공간에서 주로 상담을 진행하므로 무엇보다 학교상담에 대한 이해가 필요하다고 생각합니다. 학교상담이란 학교 교육과정의 일부로서 상담자가 행하는 전문적인 서비스로 학생을 도울 뿐 아니라 더 나아가 학부모와 교사를 대상으로 성장 지향적이며 예방적이고 종합적인 서비스를 제공하는 것입니다.

덧붙여 학교상담은 위기나 부적응 학생뿐 아니라 모든 학생을 대상으로 전체 학생의 발달을 돕는 데 그 목적이 있습니다. 또한 학교상담에서 학생의 성공과 적응은 효율적인 학습과 적절한 진로 선택, 자기 이해를 통한 성장 등이 일어나는 것을 의미합니다. 이처럼 학교현장에서 상담을 할 때는 일반상담과 학교상담의 차이점에 대해 알고 있어야 하며, 청소년과 공감적으로 관계를 맺을 수 있는 능력과 청소년의 발달 과제 및 심리적 욕구 등 발달 과정에 대한 이해가 요구된다고 봅니다.

더 나아가 전문상담교사의 전문성은 상담 활동을 하는 데 있어서 신념과 상담자 윤리에 중요한 영향을 미치므로 상담자로서의 역량을 지속적으로 향상시키는 것이 중요하며, 전문상담교사로서 다양한 역할을 수행하면서 경험할 수 있는 심리적 소진(burnout)을 예방하고 적절하게 대처할 수 있어야 합니다. 무엇보다 전문상담교사에게 필요한 것은 학생에 대한 깊고 따뜻한 관심이라고 생각합니다. 상담은 상담자와 내담자의 인격적인 관계를 바탕으로 내담자의 어려운 마음을 이해하며, 당면한 문제를 해결해 나가는 과정에서 끝까지 함께 버텨주는 인내심이 요구되기 때문에 사람에 대한 관심과 배려 없이 상담자 역할을 감당하기는 매우 어려울 것입니다.

상담자의 길을 걷는다는 것이 분명 쉽지 않습니다. 그러나 내담자와의 깊은 대화를 통해 얻는 소통과 공감은 저에게 많은 보람과 감사함을 느끼게 해 줍니다. 이 길을 걷고자 결심하신 후배님들께서도 곧 이러한 경험을 할 수 있기를 기대하며 응원하겠습니다.

# Wee센터 팀장: 지선환

2016~ / 충청북도 청주교육지원청 Wee센터

2015~2016 / 영동교육지원청 Wee센터

2012~2014 / 옥천상업고등학교 Wee클래스

2012 / 전문상담교사 임용

2006 / 대구가톨릭대학교 심리학과 졸업

전문상담교사 1급, 심리학 정교사 2급

제가 근무하는 충청북도 청주교육지원청 Wee센터는 청주시내의 307개 학교에 대하여 상담 서비스를 하기 때문에 규모가 상당히 큽니다. 청주시에는 유치원 132개, 초등학교 89개, 중학교 46개, 고등학교 37개 그리고 특수학교가 4개 있습니다. 대개의 초·중·고등학교는 학교 자체적으로 Wee클래스를 두어서 운영하므로 학생들의 비교적 간단한 문제는 학내에서 대처가 가능합니다. 그러나 각급 학교에서는 자체 내에서 해결되지 않는 문제들을 결국 우리 Wee센터로 의뢰해 오는 경우가 많습니다.

상대적으로 학교의 Wee클래스의 지원이 부족한 초등학교 아동들과 관련해서 더 많은 의뢰가 들어옵니다. 그래서 우리 Wee센터의 직원도 다른 센터에 비하여 많은 편입니다. 센터장인 교육지원청의 과장님과 두 분의 장학사님(대개 다른 센터는 1명)이 총괄책임을 맡고 있습니다. 그리고 모두 4명의 전문상담교사가 배치되어 있고 전문상담사와 임상심리사 그리고 사회복지사 등 모두 20여 명의 전문인력이 함께 일하고 있습니다.

상담에 앞서서 먼저 진행되는 것이 심리검사인데 지능검사, 성격검사는 기본적으로 실시되고 사례에 따라서 진로검사, 학습검사, 심층심리검사 그리고 정서행동특성검사 등이 실시됩니다. 그렇기 때문에 심리학과에서 배우는 성격심리학, 심리검사 그리고 이상심리학 등에 대한 이론과 실습은 매우 중요하게 활용됩니다. 개인상담은 학생, 학부모 그리고 교사를 상대로 진행하고 있습니다. 집단상담은 상담 대상자와 필요한 주제에 따라 대인 관계, 자존감 향상, 자기주장 훈련 등을 나누어서 진행하고 진로상담, 인터넷 중독, 학교폭력 등에 관해서도 별도로 진행하고 있습니다. 그리고 각 학교에서 진행할 수 없는 프로그램을 개발하여 학생들을 돕고 있습니다. 대표적인 것으로 학교폭력 피해/가해 학생 및 학부모를 위한 프로그램이 있고, 대안위탁교육, 학업중단 학생과 복교생을 위한 프로그램도 진행하고 있습니다. 상담과 프로그램 진행을 하기 위해서는 심리학과의 과목 중에서 발달심리학, 사회심리학, 상담심리학과 임상심리학은 매우 필수적이고 유용합니다. 우리 Wee센터에서 대처하기 어려운 보다 심각한 문제를 가진 학생들은 외부의 전문치료기관에 의뢰하여 도움을 받을 수 있도록 조치하기도 합니다. 나아가서 사회복지 차원에서 외부 기관과의 연계를 통하여 학생들의 실제적인 어려움을 도와주기도 합니다.

이렇게 우리 Wee센터를 소개하고 나니 우리가 학생들의 모든 어려움을 두루 잘 해결하여 주는 것 같지만, 현실을 엄격히 따져보면 어려움과 한계도 적지 않습니다. 주간 시간대는 학교폭력 가해학생들에게 부과되는 특별교육과 교칙위반 · 벌점누적으로 인해 내려지는 선도교육이 주중 내내 이루어져 모든 직원이 이 일에 매달릴 수밖에 없습니다. 이런 현실로 인해 개인상담 등에 필요한 시간을 충분하게 활용하지 못하는 실정입니다. 그리고 넓은 지역을 관할하기 때문에 학생들의 접근성이 떨어지는 문제도 있습니다. 무엇보다 결정적인 어려움은 센터에서 근무하는 전문인력의 전문성에 한계가 있다는 것입니다. 센터의 거의 모든 근무자가 4년제 대학을 마치고 기본적인 자격증을 가지고 취업을 하였기 때문에 이들의 전문적 지식과 훈련이 부족하다는 점입니다. 학생들이 안고 있는 수많은 문제에 효율적으로 대처하기 위해서는 근무자들의 전문적 교육의 수준을 대학원으로 올리고 현장에서의 훈련과 실습을 통하여 전문성을 한층 올릴 필요가 있다고 생각합니다. 지금도 어느 정도의 슈퍼비전이 이루어지고 있지만, 당장 필요한 것 중 하나는 심리검사와 상담 등에 대한 지속적이고 높은 수준의 슈퍼비전입니다.

우리나라의 정부기구가 공통적으로 가진 문제이지만, Wee센터도

서류업무가 상당히 많다는 점이 전문상담교사들이 상담이라는 주 업무에 집중하지 못하는 이유로 자리 잡고 있습니다. 우리 센터에서는 네 명의 전문상담교사 중 한 사람이 업무를 총괄하는 실장을 맡고 상담팀과 대안 교육팀 그리고 가정형 Wee센터팀으로 나누어서 맡고 있습니다. 행정 문서 처리 업무가 적지 않아서 어려움을 겪고 있습니다. 그런 점에서 Wee센터 근무를 위해서는 이러한 행정적 업무를 처리하는 능력도 필요합니다. 통계학과 심리학 공부 저변에 깔려 있는 분석 능력이 이 분야에 활용되는 것으로 보입니다.

우리나라의 학교에서 상담이 본격적으로 시작된 지 10년 남짓입니다. 앞에서 설명한 여러 가지 어려움이 있지만, 학생을 위한 상담은 어린 학생들의 아픈 마음을 보살펴 줄 수 있다는 점에서 매우 의미 있고 보람 있는 일이라 생각합니다. 학교상담에 대한 가정과 사회와 국가의 인식이 더 개선되고 지원되어서 더 나은 여건에서 마음 아픈 학생들을 돌볼 수 있기를 기대합니다.

# 한국도박문제관리센터 부산센터장: 최이순

2011~ / 한국도박문제관리센터 부산센터장

2005~2009 / 경남대학교 겸임부교수

1996~2011 / 연산병원 임상심리 과장

1991~1996 / 박조열병원 임상심리 실장

2003 / 계명대학교 대학원 심리학과 문학박사(임상 및 상담심리학전공)

1989 / 계명대학교 대학원 심리학과 문학석사(임상 및 상담심리학전공)

1984 / 가톨릭대학교 심리학과 졸업

임상심리전문가, 정신보건임상심리사 1급, 중독심리전문가

저는 학사, 석사, 박사 모두 심리학(임상 및 상담심리학)을 전공하였습니다. 제가 심리학을 공부하기 시작한 1980년대, 1990년대만 하여도 심리학을 관상이나 철학관과 연관시키는 사람들이 적지 않았습니다. 심리학과는 그즈음 인기 있는 학과는 분명 아니었으나 점점 심리학

에 대한 대중의 관심과 심리학 관련 문제들의 저변확대로 오늘날은 심리학이 크게 조명받는 시대가 되고 있는 것 같습니다.

학부를 나오고 대학원을 다니면서 병원 현장 경험을 가졌고 박사 과정까지 병원에서 일을 하면서 학위 과정을 모두 마칠 수 있었습니다. 그동안 한국심리학회의 많은 변화와 발전이 있었고 전공을 활용한 직업 창출도 다양해졌습니다. 당시 저도 임상심리학을 전공한 사람으로서 한국에서 전통적인 임상심리학자로서의 역할에 충실하고자 하였습니다. 즉, 병원을 떠나면 임상심리학자로서의 역할에 혼란이 있을 것으로 여겨져서 여러 가지 답답함에도 불구하고 25년 정도를 병원에서 계속 근무하게 되었습니다. 심리학이 보편적인 타당성을 추구한다면 임상심리학은 그 보편성 속에서 개인차를 객관적으로 구분하여 적용하는 학문일 것입니다. 임상심리사가 훈련된 과학적인 근거로 정확하고 유용하게 판단하는 장점이 있어서 이런 훈련과 경험은 현장에서 매우 유용하게 사용되면서 인정받고 있습니다. 저는 점점 예방에 관심을 가지게 되었고 병원의 장면에서 다양한 예방적 차원을 다루기에는 기회와 자원이 한계가 있음을 느꼈습니다.

우연한 기회로 제가 도박의 현실적 문제에 뛰어들게 된 것은 2011년 5월부터입니다. 그 전에는 정신병원에서 다양한 환자를 봤고 주로 평가 및 진단 그리고 연구에 관여하였습니다. 박사 논문을 알코올 중독에 대해 쓰면서 중독에 관심을 갖게 된 지 오래되었고 치료적 개입의 경험을 쌓았습니다. 저는 알코올 중독 환자들과 함께 프로그램에도 참여하고 평가 및 상담을 하면서 병원장면을 함께하는 과정에서 가끔은 환경의 제약으로 하고 싶은 욕구를 충족하지 못한다는 점에서는 때때로 무력감을 가지곤 하였습니다. 그래도 비교적 중책을 맡으면서 적극적으로 시스템화하여 중독자들의 회복에 기여하고자 하였으나 병원에서는 어쩔 수 없는 한계가 있었기 때문입니다. 무엇보다도 독립적으로 직접 서비스를 제공할 수 없다는 점에서 답답함을 느꼈습니다.

그러다가 도박센터를 알게 되었고 제가 바라던 독립적인 직접 서비스가 가능할 것이라는 판단하에 지원을 하였습니다. 지금 생각하면 인생을 살면서 참 잘한 선택 중 하나인 것 같습니다. 어떤 곳에 오래 있으면 너무 익숙해져서 변화를 찾기가 쉽지 않은 상황에서 많은 고민을 하고 결정하였습니다. 도박중독자들을 다루는 것은 힘든 일일 터인데 감당이 되겠느냐는 조언이 있었으나 같은 맥락의 중독문제로서 알코올 중독을 다루었으니 어느 정도 자신감이 있기도 하였습니다. 이후 근무(6년차)를 하고 공부를 하면서 제가 알고 있는 도박치유를 위한 지식이 매우 부족했음을 스스로 깨달았습니다. 도박이 알코올과는 다른 중독의 문제가 있음을 알았고 알면 알수록 이 일에 흥미를 갖게 되었습니다. 알코올 환자를 대할 때와는 또 다른 보람을 느끼면서 차차 치료 효과도 좋아져 갔습니다. 해를 거듭할수록 익숙해지고 편안해지고 각종 노하우를 개발하면서 성취감도 많이 생겼습니다. 직접 서비스를 통해 그들의 변화와 성장을 확인할 수 있어서 이 일에 대해 스스로 더욱 만족하게 됩니다. 저 또한 지역센터 활동을 하면서 영적으로 많이 성장한 것 같습니다.

임상심리학자의 대표적인 역할이 치료와 평가 및 진단 그리고 연구 및 교육인데 이러한 모든 것이 가능한 것이 몸을 담고 있는 지금의

센터라고 생각합니다. 지역센터의 활동을 보면 임상심리학자가 잘 할 수 있는 역할들입니다. 그래서 심리학 서비스의 우수성과 인접 분야와의 사이에서 경쟁력을 가지고 control tower 역할을 한다는 것은 임상심리학자로서 큰 보람일 것입니다. 물론 병원 장면에서도 의미 있는 역할과 중요성이 있습니다. 그러나 병원만 고집할 시대는 아니라고 생각합니다. 오늘날의 핵심 문제 중 하나인 중독 분야에서 우리 임상심리학자가 할 수 있는 역할과 의미를 찾아보기를 기대합니다. 병원장면에서 저와 같은 느낌을 가졌다면 지역사회에도 관심을 돌려서 도박중독치료의 역할에 도전을 해 보면 좋을 것 같습니다. 예비 심리학도에게도 이 같은 새로운 분야에 관심 가져 보기를 강력하게 추천합니다.

# 임상심리실 실장: 김민경

2013~ / 계명대학교 동산병원 정신건강의학과 임상심리실 수련감독자

2012~2014 / 한국 임상심리학회 산하 대구 경북지회 총무이사

2012~2013 / 서대구 대동병원 임상심리 실장

2012~ / 계명대학교 대학원 심리학과 박사 과정 입학/재학(임상심리학 전공)

2006 / 계명대학교 대학원 심리학과 문학석사(임상심리학 전공)

2004 / 계명대학교 심리학과 졸업

임상심리전문가, 정신보건임상심리사 1급

저는 계명대학교 동산병원 정신건강의학과에서 임상심리전문가로 일하고 있는 김민경이라고 합니다. 저 역시 거쳐 온 과정이지만, 임상심리전문가가 되기 위해서는 학부 및 대학원 과정에서 자격증 취득 조건에 부합하는 심리학 관련 필수 및 선택 과목을 이수한 뒤, 지정된 수련 기관에서 3년간 수련을 받고 시험을 통과하여 자격증을

취득하여야 합니다.

정신건강의학과에서 임상심리전문가의 업무는 심리평가, 심리치료, 교육, 연구 등으로 요약됩니다. 이 중 심리평가와 심리치료는 임상심리전문가의 가장 주된 업무로서, 심리평가를 통해 환자들을 정확하게 이해하고 진단하며, 이를 토대로 각 환자에 맞는 치료계획을 세워 심리치료를 시행함으로써 환자들의 증상을 경감시키고 궁극적으로는 개인의 삶의 질 향상에 기여하게 됩니다. 또한 임상심리전문가가 되고자 하는 수련생들에게 체계적인 이론과 실습교육을 제공함으로써 이 분야의 또 다른 전문가를 양성하는 역할을 합니다. 제가 일하고 있는 대학병원처럼 교육기관의 역할을 동시에 해야 하는 경우에는 의과대학 학생들이나 전공의와 같이 타 영역을 공부하고 있는 이들에게도 교육을 제공하는 일을 하게 됩니다. 아울러 다양한 관련 주제에 대한 연구와 학술활동을 통해 임상심리전문가로서 실행하고 있는 일들의 객관성과 정확성을 확보하는 동시에 최신의 지식들을 업데이트 하게 됩니다. 따라서 이를 종합해 보면 병원의 임상심리전문가는 우리들이 책에서 익히 배워 온 것처럼 '과학자-전문가 모델'을 따르는 직업이라고 볼 수 있겠습니다.

이러한 임상심리전문가의 업무를 잘 수행해 내기 위해서는 수련기간 동안의 실제적인 경험도 필요하겠지만, 가장 기본적으로는 학부 및 대학원을 거쳐 오는 과정에서 배우는 기초 심리학이 매우 중요합니다. 심리학을 공부하는 많은 학생이 자칫 임상심리전문가들의 일이 심리치료와 심리평가, 이상심리학 등의 이론에 대해서만 열심히 익히면 가능한 일이라고 생각하는 경우가 있습니다. 물론 정확한 심리평가와 심리치료를 위해서는 이상심리학이나 심리치료 관련 이론을 잘 공부하는 것도 필요하겠지만, 무엇보다도 기초심리학에 대한 공부가 매우 중요합니다. 왜냐하면 사람의 심리를 이해한다는 것은 매우 총체적이고 복잡한 일이기 때문에 단지 정신적인 병리나 심리평가 기법과 같은 응용 학문만을 익혀서는 한계가 있으며, 인지 및 학습 심리학, 발달심리학, 성격심리학 등에 대한 지식이 기반이 되어야만 하기 때문입니다. 예컨대, 우울한 사람을 대상으로 심리평가를 한다고 가정할 때, 임상심리전문가는 단지 대상자가 우울증의 진단기준에 부합되는 사람인지 아닌지만 기술하고 판단하는 것이 아니라, 그 사람의 발달사적 배경이나 정서 및 성격적인 특성 등이 그 사람의 우울한 증상과 어떠한 관련이 있는지까지를 설명하고 또 추후에 증상의 경과나 기능 등을 예측할 수 있어야만 각 개인에 맞는 치료를 제공하고 증상을 통제할 수 있게 됩니다. 즉, 심리학자들의 목표인 기술, 설명, 예측, 통제라는 네 가지 요소가 모두 임상심리전문가의 일 속에 녹아 있는 것입니다. 이러한 면에서 병원의 임상심리전문가는 과학자이자 현장의 전문가로서 균형이 필요한 직업이라고 볼 수 있겠습니다.

어떤 분야이든 그 분야의 전문가가 되기 위해서는 최소한 10년 이상이 필요하다고들 합니다. 임상심리전문가 역시 학위 과정과 수련 과정이라는 상당히 긴 여정을 거치게 됩니다. 하지만 제가 이 배움의 과정과 일을 지속할 수 있었던 것은 심리학을 기반으로 많은 사람에게 도움을 줄 수 있는 이 일 자체에서 느끼는 보람이 매우 크기 때문이라는 점을 들 수 있겠고, 심리학이라는 학문을 공부하고 직업 장면에서 활용하는 것이 결국은 나 스스로를 돌아보고 보살피는 일과 다르지 않다는 것을 시간이 갈수록 더 선명하게 느끼게 되었기 때문이기도 합니다. 때문에 이 글을 보고 있을 많은 주니어 심리학자 여러분이 심리학을 공부하면서 이 두 가지를 반드시 기억해 주면 좋겠습니다. 심리학은 타인과 나 자신 모두를 행복하게 할 수 있는 매우 가치 있는 학문이라는 것을 말입니다.

# 청소년상담복지센터장: 배영태

2013~ / 경상북도 청소년상담복지센터장

2000~ / 한국아동청소년상담학회 이사, 안동대학교 대학원 출강

1995 / 경상북도 청소년상담복지센터 입사

2003 / 대구가톨릭대학교 대학원 교육학과 교육학박사

1989 / 계명대학교 교육대학원 문학석사(상담심리 전공)

1985 / 대구대학교 심리학과 졸업

아동청소년상담사 1급, 교정상담사 1급

아동 및 청소년 상담은 정부가 설치한 상담인프라와 영리를 목적으로 개인이 운영하는 상담센터, 크게 두 영역으로 나누어집니다. 개인이 운영하는 상담센터는 논외로 하고 공적인 인프라를 중심으로 살펴보면, 청소년 업무를 담당하고 있는 여성가족부가 설치한 인프라로 중앙의 한국청소년상담복지개발원, 시 · 도청소년상담복지센

터, 시군구청소년상담복지센터, 그리고 2015년부터 법령에 의해 설치된 동일한 구조의 학교밖청소년지원센터(꿈드림)가 있습니다. 그리고 교육부가 설치한 Wee프로젝트 인프라로 시·도 교육청 단위의 Wee스쿨, 교육지원청 단위의 Wee센터, 학교단위의 Wee클래스로 구성되어 있습니다. 이 양축의 청소년 상담인프라가 가장 중심적인 역할을 하고 있습니다.

아동 및 청소년상담 현장의 일반적인 상담 과정과 목표는 발달과정상에 있는 아동 및 청소년들이 보다 잘 성장, 발달할 수 있도록 돕는 것입니다. 특히 최근 들어서는 위기의 아동 및 청소년이 공적인 상담과 복지 분야의 주된 대상이 되고 있습니다. 위기 아동 또는 청소년이란 굉장히 넓은 의미로 '그대로 방치될 경우 건강하게 성인사회로 진입하기 어려운 환경에 처한 아동 및 청소년'을 지칭합니다. 위기아동 및 청소년들은 주로 발달상의 문제를 가졌거나, 어떠한 이유에서건 학교생활을 힘들어하거나, 학생 연령임에도 불구하고 학교를 다니지 않고 있는 학교 밖 청소년 등 다양한 부류가 있습니다. 이들에게 필요한 상담서비스를 제공하는 것이 이 분야 종사자들의 주된 직무입니다.

종사자들은 대부분 대학원에서 상담심리, 임상심리, 사회복지 등을 전공한 자들로, 전화·사이버 상담, 개인·집단상담, 심리검사, 가족상담, 상담을 기반으로 하는 캠프 및 교육, 부모상담 및 교육 등을 담당하게 됩니다. 이와 같은 직무를 수행하기 위한 상담현장의 학문적 요구로는 문제 영역에 대한 개입 전략을 수립하고 구체적인 상담서비스를 제공하는 데 필요한 상담심리학과, 측정과 평가를 위한 임상심리학이 바탕이 됩니다. 이를 뒷받침하는 청소년 상담 분야 국가 자격증으로는 청소년상담사, 임상심리사, 사회복지사 등이 있습니다.

아시는 바와 같이 심리학의 범위는 매우 넓습니다. 그중에 특히 상담심리학은 그 어떤 분야보다 인간이 인간답고 행복하게 사는 데 기여하는 학문입니다. 정신과의사이자 상담심리학자인 빅터 프랭클에 의하면, 인간은 근본적으로 삶의 의미를 추구하는 본능을 가지고 있는데, 이는 지극히 주관적이라고 합니다. 다시 말해, 사람들이 각기 의미를 두고 가치를 부여하는 것은 매우 다르다는 의미입니다. 그럼에도 불구하고 온 인류를 관통하는, 인간 모두가 가치를 부여하고 쉽게 삶의 의미를 부여하는 영역이 바로 이타적 삶, 즉 타인을 돕는 일이라고 했습니다. 심리학이 인간에 전반적인 내용을 담고 있다면, 그중 상담심리학은 어려움에 처한 인간을 돕는 대표적인 학문이자 또는 직무라고 할 수 있습니다.

현재 저의 주된 업무는 상담자 교육 및 슈퍼비전, 교사연수, 부모교육, 부부치료 등이며, 그 밖에 예산의 집행, 인사관리 등의 행정적인 업무도 함께 수행하고 있습니다. 저는 개인적으로 심리학과 상담심리를 공부하고 청소년 현장에서 지금까지 일해 오면서 직무에 대한 높은 만족감을 가지고 있는 사람 중의 한 사람입니다. 그 주된 이유는 제가 공부한 내용을 현장에서 충분히 적용하면서, 나아가 누군가에게 도움을 주는 일을 하면서 살아가고 있기 때문입니다. 또 제가 지도하는 학생들이나 상담자들 또한 저와 마찬가지로 누군가를 돕는 데 높은 가치를 두고 일을 하고 있는 사람들이며, 직무를 수행하는 가운데 이들을 지속적으로 만나고 함께 고민하며, 발전시켜 나갈 수 있는 일을 할 수 있다는 것은 매우 즐겁고 흥분되는 일이기 때문이라고 생각합니다.

# (주)리더스인싸이트 대표이사: 임대열

2008~ / (주)리더스인싸이트 대표이사

2013~ / 행정안전부 평가센터 평가위원, 한국심리학회 전문가 패널, 삼성전자 HRD 자문위원

2010~ / 서울특별시 역량평가 평가위원

2004~2007 / Dasan E&E 센터장/이사

2002~2004 / GS Caltex 대리/과장

2000~2002 / (주)HRCap 수석 컨설턴트

2000 / 성균관대학교 대학원 심리학과 박사 과정 수료(산업심리학 전공)

1997 / 성균관대학교 대학원 심리학과 문학석사(산업심리학 전공)

1995 / 성균관대학교 산업심리학과 졸업

먼저 제가 하고 있는 일을 설명하고, 그곳에서 심리학이 어떻게 활용되는지를 두 번째로 언급하며, 마지막으로 심리학을 공부하는 후

배들에게 당부하고 싶은 말을 적도록 하겠습니다.

저는 인사컨설팅 업에 종사하고 있습니다. 좀 더 정확하게 이야기하면 인사컨설팅 중 선발(selection), 평가(assessment), 개발(development) 분야의 컨설팅 서비스를 기업이나 공공기관 등에 제공하고 있습니다. 이렇게 이야기를 해도 다소 막연한 감이 들 것 같아 좀 더 자세하게 설명하도록 하겠습니다. 기업이나 공공기관에서는 본인들에게 맞는(right) 인재를 선발하고, 조직 내 구성원들을 평가하여 리더가 될 역량이 있는 사람들을 승진시키며, 부족한 역량을 피드백하여 개발함으로써 조직 내 모든 구성원의 역량을 상향 평준화시키길 원합니다. 그 이유는 당연히 역량 있는 구성원의 확보가 조직의 생존과 성장의 핵심이기 때문입니다.

하지만 전문성 부족, 인력 및 시간 등의 자원 부족 때문에 자체적으로 이러한 일을 하지 못하고, 결과적으로 저희 같은 전문 컨설팅 회사의 도움을 받게 됩니다. 저희는 해당 고객조직에 맞는 인재가 어떤 인재인지를 규명하고(역량모델링), 그러한 인재를 뽑을 수 있는 전체적인 채용 프로세스를 설계하며, 서류전형, 심리검사, 면접 등에서 활용할 이력서 질문, 심리검사 문항, 면접 문항 등을 개발합니다. 또, 조직 내 구성원들을 평가하기 위하여 평가도구(simulation exercise)를 개발하며, 평가를 진행하고, 그 결과를 개인들에게 피드백하여 개발이 이루어질 수 있도록 도움을 제공하고 있습니다.

이 모든 일에 심리학 지식과 방법론은 매우 필수적입니다. 예를 들어, 면접문항이나 평가도구를 개발하는 과정은 다소간의 차이는 있지만 심리검사 문항을 개발하는 것과 매우 유사합니다. 즉, 측정할 영역을 명확히 정의하고, 그것을 측정할 수 있는 면접문항이나 평가 도구를 개발한 후, 실무자 및 전문가의 검토를 통해 안면타당도와 내용타당도를 확보하고, 모의테스트를 통해 개발한 면접문항이나 평가 도구가 실제 측정하고자 하는 바를 올바로 측정하고 있는지를 검증하게 됩니다. 여러분도 아시다시피 이 모든 과정은 심리학에서 배운 검사 개발 방법론을 따르고 있습니다. 즉, 우리가 학부와 대학원을 다니면서 배운 내용을 현장에서 그대로 적용하고 있는 좋은 사례이지요. 이렇듯 제가 하고 있는 인사컨설팅 영역에서는 심리학이 기초이며, 필수이기에 심리학 전공자와 경영학에서도 인사/조직 전공자만 선발하고 있습니다.

마지막으로 심리학을 공부하는 후배들에게 다음과 같은 당부를 하고 싶습니다.

① 기초를 튼튼히 하십시오.

심리학 개론, 심리통계, 인지심리, 사회심리, 실험설계, 조사 방법론 등 전공 기초 또는 전공 선택에 해당하는 과목들 모두를 철저하게 공부하고, 충분히 익히는 것이 매우 중요합니다. 실제로 심리통계와 조사 방법론에서 배운 내용들은 심리학 전공자들이 기업에서 가장 많이 사용하는 지식이며, 주요 무기이기도 합니다. 다른 기초 과목들 역시 조직 내에서 일어나는 현상을 이해하고, 연구할 수 있는 지식과 방법을 제공하므로 매우 중요합니다. 언제, 어떻게 쓰일지 모르기 때문에, 아니 꼭 활용되는 지식과 방법들이므로 반드시 익혀서 자신의 것으로 만들어야 합니다.

② 현장 경험의 기회를 가지십시오.

가깝게는 대학원생이나 교수님들이 하시는 실험에 참여하는 것에서부터 멀게는 아르바이트나 인턴 경험 등, 책을 벗어나 심리학이 실제 어떻게 연구되고, 활용되는지를 경험할 수 있는 기회를 가능한 많이 가지십시오. 공부를 하면서 가장 고민스러웠던 것 중의 하나가 내가 배우는 학문이 과연 쓸모가 있는지에 대한 부분이며, 또 내가 그러한 역할을 할 수 있는지에 대한 것이었습니다. 앞에서 언급한 다양한 경험들은 책에서 배우는 심리학이, 그리고 그러한 학문을 배우고 있는 본인이 사회에 나가서 할 수 있는 일이 많다는 것을 입증해 줄 것이며, 더욱 열심히 공부를 해야 할 이유를 제공해 줄 것입니다.

③ 다른 학문에 대해 관심을 가지십시오.

'하나의 학문을 전공하면 100의 가치를 만들 수 있지만, 또 다른 학문에 대한 지식을 가지고 있으면 400의 가치를 만들 수 있다.' 이 말은 제가 기업에서 생활하면서 느낀 소중한 교훈입니다. 심리학이라는 한 학문을 전공하는 것도 매우 가치 있는 일이지만, 기업을 이해하고, 기업 내에서 심리학의 원리를 적용시키기 위해서는 경영학에 대한 지식이 어느 정도는 필요합니다. 즉, 경영학은 기업 전체를 이해하게 만들며, 심리학은 그 속에서 일어나는 일들을 연구할 수 있는 지식과 방법을 제공하기 때문입니다. 또, 심리학과 IT 개발을 동시에 전공했다면, 고객이 사용할 프로그램을 개발할 때, 고객의 입장에서 어떤 것이 편리하고, 쉽게 이해되며, 직관적일지를 생각해 보고, 연구도 하면서 개발할 수 있으므로 좀 더 유용한 프로그램을 만들 수 있을 것입니다. 이렇듯 또 다른 학문에 대한 지식과 기술은 심리학을 더욱 빛나게 할 것입니다.

심리학을 먼저 전공한 선배로서 후배들에게 글을 쓰다 보니 다소의 욕심이 들어간 부분이 있습니다. 너그러이 이해하면서 읽어 주셨으면 합니다. 그럼…….

# 삼성전자 무선사업부 전략마케팅팀 부장: 이여진

2016~ / 삼성전자 무선사업부, 전략마케팅팀 부장, 마케팅 기획

2012~2015 / 삼성전자 무선사업부, 전략마케팅팀, 리테일 마케팅 그룹

2008~2012 / 삼성전자, 글로벌 마케팅실, 브랜드 전략그룹

2006~2007 / 삼성전자 북미 총괄, 현장 전문가 파견

1999~2006 / 삼성전자, 글로벌 마케팅실. Consumer Insight 그룹

1997~1998 / 덕성여자대학교 시간강사(소비자광고심리학 강의)

1997 / 고려대학교 대학원 심리학과 문학석사(소비자심리학 전공)

1994 / 덕성여자대학교 심리학과 졸업

## 사람을 이해하는 힘, 심리학

**① 입사 초기( ~2006): 통계 및 소비자 조사 방법 기반 업무 추진**

저는 소비자 통찰 그룹에서 소비자 조사 및 마케팅 KPI를 담당하

고 있습니다. 1999년 삼성전자는 IMF 직후 조직을 재정비하고 해외 비즈니스를 준비하고 있었습니다. 이를 위해 해외 소비자들에 대한 이해, 특히 당시 디지털 시대 서막이 열리면서 디지털 기술 수용도 등이 비즈니스 확산에 중요한 Factor가 되었습니다. 이를 위해 삼성전자는 소비자 통찰 그룹을 만들고 인력을 대거 충원, 막대한 양의 소비자 조사를 추진하였습니다. 이에 따라 소비자 조사를 위해 사회학, 마케팅 전공자 등을 채용하였고 저 역시 심리학 전공이 장점이 되어 입사할 수 있었습니다. 입사 후 제품 콘셉트 개발을 위한 질적 연구, 가격 수용도, 제품 수용도 조사 등을 거쳐, 심리학과 마케팅을 접목한 마케팅 / 브랜드 KPI 조사 수행으로 영역을 넓혔습니다.

약 60여 개국의 브랜드 조사, 미디어 조사, 광고 조사, CS 조사를 통해 마케팅 전략에 중요한 전략적 기반을 제공하였고 나라별 소비자들의 특성 등을 분석하여 전략적 토대를 마련하는 일을 하게 되었습니다. 특히, 대학원에서 배운 정성조사 기법(소비자를 객관식으로 이해하는 것이 아니라, 통합적으로 이해하는 방법으로 강의하심)이 많은 도움이 되었으며, 무엇보다도 사람을 이해하는 다양한 견해를 심리학에서 배운 점이 업무를 수행하는 데 많은 도움이 되었습니다.

### ② 입사 중기(2008~2012): 소비자 세분화 기반 브랜드 전략 수립 및 체험마케팅 전략 수립

마케터에게 심리학은 참으로 중요한 학문입니다. 마케팅은 소비자를 이해하는 것에서 출발하며, 더 나아가 타 분야(브랜드, 마케팅 등)로 확장성이 높은 학문이기 때문입니다. 이 시기 브랜드 전략 그룹업무로 업무를 옮기면서 마케팅과 브랜드에 대한 공부를 병행하였고, 마케팅과 브랜드의 근본 원리가 심리학과 연관성이 많아 심리학을 전공한 것이 새 업무 습득에 큰 도움이 되었습니다.

③ 현재(2012~ ): 다시 근본으로…… 사람을 이해하는 힘, 심리학

입사 20년 가까운 시점에서 깨달은 것이 있다면 회사 생활의 경쟁력은 결국 나와 일하는 사람들(상사, 부하직원, 동료, 유관부서 등)을 이해하고 소통하는 능력이라는 것입니다. 지금까지 제가 획득한 모든 업무 성과는 주변 사람과 함께 진행한 덕분에 성공적으로 달성할 수 있었던 것입니다. 업무 범위가 넓어지고 커질수록 팀을 잘 이끄는 것이 성과로 연결되는 가장 확실한 길이었습니다. 그래서 심리학의 근본으로 돌아가, MBTI에 맞춰 사람들과 대화하는 법을 터득하기도 하고, 동기이론에서 배운 대로 부하직원 칭찬이나 도전감을 자극하기도 하고 있습니다. 매번 칭찬을 하는 것보다, 중요한 때 불규칙적으로 칭찬을 하는 등의 방법입니다. 배운 것이 바로 떠오르지는 않지만 하나씩 적용해 보고, 사람들이 왜 그렇게 반응하는지 이해하면 적용하는 데 더 큰 도움이 됩니다. 무엇보다도 사람을 이해하기 위해 배운 심리학적 관점, 즉 사람들의 다양성을 인정하고, 다양성에 맞춘 해결방안을 도출하는 점, 다양한 특성을 일정한 기준으로 범주화하여 정리하고 대응하는 점 등이 회사 생활에 많은 도움이 됩니다.

④ 본질에 충실하라!

심리학을 많이 활용할 수 있는 업무는 소비자 조사일 것입니다. 단

순한 통계를 공부하기보다는 사람들을 어떻게 분류하고 체계를 세울 것인지에 대한 관점을 이해하고 적용하는 연습이 필요합니다. 심리학적 지식 자체를 쌓는 것도 중요하지만 심리학자마다 사람들의 마음을 어떻게 분류하고 체계를 잡았는지에 대한 관점을 가지고 학문을 접하면 좋겠습니다. 기업이 고민하는 것은 이 복잡한 세상을 그리고 그 속의 사람들을 어떻게 구분하고 정리하여 해결책을 내는 것인가 입니다. 그것이 전략 업무의 기본입니다. 특히 본인이 가고 싶은 길이 마케팅이라면, 심리학의 원리가 전략 수립과 실행에 큰 도움이 될 것입니다. 피상적으로 이론을 하나하나 외우기보다는 어떻게 사람을 이해했는지에 대한 관점을 깊게 생각하고 배워 가십시오. 하나를 깊게 생각하고 본질을 본다면 여러분이 배운 심리학은 여러분의 일에 큰 도움이 될 것입니다.

# 소아정신과 발달심리사: 이금희

2008~ / 마음클리닉 디딤 소아정신과 발달심리사

2007~2008 / 미소진 소아정신과 발달심리사 수련

2006~2007 / 옥수 종합사회복지관 발달심리사 수련

2006 / 대구가톨릭대학교 대학원 문학석사(발달심리학 전공)

2004 / 대구가톨릭대학교 심리학과 졸업

발달심리사 2급, 청소년상담사 2급

저는 심리학과를 졸업하고 대학원 석사 과정에 진학하여 아동 및 청소년 발달에 대한 공부를 하면서 아동에게 포커스를 둔 상담과 치료에 대해 더 깊이 관심을 가지게 되었습니다. 석사 취득 후에 발달심리사 2급 자격증을 취득하여 현재 소아정신과에서 아동을 대상으로 심리치료를 11년째 해 오고 있습니다. 아동의 행동 문제를 이해하고 치료하기 위해서는 발달정신병리, 심리검사 및 상담에 대한 기본

지식을 갖추어야 하고, 특히 아동의 문제행동을 치료하는 경우에는 아동발달과 관련한 여러 가지 공부가 필수적입니다. 또한 아동의 치료 과정에서 부모 상담을 통해 부모의 문제까지도 다루어야 하므로 심리학 전반에 걸친 지식이 필요합니다.

저는 주 근무지가 정해져 있지만 프리랜서로 일하기 때문에 출퇴근 시간이 고정되어 있지 않고 상담 케이스를 하고 싶은 만큼 계약하여 일합니다. 보통 하루 다섯 케이스씩 주 5일 일을 하므로 주당 25개 정도의 케이스에 대해 심리치료를 진행하고 있습니다. 제 하루 일과는 거의 오후 2시경에 시작됩니다. 상담 케이스 시간에 맞춰 병원에 도착해 상담 준비를 합니다. 제가 만나는 아이들은 주로 주의력결핍–과잉행동, 불안, 우울, 틱 장애, 외상 후 스트레스 증후군, 집단 괴롭힘, 이혼가정 등 다양한 정서적 어려움을 가진 아이들입니다. 각 케이스당 보통 주 1회, 40분의 상담을 하고 부모 상담이 10~15분 정도 이어집니다. 치료를 시작하게 되면 케이스에 따라 짧게는 6개월부터 대략 1년 정도의 기간 동안 치료가 진행됩니다. 아이들은 자신의 마음을 언어로 표현하는 데 한계가 있어 놀이치료실이라는 안전한 공간에서 놀이를 통해 자신의 상처를 알게 되고 놀이를 통해 상처를 치료하게 됩니다. 치료사라는 직업 자체가 아동과 부모의 변화를 이끌어 내야 하기 때문에, 때로는 노력한 만큼 아이들이 달라지지 않고 제자리걸음을 하는 경우도 있어 힘들 때도 있습니다. 그러나 아이들은 자신을 믿어 주는 만큼 성장한다는 것을 믿고 기다려 주면 결국 자신의 어려움을 극복하고 종결을 맞이하는 걸 보면서 내가 이 일을 선택하길 참 잘했구나 하는 생각을 합니다.

발달심리사들은 정규직으로 일하는 경우도 있지만 대부분 프리랜서로 일을 계약하여 일하므로 출퇴근에 매여 있지 않을 뿐 아니라 일하고 싶은 기간을 스스로 조절할 수 있으며 경제적 보상도 어느 정도 충분하다고 생각되기 때문에 대부분 일에 대한 만족도가 높은 편이고 저도 현재의 일에 매우 만족하고 있습니다. 발달심리사라는 직업은 어려움이 있는 아이들로 하여금 정상 발달 궤도에서 성장해 갈 수 있게 도와주면서 직접 그 성장을 느낄 수 있는 점, 더 나아가서 많은 직장이 출산이나 육아 또는 그 외의 다양한 상황으로 인해 경력단절로 이어지는 경우가 많지만 자신이 원하는 만큼 계약하여 일할 수 있기 때문에 자신의 생애주기에 맞추어 조절하여 일할 수 있다는 점이 매우 큰 장점이라 생각됩니다. 다만, 각 치료 케이스는 각기 다른 문제와 원인을 동반하기 때문에 항상 학회와 워크숍을 통해 새로운 교육을 받으면서 발전적 노력을 게을리 하지 않아야 한다는 점이 이 직업이 가지는 어려움이 될 수도 있겠지만 바로 이러한 점 때문에 저도 함께 성장해 감을 느끼게 됩니다. 아이들의 어려움을 이겨나가는 데에 힘이 되고자 하시고 아이들의 성장을 통해 나도 성장하기를 원하시는 분들은 발달심리사로 일해 보기를 추천합니다.

# 의료기술주사: 정욱

2007~ / 부산지방병무청 의료기술주사(임상심리사)

2005~2005 / 김○○ 소아청소년정신과 임상심리실

2001~2005 / 부산대학교 학생생활연구소

2001~2001 / 포항공과대학교 학생생활연구소

1998~2006 / 부산대학교, 부산외국어대학교 등 출강

1998~2001 / 인제대학교 부산백병원 정신과 임상심리실

1997~1998 / 한양대학병원 정신과 임상심리 과정 수련

1997 / 부산대학교 대학원 심리학과 문학석사(임상심리학 전공)

1994 / 부산대학교 심리학과 졸업

임상심리전문가, 정신보건임상심리사 1급, 청소년상담사 2급

바쁜 출근 시간, 택시를 잡아타고 병무청에 가자고 하면 택시기사님들이 묻습니다. "군대에 여성분이 어쩐 일입니까?" 흔히 듣는 질문

이고, 흔히 받는 오해입니다. 저는 병무청에서 일하는 임상심리사입니다. 군인이 아니라 공무원의 신분입니다. 병무청은 우리 청년들이 군에 입대하기 전의 병역과 관련된 여러 가지 일을 처리하는 행정기관입니다.

이런 곳에서 심리사는 어떤 일을 할 수 있는지 의아한 분들도 있을 것입니다. 병무청에서 신체적 · 심리적 조건을 고려하여 어느 수준까지 병역 의무를 감당할 수 있는지 가늠하는 병역판정 신체검사를 실시합니다. 우리나라의 모든 남성이 만 19세가 되면 이 검사를 받게 되지요. 저는 신체검사 과정에서 심리 건강을 평가하고 선별하는 역할을 하고 있습니다. 병역 의무자에 대한 개별 면담과 심리평가를 통해서 정신건강과 기능 수준을 측정하고, 그 정보를 병무청의 정신과 의사나 군입대 후 인사관리자가 참고할 수 있도록 기록합니다.

평가하는 영역은 포괄적이고 다양합니다. 심각한 정신증을 가지고 있지는 않은지, 정서 상태는 어떤지, 자살 위험은 없는지, 자신이나 타인에게 해가 되는 행동 경향은 없는지, 단체 생활에 적응할 수 있는 사회적 기능을 가지고 있는지, 주어진 업무를 제대로 이해하고 수행할 수 있는 지적 능력을 가지고 있는지 등등……. 사람의 심리상태와 적응상태 전반을 두고 선별하는 과정이 이루어집니다. 병원이나 상담실에서는 한 사람을 오랜 시간 두고 만납니다만, 병무청에서의 선별은 대부분 제한된 시간 내에 여러 사람에 대한 평가가 완료되어야 하는 과정이므로 시간을 다투어 재빠르고 정확하게 이루어져야 합니다.

짧은 시간 만난다 하더라도, 검사를 받는 사람의 학교생활사, 가족사를 포함한 개인사, 병원 치료력, 심리적 외상 경험, 대인 관계 등 주요한 생활 경험에 대한 면담이 진행됩니다. 따라서 정신병리학에 대한 숙련된 이해는 필수적이며, 임상 및 이상 심리학적 지식을 비롯하여 인터뷰 기술을 포함한 상담심리학적 기법과 훈련이 도움이 됩니다. 인지, 발달, 성격, 사회, 생리학 등 심리학의 다양한 기초 영역 지식이 총망라된 채 내재되어 활용된다고 할 수 있습니다. 또한 짧은 시간 안에 동시에 많은 영역에 대해 다양한 가설을 떠올리고 선별할 수 있는 능력과 임상적 판단력이 필요하기 때문에 실제 임상 현장에서의 수련과 경험은 필수적입니다. 그래서 병무청의 임상심리사 채용 조건에는 전문자격증과 임상 경력이 필수 조건으로 들어가 있습니다.

인간의 마음을 탐사하는 심리학은 매력적인 학문이고, 특히 사람의 아프고 어두운 영역을 포함하는 임상심리학은 더욱 그러합니다. 드라마나 영화에서 임상심리학자들은 신비롭고 매혹적인 이미지를 덧씌워 묘사되기도 하고, 전문가로서의 이미지도 있습니다. 그 때문에 장래 직업으로 흥미를 가지는 분들도 많습니다만, 언제나 그렇듯 현실은 또 다른 사실들을 포함하고 있지요. 단순한 직업으로 고려하시는 분들께는 조금 더 깊이 생각해 보시라고 권하고 싶습니다. 어떤 직업인들 어려움이 없을 것이며, 어려움을 견디고 유지하기 위한 의미가 필요치 않은 직업이 있겠습니까만, 임상심리사는 인간의 내밀한 심리와 만나는 작업을 계속 해야 하기 때문에 더욱 직업윤리와 의미가 필요하다고 생각합니다.

사람의 마음과 심리상태를 평가하는 그 순간은 홀로 결정을 내려야 하는 고독한 책임이 주어지는 순간입니다. 평가에 대한 실제적인 전문가적 책임도 오래 남습니다. 또한 일하는 과정에서 끊임없이 심리적 · 행동적 문제가 있는 분들과 만나고 삶의 고통스러운 이야기들을 들어야 하기 때문에 자신의 정신건강을 지키며 사람에 대한 긍정적 관심을 유지할 수 있는 강인함이 필요합니다. 현실적인 면에서도, 임상심리사로 자격을 갖추고 일하기까지 오랜 시간의 공부와 수련, 시험을 거쳐야 하며, 그 공부는 계속 되어야 합니다. 그리고 투자한 시간과 노력에 비하여 현실적 보상은 기대만큼 높지 않은 경우가 대부분입니다. 그래서 더욱 직업적 소명의식과 개인의 의미가 중요합니다. 스스로에게 보상을 줄 수 있는 의미를 찾은 분들이라면, 동료로 언제든 환영합니다!

# 가정법원 가사조사관: 심은지

2006~ / 6급 승진, 서울가정법원 및 서울고등법원 가사조사관

2005 / 서울가정법원 가사조사관 특채(7급)

2002~2004 / 신촌세브란스병원 신경정신과 임상심리실 수련

2001 / 성신여자대학교 대학원 문학석사(임상심리학 전공)

1999 / 성신여자대학교 심리학과 졸업

임상심리전문가, 정신보건임상심리사 1급

## ① 심리학적인 역량은 조사관 업무 전반에 걸쳐 중요한 힘이 된다!

가정법원에서는 2001년부터 인간관계 학문(심리학, 교육학, 사회학, 사회복지학 등)을 전공한 석사 학위 취득자를 가사(전문)조사관으로 채용하고 있습니다. 가정법원의 업무는 가사사건(이혼사건), 성년후견사건, 입양허가사건, 소년보호사건, 가정보호사건, 아동보호사건 등으로 이루어져 있고, 사건의 소송 혹은 심판 절차 중 사건에 대한 사실

조사와 후견·복지적 개입이 필요할 경우 법관이 조사관에서 조사를 명하게 됩니다.

심리학적인 역량은 조사관의 업무 전반에 걸쳐 중요한 힘을 발휘하게 됩니다. 가사사건의 경우 상담심리학적 기법으로 당사자들을 면담하기도 하고, 당사자 간 미성년 자녀에 대한 양육권 분쟁이 있을 경우 양육권자로서의 적합성을 판단하기 위해 양육평가를 실시하기도 합니다. 또한 미성년 자녀와 비양육친 간의 면접교섭이 원만하게 이루어지지 않을 경우 시범면접교섭을 통하여 조사관이 면접교섭에 대한 중재를 하기도 하고, 부모교육도 실시하고 있습니다. 당사자들의 성격적 문제나 정신과적 질환 여부가 의심되는 경우에는 자격을 갖춘 조사관이 심리검사도 시행하고 있습니다.

성년후견제도에서는 과거 금치산자, 한정치산자로 모든 권한에서 제한을 받았던 것에 반해 피후견인의 능력을 상세히 평가하고, 최대한 피후견인의 자율성을 보장하는 선에서 후견인이 도움을 받아야 할 부분을 판단하여 후견인과 후견 업무의 범위를 정하고, 후견인을 법원이 관리/감독하는 역할까지 담당하고 있습니다. 피후견인은 고령자, 치매, 정신질환자 등이 대상이 될 수 있으며, 성년후견 개시사건에서 피후견인의 상태를 파악하고, 성년후견 감독사건에서 후견인을 감독하는 업무를 조사관이 일부 담당하고 있습니다.

입양허가사건은 과거 통보식의 입양이 이루어졌던 것을 가정법원이 양부모의 적합성을 판단하여 입양허가 여부를 결정해 주는 것으로 양부모에 대한 면담, 양육 환경에 대한 출장조사, 심리검사 등이 가사조사관을 통해 이루어지고 있습니다. 소년보호와 아동보호, 가

정보호사건에서도 처분 결정 등을 위해 처분 전 조사와 처분 이후 관리를 위한 집행 조사가 이루어지고 있습니다.

② 누군가에게 따뜻한 위로가 되고 사회에 힘이 되기를!

저는 심리학을 전공하고 법원에서 근무하고 있습니다. 학부에서 심리학을 공부하고, 대학원에서 임상심리학을 전공하고, 대학병원 정신과에서 수련을 받을 때까지만 해도 병원에서 심리검사를 담당하는 임상심리학자로 어느 병원에서 자리잡아야 할까 고민이 많았습니다. 그러던 중 가정법원의 조사관제도를 알게 되었고, 본래 아동에 관심이 많았던 저는 양육권 분쟁 등에서 조사관이 심리학자로서 역할을 할 수 있지 않을까라는 생각에 지원하여 현재 11년째 법원에서 가사조사관으로 근무하고 있습니다. 그 사이에 사회도 많이 변하고 가정법원의 업무도 크게 증가하였습니다. 증가한 업무의 대부분이 후견 · 복지적인 부분입니다. 기존의 사법체계에서는 도움을 줄 수 없는 부분에 인간관계학 전공자의 전문성이 요구되고 있으며, 그러한 사회적 요구는 점차 커지고 있는 것으로 보입니다.

저는 심리학 공부가 재미있었고, 사람들, 그것도 다소간 상처받은 사람들에게 관심이 많았던 것 같습니다. 그 흥미가 전공이 되고, 그 전공이 직업이 되어 여기까지 오게 되었습니다. 후배님들께 드리고 싶은 말씀은 심리학의 미래는 꽤 괜찮아 보인다는 점(알파고와 같은 인공지능이 대체할 수 없는 일이지 않습니까?)과 심리학자를 필요로 하고 있는 곳이 상당히 많이 있다는 점입니다. 심리학이 그저 매력적인 학문으로만 남아 있지 않고, 누군가에게 실제적인 도움, 따뜻한 위로가 되고, 사회에 힘이 될 수 있는 학문으로 자리매김할 수 있도록 우리 심리학도들이 열심히 공부하고, 사회에도 많은 관심을 가져주셨으면 합니다.

# 법무부 교정직: 이서인

2013~ / 법무부 광주지방교정청 교정심리치료센터

2013 / 법무부 교정직(9급, 교도) 공개경쟁 채용, 군산교도소

2012~2013 / 광주시립인광정신병원 정신보건임상심리 2급 수련

2012 / 전남대학교 심리학과 졸업

정신보건임상심리사 2급

저는 정신보건임상심리사 자격증을 취득한 후, 현장에서 교도관 겸 임상심리사의 역할을 하고 있는 선배님들의 이야기를 듣고 법무부에서 실시하는 교정직 경력채용에 응시하여 2013년부터 교정심리치료센터에서 근무하고 있습니다. 처음에는 많은 사람이 그렇듯 교정직 공무원이라는 직업이 생소했고 심리학과 교정학처럼 전혀 접점이 없어 보이는 분야가 또 있을까라고 생각했습니다. 그러나 교정학

에 가장 큰 영향을 미친 학문이 심리학이라는 것, 그리고 교정 시설 내 처우의 많은 부분이 상담, 교정 교화, 처우 프로그램, 수형자를 분류하고 심사하는 업무 등 심리학적 관점에서 비롯된 것이라는 것을 알게 되어 심리학 전공자로서 뿌듯함을 느꼈습니다.

교도관은 단순히 시설 내의 수용자를 관리 · 감독하는 업무뿐 아니라 '잘못된 부분을 치료하고 교정하여야 한다'는 의미인 '교정'에 힘쓰고 있으며, 무조건적인 처벌을 가하기보다 수용자가 출소 후 건강한 사회인으로 살아가도록 돕기 위해 여러 분야의 심리교육을 진행하고 있다는 점에서 심리학자와 비슷한 부분이 있습니다. 수형자 교육에 대한 관심이 많아지고 이러한 업무 비율이 늘어남에 따라 많은 교도관들이 임상심리사 자격증에 관심을 가지고 있다는 것 역시 교도소에서도 이러한 교육의 필요성이 대두되고 있다는 반증이라고 생각합니다. 교도소 내 정신질환 수용자의 정신재활 프로그램, 알코올 및 마약 등 약물 관련 교육, 수형자 개개인의 특성을 심사하고 분류하여 그에 따른 맞춤형 처우 계획 수립 등에서 심리학적 처우를 실시하고 있고, 강력 성폭력 범죄가 늘어남에 따라 성폭력사범의 재범방지교육을 담당하기 위해 교정심리치료센터가 개원하였습니다.

교정심리치료센터는 상담심리사 및 임상심리사 자격증 소지자, 연수원에서 진행하는 전문 교육을 이수한 교도관 등의 직원들로 구성되어 있습니다. 처음에는 교도소 내에서 치료 프로그램을 실시할 수 있는 시설과 인력이 부족하여 외부 단체에 의존하는 비율이 높았지만 최근 임상심리사와 상담심리사 경력채용으로 인원을 보강하고 직원들을 대상으로도 위탁 교육 및 연수원 교육을 실시하여 전문 인력을 양성하고 있습니다. 전국 교정 시설에서 각각 성폭력 교육 이수 명령 시간과 재범위험성으로 구분하여 기본교육, 집중교육, 심화교육을 진행하고 있으며, 교정심리치료센터에서는 고위험군 성폭력사범을 대상으로 성충동 조절, 자존감, 대인 관계 기술 및 피해자 공감 능력 향상, 재발 방지 대책 마련, 알코올 교육 등의 내용으로 재범 방지 교육을 하고 있습니다.

교도소에서는 여직원이 남성 수형자를 만날 일이 거의 없습니다. 가끔 지나치는 일은 있을 수 있겠지만 만나서 업무를 진행할 일이 드물기 때문에 처음에는 남자 수형자를, 그것도 성폭력사범을 대면해서 교육해야 한다는 것이 낯설고 두렵기도 했습니다. 그러나 약 3년간의 근무를 통해 처음에 내가 가졌던 생각이 모두 옳은 것은 아님을, 그리고 나의 틀을 기준으로 누군가를 대하고 이해하려 하는 것이 얼마나 사람의 눈을 가리는지를 깨닫게 되었습니다. 나의 기준으로 상대방을 평가하고 옳고 그름을 나누는 편협한 생각이 아니었다면 더 많은 사람의 잠재력을 믿어 볼 수 있었을 텐데 하는 후회가 남지만 이곳에서 일하며 그 사람이 비록 그 순간의 잘못은 저질렀을지라도 기존에 해 왔을 긍정적인 부분들을 찾아보며 보다 열린 마음으로 사람을 보려는 노력을 하게 되었다고 생각합니다.

이제 겨우 3년 여를 근무한 짧은 경험으로 누군가에게 이러한 권유를 한다는 것이 조심스럽지만 사람에 대한 열린 마음뿐 아니라 일상 및 학교생활에서도 전공 공부 이외의 다양한 분야를 경험해 보라고 권하고 싶습니다. 어떻게 보면 내가 현재 공부하고 있는 전공과는 전혀 맞지 않는 일이라는 생각이 들 수도 있고, '나는 진로를 명확히 정했기 때문에 다른 방향에 대해서는 생각해 보지 않을 거야'라는 소신에 방해가 되는 것처럼 보이는 일일지라도 결국 이런 경험들이 하나하나 모여서 무언가를 결정하고 상대방을 이해하는 기준을 설정하는 데 큰 도움을 줄 수 있기 때문입니다.

상담심리사로서의 꿈을 품고 대학에 입학했지만 잠시 내가 생각하던 심리학과는 거리가 있다는 생각에 진로 고민으로 방황하던 시절 학교에서 진행하는 많은 활동에 참여하여 나름대로의 '스펙'을 쌓아 보고자 겨울 방학 동안 미국 미주리 대학교 인턴십 프로그램으로 미국의 사회복지 시스템에 대해 알아볼 수 있었습니다. 또한 타 대학과의 학점 교류제로 중앙대학교에서 한 학기 동안 우리 학교에는 없는 수업을 듣고 처음 입학했을 때를 떠올리며 진로를 확실히 할 수 있었습니다.

또한 저소득층 아동과의 멘토 활동, 교수님이 진행하시던 다문화가정 자녀들과의 튜터링 등을 통해 그동안 '나'를 기준으로 평가해 왔던 많은 일이 다른 사람에게는 '기준'이 아니었음을 한 번 더 생각해 볼 수 있는 시간을 가질 수 있었습니다. 당시에는 전공 공부와 큰 연관성이 없다고 생각했던 많은 일이 결국에는 하나씩 모여 현재 나를 이루는 데 큰 근간이 되었고, 무언가를 결정할 때 한 방향에서 보기보다 다양한 방향에서 생각해 볼 수 있는 힘이 되었습니다. 더욱이 전공을 살려 일을 하다 보면 우리가 앞으로 만날 사람들은 굉장히 다양한 분야에 걸쳐 있기 때문에 많은 활동을 통해 사람들을 만나고 할 수 있는 모든 일을 경험하라고 이야기하고 싶습니다.

## 보호관찰직: 김상훈

2015~ / 울산보호관찰소(소년보호관찰관리, 대외협력 업무)

2011 / 부산보호관찰소(전자발찌 대상자 관리, 대외협력 업무)

2009 / 공무원 6급 승진, 창원보호관찰소(소년보호관찰관리, 대외협력 업무)

2009 / 고양보호관찰소(소년보호관찰관리)

2004 / 공무원 7급 승진, 울산보호관찰소(수강명령, 소년보호관찰관리)

2000 / 공무원 8급 승진, 부산보호관찰소(관찰행정, 소년보호관찰관리)

1999 / 창원보호관찰소(사회봉사, 수강명령)

1997 / 법무부 인천보호관찰소 9급 채용(행정, 보호관찰)

1996 / 경남대학교 심리학과 졸업

범죄심리사 2급

저는 1994년도에 영남지역 심리학과 학생협의회(영심협)에서 기획 파트를 맡으면서 당시 일반대학생들의 심리학에 대한 인식 조사와 심리학으로 사회에 진출할 수 있는 분야를 조사하다가 보호관찰제도를 알게 되었습니다. 1997년에 보호관찰직 공무원으로 임용되어 현재까지 근무하고 있습니다. 제가 입사할 때는 보호관찰직과 소년보호직(소년원)을 별도로 선발하였고, 2007년부터 두 조직이 보호직으로 통합되어 인원을 선발하고 있습니다. 보호관찰제도는 응보형 주의에 입각한 시설 내 처우에서 교육형 주의인 사회 내 처우 제도로써 1989년도에 우리나라에 도입되었고, 현재 형사정책의 꽃이라고 불리고 있습니다. 보호관찰 공무원이 하는 일은 다음과 같습니다.

첫째, 범죄인을 일정한 준수사항을 이행하는 조건으로 사회생활을 허용하면서 보호관찰관의 지도·감독을 받도록 하는 보호관찰 업무로, 인지행동치료, 동기강화면담 기법 등 심리학에 기본을 둔 지도·감독을 추구하고 있습니다.

둘째, 범죄인에게 범죄를 일으킬 수 있는 생각과 태도 등 범죄성을 개선하는 교육을 일정 시간 받도록 하는 수강명령집행 업무로, 청소년 심성순화, 약물 예방, 성폭력 예방, 가정폭력 예방, (비행청소년의) 보호자 교육 프로그램 등을 집단상담 형식으로 운영하고 있습니다.

셋째, 법원, 검찰청에서 재판 또는 기소하기 전에 피의자의 환경과 범죄 원인 등에 대한 제반사항을 조사하는 조사업무로, 피조사자 면담 시 필요한 조사기법, 상담기법과 MMPI, PCL-R, K-SORAS 등 심리검사 도구가 필수적으로 사용되고 있습니다.

넷째, 성폭력, 유괴, 살인 등 특정 범죄자들에게 전자발찌를 부착하여 대상자의 위치를 추적하여 재범하면 반드시 검거되어 처벌받는다는 심리적 압박감을 활용한 위치추적 전자발찌 업무로, 전자발찌 업무를 담당하는 직원은 대상자의 위치를 추적하여 관리할 뿐만 아니라 대상자와 라포 형성, 다양한 상담기법 등을 이용하여 전자발찌 착용으로 인한 스트레스를 경감시켜 2차 범죄를 예방하는 역할도 하고 있습니다.

이외에도 사회 내에서 자유로운 생활을 허용하면서 일정시간 무보수로 사회에 유익한 근로를 하도록 하는 사회봉사집행 업무, 학생과 일반인들에게 건전한 법문화 활성화를 위한 법교육 업무가 있습니다.

법무부 보호직 공무원이 되기 위해서는 국가공무원 공개채용으로 9급, 7급, 5급 사무관(행정고시)에 선발되거나, 보호관찰 업무의 특수성을 감안하여 비정기적으로 심리학과 사회복지학을 전공한 사람을 한정한 특별채용도 점차 늘어나고 있습니다. 이와 같이 보호관찰 업무는 다양하게 나뉘어 있지만, 가장 궁극적인 목적은 범죄를 저지른 사람의 생각과 태도를 변화시켜 다시 범죄를 저지르지 않도록 하는 것입니다. 인간의 마음과 행동의 이해를 추구하는 심리학의 목적과 부합하여, 현재 심리학을 전공한 직원들이 보호관찰 업무 각 분야에 중추적인 역할을 하고 있고, 점차적으로 그 역할이 확대되고 있어 심리학도들에게 적극 추천하고 싶은 직업입니다.

# 프로파일러: 김진구

2016~ / 전남지방경찰청 목포경찰서 강력팀, 과학수사계

2014~ / sbs 〈그것이 알고 싶다〉 등 프로파일러 전문가 인터뷰

2012~ / 경찰청 대테러 협상요원, 위기협상 강사

2011~2013 / 경기남부지방경찰청 과학수사계

2007~2010 / 경기북부지방경찰청 과학수사계, 강력계

2006 / 경찰청 범죄분석요원(프로파일러) 경장 특채

2010 / 경기대학교 대학원 범죄심리학과 문학석사(범죄심리학 전공)

2006 / 호서대학교 산업심리학과 졸업

범죄심리사 1급

저는 경기대학교 대학원에서 범죄심리학을 전공하였고, 범죄심리사 1급 자격증을 취득하였습니다. 이후 교도소 재소자들의 살인, 성범죄 재범방지 프로그램 참여 등의 경험을 하고 2006년 경찰청 범죄

분석요원으로 특채되어 2007년부터 현재까지 범죄행동분석(프로파일링) 업무를 하고 있습니다. 프로파일링이라는 것은 범죄자의 행동적 특성을 통해 범인의 유형(type)을 찾아가는 수사기법입니다. 인간은 누구나 독특한 성격을 가지고 있으므로 개별적인 범죄행동 패턴을 분석한다면 행위자의 유형도 추정할 수 있습니다. 인간의 행동을 연구하는 학문인 심리학을 공부하였다면, 범죄자 역시 인간이기 때문에 그들의 범죄행동을 이해하는 데 심리학적 이론을 활용할 수 있다고 생각합니다. 프로파일러는 현재 각 지방경찰청 과학수사계에 소속되어 있으며, 범죄분석요원, 범죄분석관, 프로파일러라는 명칭으로 활동하고 있습니다.

프로파일러가 심리학적 이론에 기반을 두고 사건과 관련된 서류나 사진 등 자료만 보고 프로파일링을 하는 것은 아닙니다. 경찰 프로파일러로 활동하기 때문에 중요 사건, 그러니까 살인사건 같은 강력사건 현장에 직접 출동하여 과학수사요원들과 현장감식도 하고 검시관들과 시체도 보며 현장에서 파악할 수 있는 많은 활동을 하고 있습니다. 범죄심리학자와의 가장 큰 차이점은 현장을 보고 분석한다는 것입니다. 시체의 모습이나 냄새 같은 외부적 어려움보다는 프로파일러로서 현장의 재구성이나 용의자 추정, 수사 방향 제시 등 더 큰 부담감을 가지고 사건을 바라보는 것입니다.

영화나 드라마에서처럼 프로파일러가 혼자 사건을 해결하고 범인을 검거하지는 않습니다. 수사팀에게 분석 결과 및 사건과 관련된 프로파일링 정보를 제공하는 역할을 하는 것이죠. 〈슬램덩크〉라는 만화에서 제가 프로파일링을 좋아하는 것처럼 주인공도 농구를 좋아하는데, 중요한 경기의 마지막 슛을 하며 이런 이야기를 합니다. '왼손은 거들뿐.' 프로파일러의 역할도 수사팀, 형사를 도와주는 왼손의 역할과 같습니다. 큰 역할은 오른손(형사)이 하지만 왼손이 하는 중요한 역할이 있는 것처럼 프로파일러는 범죄자 유형 분석, 연관성 분석, 지리적 프로파일링, 수사 방향의 제시, 진술 및 행동분석, 용의자 상대 신문기법 제시 등 왼손처럼 거들뿐이지만 의미 있는 역할을 하고 있습니다.

살인사건이나 특이한 사건에 대해 궁금해하던 저는 꿈을 이루어 현재 살인범을 인터뷰하고 여러 유형의 현장을 다니며 범죄행동을 분석하는 프로파일러가 되었습니다. 프로파일러와 형사의 차이는 무엇일까요? 사건이 발생했을 때, 형사는 범인이 누구일지 궁금해하고, 프로파일러는 범인이 왜 그랬는지를 궁금해합니다. 여러분이 프로파일러에 관심이 있다면, 먼저 내가 심리학을 공부하는 이유가 무엇인지 생각해 보세요. 심리학의 많은 분야 중 범죄심리학을 좋아하는 이유는 무엇인가요? 프로파일러는 범죄심리학자가 아닙니다. 사건현장을 분석하고 범죄자를 인터뷰(범죄분석 면담)하며, 학문적 접근이 아닌 실무적 분석을 하는 사람입니다.

범죄행동이라는 사건의 분석을 위해서는 인간의 행동에 대한 이해가 필요합니다. 그런 점에서 심리학을 전공한 여러분이 범죄행동분석(프로파일링) 분야에 꼭 필요한 사람들이라고 생각합니다. 심리학적 지식과 함께 현장 재구성, 혈흔 형태 분석 등 과학수사에 대한 기초 공부 그리고 심리검사에 대한 이해, 통계학을 활용한 연구방법 및 통계분석에 대한 공부도 필요합니다. 프로파일러는 심리학적 이해만 가지고 범죄행동을 분석하는 것이 아닙니다. 범죄자의 행동과 함께 당시의 문화 및 지리적 특성, 범죄 통계 등 종합적인 분석이 필요한 분야라고 생각합니다. 진짜 범죄 현장에서 심리학을 공부한 여러분을 기다리고 있겠습니다.

# 장애인 직업능력 평가사: 이민영

2001~ / 한국장애인고용공단 고용개발원 전임평가사

1998~1999 / 메리놀병원 신경정신과 임상심리기초과정 수료

1999~2001 / 부산대학교 학생생활연구소 연구원

1998 / 부산대학교 대학원 심리학과 문학석사(임상심리학 전공)

1994 / 부산대학교 심리학과 졸업

정신보건임상심리사 2급, 청소년상담사 2급, 직업상담사 2급

## ① 심리학과 현장 업무와의 관련성

저는 한국장애인고용공단에서 장애인 직업능력 평가사(이하 직업평가사로 표기)로 일하고 있습니다. 공단의 직업평가사는 직업상담, 평가도구를 활용한 직업능력평가, 사업체 현장에서의 작업능력평가 등을 바탕으로 장애인의 직업능력과 관련된 신체, 심리, 사회, 직업적 측면을 종합적으로 평가하는 업무를 합니다. 취업한 장애인이 직장에 적

응하여 안정적으로 일하기 위해서 어떤 지원이 필요한지를 평가하는 일도 합니다. 일자리를 구하는 장애인의 특성과 기업에서 할 수 있는 일을 제대로 연결하기 위해 기업의 근무환경과 직무에 대한 분석도 실시합니다. 장애인의 취업기술 향상을 위한 구직역량 강화 프로그램, 장애인 자녀를 둔 부모님을 대상으로 한 부모교육 프로그램 같은 집단 프로그램을 운영할 때도 있습니다.

직업평가사가 하는 업무의 많은 부분은 일자리를 구하는 장애인이 자신에게 맞는 일자리를 찾아서 안정적으로 일할 수 있도록 지원하는 일과 관련이 있습니다. 직업평가사는 사람(장애인)과 일(직업)을 잘 알아야 할 수 있는 직업입니다. 심리학은 사람과 일을 알아갈 때 큰 도움을 줍니다. 그 사람의 직업능력을 알기 위해 어떤 부분에 관심을 기울여야 할지, 어떻게 상담해야 할지, 어떤 방법으로 평가하는 것이 효과적·효율적일지, 평가결과를 어떻게 전달해야 적절한 피드백을 받을 수 있는지를 판단할 때 심리학적 지식이 유용하게 쓰입니다.

직업상담, 직업평가, 집단 프로그램 서비스를 제공할 때에는 임상심리학, 상담심리학, 직업심리학 분야의 지식을 적용합니다. 기업에서 이루어지는 직무를 조사하고 분석할 때에는 산업심리학 분야의 지식이 도움이 됩니다. 장애인의 직업능력을 바르게 평가하기 위한 도구와 기술을 개발할 때에는 심리통계, 조사방법론 등의 지식이 요구됩니다. 물론 심리학적 지식만으로 모든 업무를 할 수 있는 것은 아니기 때문에 한국장애인고용공단에서 실시하는 직무교육을 통해 계속해서 새로운 지식을 쌓고 있습니다.

② 미래에 대한 무의미한 걱정보다는 지금 해야 하는 일에 집중하기를!

저는 대학원에서 임상심리학을 전공한 후 병원에서 임상심리 기초과정을 수련받고, 대학생을 대상으로 심리검사 및 상담 업무를 하고, 이후 15년 동안 한국장애인고용공단에서 직업평가사로 일하고 있습니다. 한 분야에서만 일한 것이 아니라 관련은 있지만 업무가 다른 영역으로 옮기며 일하고 있는 것이지요.

일하는 분야가 바뀔 때마다 실제 업무와 관련이 있는 심리학(임상심리학, 상담심리학, 직업심리학 등)의 도움을 받고 있습니다. 그리고 기초심리학(발달심리학, 생리심리학, 지각심리학, 성격심리학, 사회심리학, 이상심리학 등)의 도움 또한 무시할 수 없습니다. 지금 제가 하고 있는 업무인 장애인 직업능력 평가는 심리, 재활, 특수교육, 작업치료 등 여러 학문 영역이 함께 협력하여 발전하고 있는 분야입니다. 심리학과가 다른 영역에 비해 기초학문이어서 기본적인 원인을 찾고 분석하는 데 있어 이 분야에서 일하는 데 장점이 됩니다.

저는 기초심리학 과목을 배우는 대학교 2학년까지는 심리학 전공 분야로 진로를 결정하지 않았었기 때문에 심리학 공부를 하면서도 취업에 도움이 되지 않을 것 같아 걱정이 되었습니다. 지금 돌아보면 그때 걱정을 누르고 학과 공부에 집중하였던 것이 다행이라는 생각이 듭니다. 후배님들의 미래가 어떻게 될지는 알 수 없지만 미래에 대한 걱정보다는 지금 해야 하는 일에 집중하는 것이 더 나은 미래를 만드는 데 더 큰 도움이 될 것입니다.

# 한국뇌연구원 선임연구원: 이은정

2014~ / 한국뇌연구원 선임연구원

2013~2013 / 한국뇌연구원 학생정신건강연구센터 선임연구원

2016~ / 부산지방경찰청 범죄피해평가제도 자문위원

2015~2016 / 한국임상심리학회 임상심리전문가 수련위원

2010~2012 / 한국임상심리학회 대의원

2009~ / 범죄심리수련제도 자문위원

2009~2015 / 대구지방경찰청 심리상담 전문위원

2007~2012 / 계명대학교 동산병원 정신건강의학과 연구강사

2004~2006 / 계명대학교 동산병원 임상심리레지던트

2013 / 대구대학교 대학원 상담학과 심리학박사(임상심리학 전공)

2001 / 대구대학교 대학원 심리학과 문학석사(임상 및 상담심리학 전공)

1998 / 대구대학교 심리학과 졸업

임상심리전문가, 정신보건임상심리사 1급, 중독심리전문가, 뉴로피드백치료전문가

역서: 『아동 · 청소년 임상가를 위한 보고서 작성 핸드북』(시그마프레스, 2013).

① '뇌'는 인류의 마지막 신비를 푸는 열쇠다!

심리학은 전 생애에 걸쳐 인간의 행동을 이해하고 변화의 원인을 발견하고 중재하는 방안을 과학적으로 연구하는 학문입니다. 그중 임상심리학은 다학문적 분야로서 신경정신의학, 신경과학, 인지과학, 생물학, 교육학 등의 지식을 활용하여 인간의 이상발달과 이상행동에 대해 연구하고 있습니다. 특히 인간의 '심리'를 제대로 이해하기 위해서는 인간의 '마음'을 작동하게 하는 '뇌'를 탐구하며 그 답을 찾는 것이 중요한 일입니다. 흔히 임상현장에서 볼 수 있는 다양한 질환이 '뇌'와 무관하지 않기 때문에 '뇌'에서 그 작동 원인 등을 규명하고 탐구하는 연구가 필요한 것입니다.

현재 저는 인류 마지막 신비의 열쇠를 '뇌'에서 찾고자 하는 뇌 전문연구기관인 한국뇌연구원에서 연구원으로 근무하고 있습니다. 한국뇌연구원은 4대 뇌 분야(뇌과학, 뇌의약학, 뇌공학, 뇌인지)에 관한 연구 및 그 이용과 지원에 관한 기능을 수행하고 뇌 분야에서 학계, 연구기관 및 산업계 간의 유기적 협조체제를 유지·발전시키기 위한 정부출연(出捐)기관입니다. 본 연구기관에는 신경생물학, 분자생물학, 수의학, 심리학, 뇌공학 등을 전공한 박사들이 뇌과학, 뇌인지 분야를 중심으로 연구를 수행하고 있습니다. 특히 심리학자들이 활동하는 영역은 인간의 고등사고 과정인 학습, 언어, 의사결정, 판단, 기억 등과 관련한 분야이며, 심리학을 바탕으로 한 연구설계와 방법론을 적용하고, 인접학문과의 연계를 통해 고등인지 능력을 규명하고 응용기술을 개발하는 연구를 수행하고 있습니다. 연구대상도 유아부터 노인까지 전 생애주기별 대상이며, 인접 분야 간 협력연구를 통해 뇌

연구 장기프로젝트를 수행할 수도 있습니다.

사회과학 및 인문 연구소에서 수행하는 조사연구는 많이 접해 봤을 수 있고 인문사회 관련 정부 연구기관도 있지만, 뇌 연구를 수행하는 곳은 병원과 같은 임상현장이 아니면 연구를 직접 수행하고 배우는 것이 쉽지 않습니다. 앞으로 심리학과에 진학 목표를 세우고 있거나 연구기관 근무에 관심이 있는 심리학도들이 있다면, 뇌 연구에 관심을 가져 볼 만하다고 생각합니다. 이를 위해 임상심리, 신경심리, 인지심리, 발달심리, 생물심리 등의 심리학 기본 지식을 습득하고, 전공하기 위한 노력을 해야 합니다. 그리고 신경인지기능검사, EEG, fMRI 등 첨단 인지과학적 연구를 수행할 수 있는 응용 장비 혹은 기초 분야 장비를 다룰 수 있도록 준비하고, 필요한 연구방법론을 익혀두는 것도 필요합니다.

② 심리학은 짧은 여정이 아닌 긴 호흡이 필요한 여정!

한 그루의 나무에 많은 가지가 뻗쳐 있듯, 심리학 분야와 전공에 따라 기본적으로 내가 걷는 길이 달라집니다. 만약 연구기관에서 일하고 연구자로서 길을 걸어가고자 한다면 석사 이상의 자격 요건과 경력은 기본적으로 갖추어야 하며, 국외 SCI, SCI-E 등 논문 실적을 쌓고, 토익, 토플 등 영어 성적 관리도 함께해야 합니다. 학부부터 자기 관리를 잘하고, 관심 분야에 적극적이고, 능동적으로 배우려 뛰어다니는 자세는 필요조건입니다. 힘은 들겠지만 한 단계씩 차분히 밟아 가다 보면 어느 순간 여러분이 원하고 바라던 나의 모습이 되어 있을 것입니다. 부디 짧은 여정이 아닌 긴 호흡이 필요한 여행을 준비하시길 바랍니다.

## 코뮤니타스 팀장: 김아영

2014~ / 코뮤니타스 / (사)인문사회연구소 팀장

2012 / 코뮤니타스 / (사)인문사회연구소 입사

2015~ / 경북대학교 대학원 경영학부 입학/재학

2012 / 대구대학교 심리학과 졸업

전문상담교사 2급, 사회조사분석사 2급

일반심리사, 범죄심리사, 산업 및 조직심리사

"무슨 일을 하시나요?"라는 질문에 "사람 만나는 일을 하고 있습니다."라고 대답을 하는 저는 리서치/컨설팅 회사에서 근무를 하고 있습니다. 주요 업무 분야는 문화예술 분야로, 축제 및 문화예술사업평가, 문화 관련 지표 개발, 지역문화 콘텐츠 발굴/스토리 개발 업무를 진행하고 있습니다. 산업 및 조직심리학에 대한 막연한 동경으로 뛰어든 리서치 현장, 졸업을 앞두고 사회조사분석사 자격증과 방법론

과제로 작성한 부족한 논문을 들고, 무작정 "면접 전날 연락해 주세요"라는 표지의 이력서와 함께 시작한 현장에서 '심리학'은 저의 든든한 지원군이자 강점으로 활용되고 있습니다.

리서치 회사라면 필수적으로 활용하게 되는 통계와 방법론뿐만 아니라, 주로 축제 현장이나 문화예술 공연 현장에서 사람을 만나는 저에게는 상담이나 성격심리학을 통해 배운 다양한 이론적 관점이 사람을 이해함에 있어 큰 도움이 되고 있습니다. 아울러 문화정책이나 지방자치단체와 문화예술단체/예술인들의 이해관계에서 사회심리학 및 조직심리학은 과제의 맥락을 파악하고, 핵심 이슈를 도출해 내는 데 활용되고 있습니다. 특히 문화예술 분야는 단순히 정량적 결과로는 파악할 수 없는 정성적 효과 부분이 많은데, 공유, 화합, 사회적 (집단)지성, 지적 활동, 소통이나 포용력 등 문화예술활동이나 문화예술교육을 통한 성과를 파악함에 있어 지표를 설정하고 활용하는 데 심리학의 이론적 지식은 연구의 초석이 되고 있습니다.

심리학의 가장 큰 장점은 다양한 관점에 대한 이해라고 생각합니다. 리서치 및 컨설팅 활동에 있어 심리학은 현상을 바라보는 프레임을 넓혀 주며 보다 다양한 이야기를 수용하고 최상의 결과를 도출할 수 있는 도구이자 방향을 제시하는 안내자로 활용되고 있습니다.

학부를 졸업하고 벌써 입사 5년 차, 연구원이라는 감투가 여전히 무거운 저는 아직도 배움의 과정에 있습니다. 축제, 자원조사 등 관람객을 만나는 시간들이 결국은 '사람'을 만나고 사람을 배우는 시간이었습니다. 마음(psyche)과 논리(logos)라는 단어에서 알 수 있듯이 심리학(psychology)은 인간의 행동과 정신과정의 과학으로서 끊임없이 탐구하고 배우는 과정의 연속인 학문이라고 생각합니다. 이를 바탕으로 하는 산업, 조직, 소비자 등의 응용심리학도 마찬가지입니다. 따라서 심리학도이거나, 심리학에 관심 있는 학생이라면, 지식의 소비자(user)가 아니라 지식 생산자로서 역할을 수행하며 공부를 진행하셨으면 좋겠습니다. 좋은 학점, 높은 토익 점수, 수많은 자격증 등 스펙은 넘치지만 실무에서 활용할 수 있는 스킬이 없는 사람이 아니라, 다양한 경험과 이론적 지식을 바탕으로 그 어느 현장에 있어도 제 역할을 수행할 수 있는 능동적이고 주체적인 심리학도가 되셨으면 좋겠습니다.

이제 사회로 진출하기 위한 준비를 시작하는 심리학도라면 꼭 산업 및 조직 분야가 아니더라도 기초 심리학과 더불어 조사방법론과 통계에 대한 공부를 병행하셨으면 좋겠습니다. 업무를 위해 가장 많은 시간을 할애하는 부분은 연구 설계 단계입니다. 방법론에 대한 이해가 있어야 객관적이고 체계적으로 현상을 바라볼 수 있으며, 합리적인 연구를 설계할 수 있습니다. 아울러 통계가 단순히 '숫자놀음'이 되지 않기 위해서는 통계를 제대로 활용할 수 있어야 합니다. 현상세계의 모든 것을 관찰할 수 없어 모집단과 표본 간의 간극을 줄이기 위해 태어난 통계를 제대로 이해해야만 효과적으로 활용할 수 있습니다.

마지막으로, 심리학을 공부하는 데 있어 가장 중요한 것은 자신에 대한 이해라고 생각합니다. 자신의 진로를 위해, 미래를 위해 끊임없이 고민하고 탐색하셔서 가장 좋은 결과를 성취하시길 기원합니다. 심리학을 통한 다양한 관점에 대한 이해만큼, 심리학이 활용되는 다양한 분야에서 더 많은 심리학도를 만나 뵙게 되면 좋겠습니다.

## 육군3사관학교 상담심리학과장: 송경재

2015~ / 육군3사관학교 상담심리학 부교수, 학과장, 교육개발실장
대구 · 경북 대테러협상 자문위원, 한국군상담학회 육군상담위원장

2013~2015 / 육군3사관학교 리더십센터장

2011~2013 / 육군3사관학교 상담심리학 조교수, 상담심리학 과장, 교육정보지원센터장

2005~2008 / 육군3사관학교 심리학 전임강사

2000~2003 / 육군3사관학교 심리학 강사

2011 / 고려대학교 대학원 심리학 심리학박사(문화 및 사회심리학 전공)

2005 / 고려대학교 대학원 심리학 문학석사(문화 및 사회심리학 전공)

1999 / 강원대학교 심리학과 졸업(ROTC 37기 육군 소위 임관)

우선 심리학에 관심을 가지고 있는 여러분에게 제 자신을 소개하게 된 것을 매우 큰 영광으로 생각하며, 한편으로 부끄럽기도 합니

다. 하지만 조금이나마 심리학을 공부하는 분들에게 동기부여를 해 드리고자 제가 하는 일을 소개 합니다. 저는 1999년 심리학과 학부를 졸업하고 ROTC 장교로 임관하여 소대장 직책 임무를 마치고 2000년 6월 육군3사관학교 심리학과 교수로 선발되어 2016년 현재까지 사관학교 심리학 교수로 재직 중에 있습니다. 운 좋게도 국비로 심리학 석 · 박사 학위를 취득하였고, 이러한 배경을 토대로 대한민국 육군에서 일하는 심리학자가 되었습니다. 제가 하는 일을 소개하면, 먼저 심리학 이론을 군대라는 환경에 접목시키고자 노력을 하고 있습니다. 사관학교 교수는 심리학 일반 전공과목에 대한 강의는 물론이고, 군인(장교, 부사관, 병사)과 생도라는 군 특수적 집단에 대한 심리학적 연구와 조직문화에 따른 심리현상과 원리를 찾기 위한 연구를 하고 있습니다. 연구한 결과를 토대로 전공 교재를 집필하고, 그 교재로 전공생도들에게 심리학을 가르치면서 큰 보람을 느끼고 있습니다.

연구와 교육 이외에도 심리학자들은 실질적으로 군대라는 조직에 기여하는 바가 큽니다. 심리학을 공부하는 여러분이 주목해야 할 것은, 군대라는 커다란 조직이 심리학을 요구하는 바가 점점 커지고 있다는 사실입니다. 일찍이 제1차 세계 대전부터 군대는 심리학을 필요로 했습니다. 병력 선발, 분류, 배치 등에 심리학자들이 주도적 활동을 하였습니다. 저 또한 사관학교에서 일하는 심리학자로서, 매년 사관생도 선발 임무를 수행하고 있습니다. 생도 선발을 위한 심리검사 도구를 결정하고, 수험생들을 대상으로 심리검사를 실시 · 해석하고, 그 결과를 바탕으로 심층면접을 거친 후 선발하고 있습니다. 또한 조직 구성원들의 적응 문제에 대해 조력 활동을 하고 있습니다. 생도와

병사들을 대상으로 개인 및 집단 상담을 실시하고, 동료 상담자를 육성하여 저변으로 상담을 확대하고 있습니다. 상담 수련 과정에서 배우고 익힌 심리적 역동과 변화를 실제 도움을 필요로 하는 사람들을 대상으로 조력 활동을 하여 학문적 기여를 할 수 있다는 것처럼 보람된 일은 없을 것입니다.

군대에는 선병(選兵)과 적응 조력 활동 이외에도 심리학자이기 때문에 할 수 있는 일이 많습니다. 저는 2011년부터 현재까지 경북지역 대테러 협상 자문위원으로 활동하고 있습니다. 대구 · 경북지역의 군 관련 시설에서 테러나 인질사건이 벌어지면, 인질범들과 협상(negotiation)을 진행합니다. 각 분야 전문가들로 구성된 협상자문단이 실제 상황이 벌어지면 협상임무를 수행하게 됩니다. 이를 위해 매년 세미나에 참석하며, 특히 지난 2015년 경북에서 열린 세계 군인체육대회 시에는 대테러 통합훈련을 실시했으며, 이 훈련에서 직접 협상 시연을 보이기도 하였습니다. 최근에는 심리전(心理戰) 분야를 연구하고 있어 전쟁에 심리학적 원리를 적용하려는 노력을 하고 있습니다. 학부나 대학원 시절, 심리학 개론 또는 사회심리학 책으로만 공부했던 태도 변화와 설득에 관한 이론들을 심리전이라는 실제에 접목하고 있습니다. 이러한 활동을 통해 심리학사(心理學史) 책 속에 나오는 심리학자들과 새로운 관계로 만나는 경험을 할 때마다 심리학이라는 학문의 매력에 더욱 매료됨을 느낍니다.

여러분께서 심리학을 공부하려 한다면, 왜 내가 심리학을 공부하려고 하는가에 대한 탐색이 우선되어야 할 것입니다. 인간의 행동과 정신과정을 이해하고 싶다면, 왜 나는 인간에게 관심을 갖게 되었는가에 대한 질문을 스스로 해 봐야 한다는 것입니다. 물론 타인에 대한 개인적 호기심으로 심리학에 관심을 갖게 되었을 수도 있습니다. 그러나 심리학의 학문적 목표는 인간의 행복과 성숙을 위한 노력입니다. 그 노력은 나를 이해하고 사랑하는 것부터 시작한다고 생각합니다. 왜냐하면, 자신의 이해를 통해 타인을 바라보면 이 세상에 아름답지 않은 사람이 없다는 것을 알게 될 것이기 때문입니다. 그래서 그 누구보다도 심리학도들은 자신의 마음을 들여다보기 위해 심리학 공부를 시작하는 것이 바람직할 것으로 생각합니다.

저는 군인입니다. 군인은 매우 파괴적일 수 있지만, 사실 사랑하는 사람을 자신의 목숨을 바쳐 지키는 매우 숭고한 사랑을 실천하는 사람들입니다. 이 점이 심리학과 군대가 만나는 공통분모이고, 군대에서 일하는 여러 심리학자들의 마음도 그러할 것입니다. 심리학을 공부하려는 여러 후배들께도 자신을 사랑하고 주변을 사랑하기 위한 심리학 공부를 해 주기를 부탁합니다. 여러분의 앞날에 행복이 가득하길 기도합니다.

# Kimberly-Clark 선임연구원: 이슬아

2015~ / Kimberly-Clark Global Innovation Center, Feminine Care(선임연구원)

2013~2015 / Kimberly-Clark Global Innovation Center(전임연구원)

2008~2013 / Kimberly-Clark Global Innovation Center(Advanced Researcher)

2008 / 연세대학교 대학원 심리학과 문학석사(인지심리학 전공)

2006 / 연세대학교 심리학과 졸업

제가 다니고 있는 회사는 Kimberly-Clark Global Innovation Center로 외국계 소비재 회사의 제품 및 기술 개발 연구소입니다. 이 연구소에서 저는 여성 위생 용품에 대한 제품 개발 및 프로젝트 매니지먼트를 하고 있습니다. 재미있게도, 물론 이것이 도전이기도 하지만, 이런 역할을 가지고 있는 사람 중에 저와 같은 교육 배경을 가진 사람은 없습니다. 대부분 화학공학, 생명공학, 기계공학 등을 전공하고 이런 분야로 진출을 하게 된 경우입니다. 저도 처음에는 이런 일을 할 것이라고 기대하지 않았고 이런 분야에서 저의 커리어를 시작하지는 않았지만, 시간의 흐름에 따라 회사의 상황도 변하고 개인의 직업적 흥미와 장기적인 커리어를 생각해 움직이다 보니 여기까지 오게 되었습니다.

표면적으로 보면 전공과 전혀 관련이 없는 일을 하고 있는 것이라 여길 수 있지만 소비재를 개발한다는 측면에서 다른 분야를 전공한 사람들과는 전혀 다른 관점을 제공할 수 있다는 점이 저의 차별화 포인트가 되고, 결과적으로 저의 커리어를 개발하는 데 도움이 되고 있습니다. 제가 개발하는 제품은 많은 자재가 들어가고 생산에 있어서 여러 가지 기계상의 제약사항도 고려해야 하는 것이기 때문에 화학/기계 분야에 대한 지식을 가지고 있는 것이 분명 도움이 되기는 합니다. 그러나 적어도 제가 하는 일에 있어서는 깊이가 있는 전문적인 지식을 요하는 일은 많지 않고 배워 가면서 할 수 있는 부분이 존재하기 때문에 그러한 지식을 다른 사람보다 많이 가지고 있지 않다는 것이 장기적으로 큰 걸림돌로 작용한다고 생각하지 않습니다.

제품 개발 및 전체 프로젝트 매니지먼트의 본질은 자재 혹은 기계를 얼마나 더 많이 이해하고 알고 있는가 이상의 많은 자질을 요구합니다. 심리학을 전공하면서 배운 지식 및 기술(skills), 특히 사람이나 사물을 바라보는 관점과 질문하고 분석하는 태도는 문제 상황을 정확히 인식하고, 제품 및 소비자에 대한 새로운 접근 방식을 제공하며, 전체적인 그림을 그리는 데 있어서 강점으로 작용한다고 생각합니다. 제가 다루는 제품이 소비재라는 것도 큰 작용을 하는데, 어떤 과정을 통해서 만들어지든 제품은 '사람'에 의해서 쓰이는 것이고 평가되는 것이기 때문에 사용자, 즉 사람에 대한 깊은 이해(왜 사람들이 어떤 제품을 더 좋아하는지, 사람은 감각적인 정보를 어떻게 받아들이고 평가하는지, 사람들은 왜 자신들이 현재 하고 있는 선택을 하는지 등)는 제품을 개발하는 과정에서도, 제품을 출시하기 전에 거치는 평가 과정에서도 중요한 역할을 합니다. 이건 비단 제가 일하고 있는 분야에만 국한되어 적용되는 것은 아닐 것이라고 생각합니다.

실제 산업 현장에 나와 보면 대학교에서 배우는 전공지식이 '직접적으로' 쓰이는 경우가 없어 좌절감을 느낄 때가 있습니다. 하지만 얼마나 많은 사람이 지식 자체를 자신의 직업을 위해서 사용하고 있는지 다시 한번 질문을 해 보고 둘러본다면 그것이 과연 좌절감을 느낄 일인지, 산업 현장에서 일한다는 것에 대한 본질을 놓치고 있는 것은 아닌지 생각할 수 있을 것입니다. 이런 의미에서 교과서 한 줄 한 줄의 지식을 넘어선 심리학이 줄 수 있는 강점을 이해하고, 강화할 수 있는 방향에 대해 미리 생각해 보는 것이 이후의 커리어 개발에 도움이 될 수 있지 않을까 합니다.

# (주)RS에듀컨설팅 대표: 송영선

2009~ / (주)RS에듀컨설팅 CEO, 대표이사

2004~2009 / 와이즈멘토 유한회사 Director, 평가기획팀

2002~2004 / 딜로이트 컨설팅 Senior consultant, 프로젝트 매니저

1997~2002 / 삼성SDS ERP 컨설턴트, 삼성전자 해외 IS팀

2006 / 고려대학교 교육대학원 상담심리학 전공 수료

1997 / 연세대학교 심리학과 졸업

저서: 『내일의 너를 믿어봐』(탐출판사, 2013)

교육 소설 『내일의 나를 부탁해』(다산북스, 2011)

① 심리학, 청소년의 마음을 읽는다!

저는 현재 청소년기 학생들을 대상으로 진로교육서비스를 제공하는 회사를 운영하고 있습니다. 간단히 저희 회사에서 하는 일을 소개하자면 학생들이 자신에게 적합한 진로를 탐색하고, 그를 찾아나가

기 위한 준비 과정에서 필요한 각종 콘텐츠를 제공하는 것으로, 오프라인 방식의 교육이 아닌 온라인 서비스의 형태로 제공하는 것입니다. 예를 들면, 학생들이 진로교육현장에서 가지는 다양한 물음이 있을 것입니다.

"모든 사람에게 잘 맞는 직업은 무엇인지, 그 직업은 어떤 일을 하는 것인지, 그 직업을 준비하기 위해서는 어떤 준비를 해야 하는지, 유학을 가야 하나 자격증을 따야 하나, 준비하는 데 학비는 얼마나 들까, 과연 그 직업이 미래에도 유망할까, 대학은 어떤 전공을 선택해야 할까 등등."

이러한 물음에 대한 해답을 제공하는 데 있어서 심리학과 연관성을 생각해 보자면 우선 진로교육의 시작점에서 하는 심리검사와 진단도구는 심리학 이론에 입각하여 만들어진 것들이 대부분이므로 이를 활용하기 위해서는 심리학을 잘 알아야 할 것입니다. 또한 진로교육 과정상에서 학생 및 학부모와의 상담을 진행해야 하므로 상담심리학을 알아야 하고, 학생 개개인에 맞는 적합한 교육을 제공하기 위한 효율적 방법을 고민해야 하는데, 이는 교육심리학의 주된 주제이기도 합니다. 여기에 추가적으로 더하자면 요즘 트렌드에 따라 온라인 혹은 스마트 교육의 형태로 서비스를 제공하기 위해서는 온라인 플랫폼에 대한 이해가 더해져야 하며, 이때 인지/지각심리학이나 교육공학적 지식이 도움이 될 것을 예상할 수 있습니다. 이와 같이 진로교육 서비스의 영역에서는 다양한 영역의 심리학적 지식이 많은 도움이 됩니다.

② 사회적 응용력의 중요성을 깊이 깨닫기를…

먼저 심리학계 동문임을 매우 환영합니다. 제가 1992년도 심리학과에 신입생 입학 당시 선배들이 이러한 이야기를 많이 해 주셨습니다. “앞으로 심리학이 뜬다! 조금만 기다려라.” 그로부터 20여 년이 지난 지금 신입생들에게 심리학과 선배들이 이런 이야기를 해 준다고 합니다. “앞으로 심리학이 뜬다! 기다려라.” 농담이 아니고 아직 심리학의 사회 응용과 저변 확대가 크게 되지 못하고 있는 것이 사실입니다. 사회경제적 여건이 견인차 역할을 해 주지 못하는 것은 일반적인 문제이지만 내부적으로 저는 더 큰 원인이 있다고 생각합니다. 우리 심리학인들은 타 학과 전공생들에 비하여 사회 응용적 사고력이 좀 부족하다고 생각합니다. 심지어 심리학적 지식을 응용하는 일을 사업적 수단이 밝은 다른 사람들에게 많이 내어 주고 있는 현실입니다.

물론 심리학은 깊은 학문적 사고력이 필요한 전문영역이지만 이를 사회에 적용하고 응용하는 일에 있어서도 우리 심리학자들이 적극적으로 나섰으면 하는 바람입니다. 학문은 융합되고 영역을 넘고 있으며 이미 우리 사회에서는 특정 한 분야만 알아서는 성공하기 힘들어졌습니다. 사고의 벽을 허물고 학문적 담을 넘어서 사람을 연구하는 기초적인 학문인 심리학이 다른 물길로 흘러서 확대되고 확장되어 다양하게 응용되도록 해야 하며 그 현장에서는 우리 심리학인들이 주축이 되어서 활용해야 한다고 생각합니다. 심리학을 전공하시는 여러분이 이 점을 꼭 명심하여 앞으로 사회에서 우리 학문이 다양하게 응용되고 저변으로 확대되었으면 하는 바람입니다. 그 중심에 여러분이 서 주시기 바랍니다.

# 심리기반컨설팅연구소(pbCG) 대표: 박두진

2012~ / 심리기반컨설팅연구소(pbCG) 대표

2011~2012 / 김앤장법률사무소 CTD 부실장

2007~2011 / Hay Group Consulting 이사

2004~2007 / Mercer HR Consulting 부장

2002~2004 / Thomas International 컨설턴트

2002~2002 / LG CNS 컨설턴트

2000~2001 / PSI컨설팅

2013 / 고려대학교 대학원 심리학과 박사 과정 수료(상담/임상심리학 전공)

2000 / 고려대학교 대학원 심리학과 문학석사(상담/임상심리학 전공)

1998 / 고려대학교 심리학과 졸업

경영석학 피터 드러커는 "평가되지 않는 것은 관리되지 않는다." 고 말했습니다. 평가는 기업을 성공적으로 경영하는 데 매우 중요한

부분입니다. 제가 하는 일의 핵심은 기업에서 사람들을 평가하는 일입니다. 사람에 대한 평가는 인재를 채용하고 선발할 뿐 아니라, 개발하고 육성하기 위해서 가장 기초가 되는 활동입니다. 신입사원을 채용할 때 우리 조직에 잘 맞는지, 필요한 능력이나 자질은 충분히 가지고 있는지를 파악하기 위해 심리검사와 다양한 면접을 실시합니다. 제가 하는 일은 평가를 위한 도구를 설계하거나 면접위원들을 교육하는 일을 하고 있습니다.

최근에 제가 가장 많이 참여하는 업무는 임원을 눈앞에 두고 있는 후보자들에 대한 진단입니다. 기업에서 임원이라고 하면 회사를 이끌어 가는 최선두에 서 있는 사람들이기 때문에 다른 어떤 사람들보다 신중한 선발이 필요합니다. 사업을 잘 이끌 수 있는 자질을 보유하고 있는지, 구성원들이 신나게 일할 수 있는 환경을 조성할 수 있는지, 장애물이 나타났을 때 이를 돌파해 낼 수 있는 용기가 있는지 등에 대한 자질을 파악합니다. 인사가 만사라는 말이 있지만, 사업의 성공이건 실패이건 결국 의사결정자인 사람에 의해 좌지우지 되는 것이기 때문에, 선발 및 승진 장면에서 인재 평가는 최적의 인재를 파악하기 위한 수단으로써 결정적으로 중요한 역할을 합니다.

한편 인재평가는 선발/승진뿐만 아니라 인재를 육성하고 개발하기 위한 측면으로도 활용됩니다. 임원 후보자 선발을 위해 진행된 평가 결과는 의사결정에 활용될 뿐만 아니라 당사자에게 개별적으로 피드백되어 역량개발을 위한 성장 촉진제로 활용됩니다. 제가 하는 일 중 가장 흥미진진한 일이 바로 여기에 있습니다. 이러한 평가 결과를 근거로 임원이나 관리자들의 성장과 변화를 촉진하는 코칭 업무입니다. 코칭은 외형적으로 상담과 유사해 보이지만, 교육 및 학습의 방법 중의 하나로 변화를 위한 목표 지향적 활동입니다. 그래서 코칭은 지식 습득이나 인지적 측면의 변화보다는 실질적인 변화가 될 수 있도록 촉진하는 활동입니다. 제가 코치하는 리더 중 몇몇은 어려움 속에서도 스스로 변화를 만들어 냈고, 또 그가 이끄는 조직과 구성원들은 더 많은 인센티브와 행복을 얻을 수 있었습니다.

인재 평가 활동은 개인의 차이를 객관화하는 활동이기 때문에 심리학과 매우 밀접한 관련이 있습니다. 예상하셨지만 인재 평가의 가장 기초가 되는 분야는 성격심리학과 측정심리학입니다. 인재에 대한 부분은 성격심리학 영역이고, 평가는 측정심리학 영역이라고 볼 수 있습니다. 제가 인재 평가에 나름 차별성을 가질 수 있었던 것은 임상심리학을 전공하면서 개인을 진단/평가할 수 있는 다양한 도구를 학습할 수 있는 기회가 있었기 때문인 것 같습니다. 임상심리학에서 장애 위험성을 평가하지만, 기업에서는 성공 잠재력을 평가합니다. 임상심리학적 배경은 제가 개인의 부정적 위험 특성을 간파하는데 도움이 됐지만, 긍정적 강점 특성을 파악하는 측면에서 어려움을 주었던 것은 사실입니다.

하지만 그 또한 제가 개인을 좀 더 심층적으로 이해하고 평가하는데 큰 도움이 된 것은 사실입니다. 한편 인재개발 및 코칭은 학습심리학과 상담심리학이 상당히 밀접히 관련되어 있습니다. 특히 이 두 분야는 개인의 성장과 변화에 대한 메커니즘을 다루는 분야입니다. 심리학은 그 자체로 공부도 재미있지만 그것을 실생활이나 현장에 적용할 때 빛이 나고 돈이 되는 것 같습니다. 제가 이 분야에 입문했을 즈음에 심리학 전공자가 적었지만, 그래도 초기에 도전했던 것이 제가 현재 이 분야에서 경쟁력 있는 전문가로 성장할 수 있었던 계기가 되었다고 생각합니다. 후배님들도 심리학을 활용해 다양한 사업과 영역에 도전해 보시기를 기대합니다. 파이팅^^입니다.

# (주)chapeaux 대표이사: 조현종

1999~ / (주)chapeaux 대표이사 / 전주 루이엘모자박물관장

2012~ / (사)한국의류산업학회 산학이사

2011~ / 전북대학교 초빙교수

2006~ / (사)하이서울 공동브랜드협회 사무총장

2006 / 서울벤처대학원대학교 문화산업경영학과 경영학석사/박사

1990 / 전북대학교 심리학과 졸업

청소년전문지도사, 장애인생활상담사

근래 심리학에 대한 일반대중의 뜨거운 관심은 여러 곳에서 쉽게 확인할 수 있습니다. 정치, 경제, 사회, 문화, 경영, 인문 등 여러 분야별로 심리학 이름을 내걸은 책들과 각종 방송매체에서 심리 관련 프로그램들이 인기리에 다루어지는 것을 보면서 현재의 심리학 위상을 엿볼 수 있어 흐뭇합니다. 이러한 발전에는 그동안 학교와 일선 현장

에서 심리학의 발전을 위하여 묵묵히 애써 오신 교수님들과 졸업생, 그리고 열심히 공부하고 있는 재학생 여러분의 수고라 생각합니다.

제가 학생이었던 1980년대의 일반적인 대학 풍경은 5공화국 군사 독재정권하에 민주화 열망에 따른 시위대와 진압대 간의 치열한 민주화 투쟁의 시기였습니다. 사회 전체가 전반적으로 불안정했던 만큼 모든 게 불확실했던 시절이었지만 특히 취업 관련 심리학 전공자로서 졸업 후 제한된 진로에 대한 막연함은 더욱 저를 힘들게 하였습니다. 하지만 제약회사 마케터, 글로벌 미국계 회사 등 몇 번의 이직 면접 과정에서 심리학을 공부한 프리미엄을 확실하게 경험했고 그 덕으로 어렵지 않게 취업에 성공하였습니다. 사회에서 원하는 인재상은 실무 적합한 실용적이고 원리 이해에 필요한 기본 지식을 갖춘 사람입니다. 제가 응시했던 회사에서 면접관의 질문은 대부분 마켓과 소비자의 이해, 마케팅 활동에 대한 기초적인 것이었습니다. 소비자심리학, 인지심리학, 발달심리학 그리고 사회심리학 등 심리학에서 배웠던 것을 기반으로 한 답변으로도 면접관에게 해당 직무 적정성과 신뢰에 대한 확실한 인상을 주기에 충분했습니다.

현재는 직장생활을 마감하고 1999년 (주)chapeaux를 창립하여 현재까지 회사를 운영하고 있습니다. 직접 고용과 협력업체의 직원식구들까지 합하면 수백 명과 생사고락을 함께하고 있습니다. 국내 패션 잡화 종목 중 자사 브랜드를 가진 START-UP 기업이 10년 내 생존확률이 5% 미만인 점을 감안하면 현재 20여 년간 백화점과 골프장 등 여러 유통채널을 유지하며 이룬 지속 경영과 발전은 국내, 외에서 대단한 성공으로 평가되고 있습니다.

많은 언론이 저희 회사의 성공을 기사로 다루었습니다. 그중 인터뷰에 빠지지 않는 내용에는 심리학을 공부한 CEO라는 제 이력입니다. 기자들의 눈에 성공적인 회사 경영 배경에 심리학을 전공한 점이 눈에 띄었나 봅니다. 저는 이점을 부인하지 않으며 심리학과를 공부했다는 자부심까지 가지고 있습니다. 실제 경영 전반, 특히 기획, 마케팅, 관리 등 회사 핵심 부분에서 심리학과 연관되어 있지 않은 분야는 거의 없다고 봐도 될 정도입니다. 이 중 인력관리, 마케팅에서 심리학의 진가는 상대를 인지하고 이해하는 부분에서 더욱 발휘됩니다.

융복합, 인공지능, 로봇 등으로 대표되는 4차 산업혁명의 소용돌이 속에 물리적인 인간의 가치는 점점 하락한다고 미래학자들이 예견합니다. 하지만 거꾸로 생각해 보면 머신러닝 속의 딥러닝, 딥텐서 기술 등의 근원은 인간 탐구의 산출물이며, 이것이 인류 미래 자산의 핵심임을 우리 심리학도는 주시해야 할 것입니다. 바로 이 일을 우리 심리학도들이 해 왔고 앞으로도 계속 해야 할 일이기 때문입니다. 인간 이해의 지평을 넓히는 데 심리학이 최고라고 저는 확신합니다.

자신, 가족, 직원, 고객, 지인 등 사람과 사람으로 맺어진 우리네 삶 속에서 행위의 결과보다는 '왜'라는 질문에 인문학과 철학, 과학으로 설명할 수 있는 우리 심리학도들의 지식과 가치는 4차 산업혁명의 물결 속에서도 더욱 빛을 발휘할 거라 저는 확신하고 있습니다. 지금껏 저의 심리학은 저에게 삶의 올바른 선택을 해 주는 데 중대한 나침판이 되어 주었습니다. 여러분도 심리학을 통하여 자신의 자율의지로서의 선택, 진지한 고찰을 경험함으로써 리비도 높은 삶, 자아성취를 달성한 삶에 한발 더 다가서기를 응원하겠습니다.

## ㈜에이시지알 공동 대표이사: 한승우

2016~ / ㈜에이시지알 공동 대표이사

2008~ / 국내 대기업 및 공공기관 평가도구 개발/운영과 관한 프로젝트 총괄 컨설턴트

2005~2007 / ㈜한국심리검사연구소 선임 컨설턴트

2013 / 고려대학교 대학원 심리학과 박사 과정(산업 및 조직심리학 전공)

2003 / 아주대학교 대학원 심리학과 문학석사(산업 및 조직심리학 전공)

2001 / 아주대학교 심리학과 졸업

### ① 조직심리학을 활용한 평가도구 개발 업무

저는 심리학 분야 중 산업 및 조직심리학(industrial psychology & organizational psychology)을 전공하고 채용/선발 컨설팅 회사에 근무하고 있습니다. 제가 근무하고 있는 회사는 국내 기업 및 공공기관에서 채용 시 활용되고 있는 역량모델링, 선발도구(입사지원서, 인성/적성검사,

면접도구) 및 면접관 교육 프로그램, 평가센터를 개발/운영하고 있습니다. 앞에서 언급했듯이 저는 심리학 분야에서 다양한 측정도구에 관심을 가지고 현장에서 이를 응용하여 평가도구를 개발/운영하는 일을 직업으로 삼고 있습니다. 저는 심리학의 다양한 심리적 개념과 과학적 측정방법론을 활용하여 기업 및 직업/직무에서 요구하는 우수한 인재선발을 목표로 신뢰도/타당도 높은 측정도구를 개발하고 올바른 심리학 도구들의 운영/적용하는 일을 하고 있습니다.

제가 수행하고 있는 업무의 내용 자체가 심리학적 지식과 과학적 방법론(실험설계 방법론, 통계학적 지식)을 기반으로 한 것입니다(이러한 분야를 심리측정학(psychometric)이라 합니다). 좀 더 상세하게 말씀드리면 심리학의 가장 기본적인 관심 영역인 성격(personality), 능력(ability), 흥미(interest), 정서(emotion) 등의 기본 개념을 활용하여 근무환경에 더 적합한 인재를 확보하기 위해 다양한 직무 관련 평가도구를 개발하고, 평가도구에 대한 올바른 활용을 위해 컨설팅을 수행하는 일을 하고 있다고 볼 수 있습니다.

### ② 심리학의 과학적 방법론에 관심을 가지기 바랍니다

산업 및 조직심리학을 전공하고 전문 분야에 종사하고 있는 것처럼 보이지만 사실 제가 수행하고 있는 업무의 대부분은 심리학에서 가장 오래 연구되어 온 기초 연구 분야를 현장에 적용하고 있다고 볼 수 있습니다. 심리측정 방법론 또한 심리학을 공부하는 학생이라면 누구나 한 번쯤 공부하고 있으리라 생각됩니다. 예를 들어, 저는 성격이론을 통해 조직 내 우수 인재의 성격을 연구하고 측정하는 일을 하고 있습니다. 성격검사 개발 시에는 제가 생각하는 가설에 따라 통계적 검증을 실시하고, 측정도구의 타당도/신뢰도 연구를 수행하고 있습니다.

후배님들께 드리고 싶은 말씀은 심리학의 다양한 분야에 대한 심층적인 고민도 매우 중요하리라 생각되지만, 기본 개념들과 심리학에서 추구하는 과학적 가설 증명 방식에 대해 충실히 연구하셨으면 하는 점입니다. 현재 저 또한 심리학 개론을 포함하여 실험설계법에 대해서도 지속적으로 관심을 기울이고 새로운 연구방법론에 대해 학술논문을 공부하고 있습니다. 직업 현장에서도 심리학을 전공한 사람들에게 요구하고 기대하는 부분이 이러한 과학적 접근방법론을 잘 알고 있다는 점이라고 합니다.

다양한 매체를 통해 심리학에 대한 관심이 증대되고 있지만, 정작 심리학이 과학적 접근방법론에 따라 연구된다는 점에는 아직까지 많이 알려지지 않은 것이 지금의 현실이라 생각됩니다. 여러분께서 이러한 과학적 방법론에 대해 많은 관심을 기울여서 연구하여 주시고 더욱 성공적으로 진행해 주신다면 심리학의 미래는 더욱 발전하리라 생각합니다.

## 삼성 차세대사업팀: 장은철

2014~ / 삼성 차세대사업팀 입사

2014 / 서울대학교 심리학과 졸업

일반적으로 심리학에 대한 사람들의 인식은 심리 테스트, 독심술 등의 키워드로 대변될 수 있습니다. 혹은 철학과 비슷한, 뭔가 인간에 대한 이해를 추구하는 학문 정도일 것입니다. 1학년 때 그저 동기를 따라서 전공 탐색 과목인 '심리학: 인간의 이해'를 배우기 전까지는 저의 인식 역시 이와 크게 다르지 않았던 것 같습니다.

대부분의 사람이 갖고 있는 관념과는 달리 심리학이란 학문은, '사람은 특정 조건하에서 일반적으로 이렇게 행동한다'라는 가설을 세우고 실험을 통해 그 가설을 증명하는 사회과학입니다. 여러 저명한 학자들의 흥미로운 실험 결과를 학습하는 것도, 그 결과가 보여 주는 인간이 갖고 있는 의외의 모습을 들여다보는 것도, 스스로 주제를 정하고 가설을 세워 이를 증명(혹은 반증)하는 것도 바로 심리학이란 학문의 매력일 것입니다.

현재 제가 하고 있는 일은 사실 심리학과는 전혀 무관한 일입니다. 우연한 기회에 전자 회사에서 운영하는 SW 아카데미에 발탁되어 6개월간 SW 교육을 받았고, 현재는 모뎀 칩 개발을 하는 SW 엔지니어가 되었습니다. 어플리케이션을 개발하는 엔지니어였다면 심리학의 어떤 분야든 적용해 볼 여지가 있었을지도 모르겠습니다. 모뎀 칩에 올라가 칩을 직접 제어하고 세계 표준 규격에 맞는 프로토콜을 구현하는 일에는 인간에 대한 이해가 파고들어갈 틈이 없습니다.

하지만 사회생활을 하는 모두가 공감하겠지만, 업무가 아무리 논리를 따지고 딱딱하더라도, 업무를 하는 주체는 사람이기에 '사람 사이의 관계'가 가장 중요합니다. 조금이라도 심리학을 접해 본 사람으로서, 인간을 이해할 수 있는 심리학을 안다는 것은 큰 무기를 갖고 있다고 해도 과언이 아닙니다. 관계가 그리 가깝지 않은 동료와 단둘이 있을 때, 혹은 대하기 어려운 직장상사와 있을 때 심리학에서 배운 실험 얘기 하나만으로도 손쉽게 대화의 흐름을 이어가고 주도할 수 있습니다.

수많은 실험과 연구 결과를 외웠던 노력들이 빛을 발하는 순간이 반드시 올 것이라 믿습니다. 직장에서 늘 접할 수 있는 계획 오류나 흔히들 많이 겪는 인지 부조화, 어린 자녀를 둔 부모에게 아이의 발달 정도를 가볍게 대화 소재로 이끌어 낼 수 있습니다. 대화 소재뿐 아니라 부서의 분위기 또한 주도해 나갈 수 있습니다. 다수가 한쪽 방향을 선택할 때 소수는 그 의견을 거스르기 힘들다는 것을 알기에 반대 의견을 제시할 수 있는 창구를 만든다든가, 권력을 가진 상사가 공감 능력이 결여되어 간다는 것을 이미 배웠기 때문에 여러 사례를 통해 경각심을 일깨워 줄 수 있습니다. 사소해 보이지만 이러한 작은 행동들이 나 자신이 일하는 부서의 분위기를 조금씩 유연하게 만들 수 있습니다.

나 자신과 내 주변의 사람들, 그리고 더 나아가 사람들 일반에 대해 이해하고, 성찰할 수 있게 해 주는 학문이 바로 심리학이 아닌가 싶습니다. 비록 심리학과는 전혀 무관한, 다른 길로 들어섰지만 우리의 일상과 내면을 깊이 들여다볼 수 있는 심리학을 전공했다는 것은 제 인생에서 큰 행운이었던 것 같습니다.

# 니얼유 대표이사: 이정환

2015~ / 니얼유 창업 대표이사
2016~ / 대전KBS 아침마당, 대전MBC 청년캠페인,
대전KBS 라디오 생방송 대전입니다 외 다수 출연
2015 / 대전경제통상진흥원 청년창업 500 선정
중소기업청 주관 창업진흥원 창업맞춤형사업화 선정
2015~ / 충남대학교 상담교육대학원 입학/재학
2015~ / 충남대학교 심리학과 졸업

저는 충남대학교 심리학과를 졸업한 이정환입니다. 현재 니얼유라는 스타트업을 운영하고 있습니다. 저는 2015년 대전경제통상진흥원에서 주최하는 청년창업지원사업에 선정되어 처음 사업화를 시작하게 되었고, 추가로 창업진흥원이 주관하는 창업맞춤형사업화에도 선정되어서 추가 지원금을 받고 현재 사업을 진행 중에 있습니다.

저희가 하고 있는 일은 상담을 받고 싶어 하는 내담자와 상담센터를 연결해 주는 것입니다. 제가 학부생일 때 주변에서 흔히 들었던 말 중 하나가 "상담을 받고 싶은데 상담센터는 어디로 가야 해?"라는 말이었습니다. 하지만 전공을 하고 있는 저도 주변에 상담센터가 어디에 있고, 또 어떤 상담사가 상주해 있는지 전혀 알지 못했습니다. 그래서 이러한 정보의 부재가 내담자에게 상당한 불편함을 주고 있다는 생각을 했고, 주변에 있는 상담센터의 정보를 제공하는 서비스를 하면 어떨까라는 생각으로 창업을 하게 되었습니다. 다행히 많은 분이 제가 느낀 이런 문제점에 대해 많이 공감해 주셨고 사업화에 대한 기대를 받아서 여러 지원사업에도 선정되었습니다. 우리 회사는 대전에서 시범 서비스 중인데 이제 곧 전국으로 확대할 생각입니다. 현재 많은 분이 우리에게 상담센터를 추천받아 상담을 받고 있습니다. 맞춤형으로 상담센터를 추천하다 보니 중간에 취소되는 경우도 적고, 초기 면접에서 실제 상담으로 이루어지는 비율 또한 굉장히 높습니다.

저는 심리학을 공부했기 때문에 이런 심리학 관련 창업을 생각할 수 있었습니다. 일을 하고 있는 과정에서도 상담기법, 슈퍼비전 유무, 학회 자격증 유무를 잘 판단하여 엄선한 상담센터와 제휴를 맺어가고 있습니다. 제가 직접 상담을 하거나 센터를 운영하는 것은 아니지만 공부한 내용이 제가 현재 하고 있는 일하고 굉장히 밀접하게 연관되어 있습니다.

심리학 관련 스타트업이라니, 조금 생소하죠? 다들 굉장히 흥미있어 합니다. 사실 심리학 관련 스타트업은 많이 없거든요. 그러나 심리학은 광범위한 학문입니다. 세상 어디에나 심리학의 역할이 존재합니다. 따라서 심리학을 전공하면서 느끼는 많은 것을 가지고 새로운 제품이나 새로운 서비스를 기획하고 실행할 수 있다고 생각합니다. 심리학을 공부하면 한정된 직업이나 일을 한다는 편견보다는 심리학을 통해 어떤 가치를 사람들에게 줄 수 있을지를 조금 더 생각해 보면 새로운 직업이나 새로운 일을 만들어 갈 수 있다고 생각합니다.

창업에 관심 있는 심리학도가 있다면, 이미 주어진 직업에서 자신의 길을 생각하는 것보다, 자신이 새로운 직업이나 서비스를 만드는 것은 어떨까요? 결국 이 세상의 모든 제품이나 서비스의 답은 사람입니다. 사람을 탐색하고 연구하는 심리학도야말로 다른 사람들에게 필요한 가치를 전해 줄 수 있지 않을까요?

# 부록
# 심리학 전공자가 취득 가능한 자격증

## 정부 공인 자격증



## 한국심리학회 자격증

심리학 전공자가 취득 가능한 자격증

| 관련 분야 | 자격증 | 종류 | 발급기관 |
|---|---|---|---|
| 임상 | 정신보건임상심리사 | 1급, 2급 | 보건복지부 |
| | 임상심리전문가 | 1급, 2급 | 한국심리학회 |
| | 임상심리사 | 1급, 2급 | 산업인력공단 |
| 상담 | 전문상담교사 | 1급, 2급 | 교육과학기술부 |
| | 청소년상담사 | 1급 ,2급, 3급 | 보건복지가족부 |
| | 상담심리사 | 1급, 2급 | 한국심리학회 |
| 산업상담 | 직업상담사 | 1급, 2급 | 한국산업인력공단 |
| 일반 | 일반심리사 | 일반심리사 | 한국심리학회 |
| 사회 · 성격 | 범죄심리사 | 1급, 2급 | 한국심리학회 |
| 발달 | 발달심리사 | 1급, 2급 | 한국심리학회 |
| 건강 | 건강심리사 | 전문가, 심리사 | 한국심리학회 |
| 산업 · 조직 | 산업 및 조직심리사 | 전문가, 심리사 | 한국심리학회 |
| 인지 · 생물 | 인지학습심리사 | 1급, 2급 | 한국심리학회 |
| 중독심리 | 중독심리사 | 전문가, 심리사 | 한국심리학회 |
| 학교 | 학교심리사 | 1급, 2급 | 한국심리학회 |
| 코칭 | 코칭심리사 | 1급, 2급 | 한국심리학회 |
| 평생교육 | 평생교육사 | 1급, 2급, 3급 | 교육과학기술부 |
| 통계 | 사회조사분석사 | 1급, 2급 | 한국산업인력공단 |

## 전문상담교사

(출처: SH직업연구소자격증사전, 인출일: 2016. 10. 22. / 교육부 발표(2018. 11) 참조

전문상담교사는 1963년 「교육공무원법」(법률 제1463호, 1963. 12. 5.)에 의하여 '교도교사'라는 명칭으로 처음 도입되어 선택적으로 시행되어 오다가, 1997년 「초 · 중등교육법」(법률 제5483호, 1997. 12. 13.)의 개정에 따라 '전문상담교사'로 명칭이 변경된 후 오늘에 이르고 있다. 날로 증가하는 청소년의 학교 폭력과 부적응 행동에 대한 국민의 우려와 전문상담교사의 필요성에 대한 사회적 인식의 확산, 그리고 전문상담교사를 확대 배치하려는 교육인적자원부의 노력이 함께 어우러져 2005년 9월, 처음으로 전문상담 순회교사를 선발, 배치함으로써 전문상담교사 제도가 본격으로 시행되는 토대가 마련되었고, 2010년에는 일반 94, 장애 5명을 임용 선발 인원으로 발표하였다. 전문상담 2급 교사자격증은 심리학과에 재학 중인 학생 중 2학년을 대상으로 선발하여 기본 이수 과목(심리검사, 성격심리학, 특수아 상담, 집단상담, 가족상담, 진로상담, 상담이론과 실제 중 5과목 이상 이수)과 교직이론, 교과교육, 교육 실습을 이수하면 전문상담교사 교원자격증을 취득할 수 있다.

▶ 응시 자격

[1급]

- 2급 이상의 교사자격증(「유아교육법」에 따른 2급 이상의 교사자격증을 포함한다)을 가진 사람으로서 3년 이상의 교육경력이 있는 사람이 교육부 장관이 지정하는 교육대학원 또는 대학원에서 일정한 전문상담교사 양성과정을 마친 사람
- 전문상담교사(2급) 자격증을 가진 사람으로서 3년 이상의 전문상담교사 경력을 가지고 자격연수를 받은 사람

[2급]

- 대학·산업대학의 상담·심리 관련 학과를 졸업한 사람으로서 재학 중 일정한 교직학점을 취득한 사람
- 교육대학원 또는 교육부 장관이 지정하는 대학원의 상담·심리교육과에서 전문상담 교육과정을 마치고 석사학위를 받은 사람
- 2급 이상의 교사자격증(「유아교육법」에 따른 2급 이상의 교사자격증을 포함한다)을 가진 사람으로서 교육부 장관이 지정하는 교육대학원 또는 대학원에서 일정한 전문상담교사 양성과정을 마친 사람

▶ 필수 이수 과목

- **교직(이론 14 이상, 실습 2):** 교육학 개론 / 교육철학 및 교육사 / 교육과정 및 교육평가, 교육방법 및 교육공학, 교육심리, 교육사회 / 교육행정 및 교육경영 / 교육실습
- **전공－공통필수(14학점 이상):** 심리검사, 성격심리, 상담심리 / 특수아상담, 집단상담, 가족상담, 진로상담, 상담이론과 실제, 상담실습 및 사례연구

▶ 시험 과목: 집단상담, 상담심리, 심리검사, 특수아상담, 가족상담, 진로상담, 성격심리

▶ 배점 기준(2019년부터 적용)

- 1차 필기시험: 교육학 20점, 전공 80점
- 2차 면접시험: 교직적성 심층면접 50점, 상담능력 평가 50점

▶ 시험 일정

- 1차 시험: 11월 중
- 2차 시험: 12월 중

▶ 전문상담 교사 자격증 관계

- **정교사:** 2급 정교사 이상의 교사자격증을 가진 자가 교육부 장관이 지정하는 교육대학원 또는 대학원에서 소정의 전문상담교사 양성과정을 이수하면 전문상담교사 2급 자격증을 취득할 수 있다. 만약 3년 이상의 교육경력이 있다면 전문상담교사 1급 자격증을 취득할 수 있다.
- **전문상담교사 1급:** 전문상담교사 2급 자격증을 가진 자가 3년 이상의 전문상담교사 경력을 가지고 자격연수를 받으면 전문상담교사 1급 자격증을 취득할 수 있다.
- **청소년상담사:** 청소년상담이라는 업무 분야에 있어서 전문상담교사와 청소년상담사는 업무 영역이 중첩된다. 전문상담교사는 상담실무 경력을 갖추면 청소년상담사 시험에 응시할 수 있고 청소년상담사(상담 관련 학과 학사 학위 취득자)는 교직과정을 이수하면 전문상담교시 자격증을 취득할 수 있다.

• **상담심리사**: 상담 분야에서 가장 인정받는 자격증으로 전문상담교사는 상담 관련 분야의 학위와 일정한 상담경력을 취득한 후 상담심리사 시험에 응시할 수 있다.

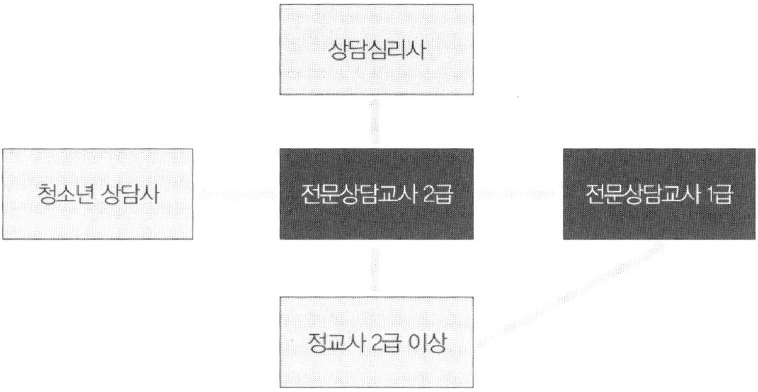


[그림 1] 전문상담교사 자격증 관계도

▶ 활용 정보: 전문상담교사 자격증을 취득하면 전국의 초 · 중 · 고등학교, 지역교육청 상담실에서 전문상담교사로 근무할 수 있다. 단, 국공립학교에서 교사로 근무하기 위해서는 전문상담교사 자격증을 취득한 후 별도로 교원임용고시에 합격하여야 한다. 교원임용고시는 각 시 · 도 교육청별로 시행되고 있다(응시자격도 각 시·도 교육청 별로 조금씩 다르니 홈페이지의 공지와 전화문의를 통해 직접 알아보아야 한다). 전문상담교사(2급) 양성과정에 유치원 교사자격증 소지자도 이수 가능하나, 전문상담교사(2급) 양성과정은 2007년도까지만 한시적으로 운영하며, 이미 유치원 교사자격증 소지자를 포함하여 이수 대상자는 선발을 완료, 전문상담교사(2급) 양성과정을 전국 5개 대학(150명)에서만 운영 중이며, 2008년도부터는 운영을 하지 않는다.

▶ 〈참고 법령〉 교원의 자격[출처: 「초 · 중등교육법」 법률 제 13943호 21조(교원의 자격), 시행 2015. 9. 28. http://www.moe.go.kr/law/detail.do, 인출일: 2016. 10. 22.]

- 교장과 교감은 [별표 1]의 자격 기준에 해당하는 사람으로서 대통령령으로 정하는 바에 따라 교육부 장관이 검정(檢定) · 수여하는 자격증을 받은 사람이어야 한다. 〈개정 2013. 3. 23.〉
- 교사는 정교사(1급 · 2급), 준교사, 전문상담교사(1급 · 2급), 사서교사(1급 · 2급), 실기교사, 보건교사(1급 · 2급) 및 영양교사(1급 · 2급)로 나누되, [별표 2]의 자격 기준에 해당하는 사람으로서 대통령령으로 정하는 바에 따라 교육부 장관이 검정 · 수여하는 자격증을 받은 사람이어야 한다. 〈개정 2013. 3. 23.〉
- 수석교사는 제2항의 자격증을 소지한 사람으로서 15년 이상의 교육경력(「교육공무원법」 제2조 제1항 제2호 및 제3호에 따른 교육전문직원으로 근무한 경력을 포함한다)을 가지고 교수 · 연구에 우수한 자질과 능력을 가진 사람 중에서 대통령령으로 정하는 바에 따라 교육부 장관이 정하는 연수 이수 결과를 바탕으로 검정 · 수여하는 자격증을 받은 사람이어야 한다. 〈개정 2013. 3. 23.〉

[전문개정 2012. 3. 21.]

## 정신보건임상심리사

(2010년 이후 입학자에 해당, 출처: 한국임상심리학회, 인출일: 2016. 10. 22.)

정신보건임상심리사는 정신질환자에 대한 심리평가, 사회복귀시설의 운영, 정신질환자와 사회복귀 촉진을 위한 생활훈련 및 작업훈련, 정신질환자와 그 가족에 대한 교육, 지도 및 상담, 정신질환자의 진단 및 보호신청, 정신질환 예방 활동 및 정신보건에 대한 조사연구, 기타 정신질환자의 사회적응 및 직업재활을 위한 활동을 수행한다.

▶ 응시 자격

[1급]

- 「고등교육법」에 따른 대학원에서 심리학을 전공(보건복지부 장관이 정하는 임상심리 관련 과목을 이수한 경우에 한한다)한 석사 학위 이상 소지자로서 보건복지부 장관이 지정한 전문요원 수련기관에서 3년 이상 수련을 마친 자
- 2급 정신보건임상심리사 자격취득 후 정신보건시설, 보건소 또는 국가나 지방자치단체로부터 지역사회 정신보건사업을 위탁받은 기관이나 단체에서 5년 이상 정신보건 분야의 임상실무 경험이 있는 자
- 「국가기술자격법 시행령」 제10조 제1항에 따른 임상심리사 1급 자격소지자로서 보건복지부 장관이 지정한 전문요원 수련기관에서 3년 이상 수련을 마친 자

[2급]

- 「고등교육법」에 따른 대학 또는 이와 동등한 학력이 있다고 교육부 장관이 인정하는 학교에서 심리학을 전공(보건복지부 장관이 정하는 임상심리 관

련 과목을 이수한 경우에 한한다)한 학사 학위 이상 소지자로서 보건복지부 장관이 지정한 전문요원 수련기관에서 1년 이상 수련을 마친 자

- 「국가기술자격법 시행령」 제10조 제1항에 따른 임상심리사 2급 자격소지자로서 보건복지부 장관이 지정한 전문요원 수련기관에서 1년 이상 수련을 마친 자

▶ 필수 이수 과목

[1급]

- **대학원 필수 이수 과목(4과목)**
  - 정신병리학, 고급이상심리학 중 택 1
  - 심리평가, 심리진단, 심리검사 중 택 1
  - 심리치료, 고급상담이론 중 택1
  - 연구방법론, 고급심리통계, 고급심리설계 중 택 1
- **대학원 선택 과목(25과목 중 3과목)**
  - 상담 및 치료 과목 중 택 1: 인지치료, 행동치료, 정신분석치료, 집단치료, 아동심리치료, 노인심리치료, 예술치료, 놀이치료, 가족치료, 게슈탈트치료
  - 평가 및 측정 과목 중 택 1: 신경심리평가(임상), 아동심리평가, 투사검사, 고급측정이론, 다변량 분석
  - 기초 및 응용 과목 중 택 1: 재활심리학, 임상현장실습, 건강심리학, 발달정신병리학, 신경인지과학, 고급발달심리학, 고급생리심리학, 고급학습심리학, 고급인지심리학, 고급성격심리학

※ 규정된 인정 과목과 교과목의 명칭이 동일하지 아니하더라도 교과의 내용이 동일할 경우 관련 협회 혹은 단체의 의견을 들어 동일 교과목으로 인정할 수 있음

[2급]

- **대학 필수 과목(4과목)**: 임상심리학, 이상심리학, 심리평가(또는 심리검사, 심리진단), 연구방법론(또는 심리통계, 심리설계)
- **대학 선택 과목(29과목 중 6과목)**
  - 상담 및 치료/평가 및 측정 과목 중 택 1: 상담심리학, 집단상담, 가족상담, 아동상담, 특수아상담, 신경심리평가, 아동심리평가, 심리측정이론
  - 기초 과목 중 택 3: 발달심리학, 생리심리학(또는 생물심리학), 신경심리학, 실험심리학, 학습심리학, 인지심리학, 언어심리학, 성격심리학, 사회심리학, 지각심리학, 동기 및 정서 심리학
  - 응용 과목 중 택 2: 건강심리학, 성심리학, 법정심리학, 행동의학, 재활심리학, 발달정신병리학, 임상현장실습, 스트레스와 적응, 노인심리학, 청년심리학

※ 규정된 인정 과목과 교과목의 명칭이 동일하지 아니하더라도 교과의 내용이 동일할 경우 관련 협회 혹은 단체의 의견을 들어 동일 교과목으로 인정할 수 있다.

▶ 시험 과목

- **1급**: 개인심리치료 I, 심리평가 I, 정신사회재활이론, 면담기법, 정신병리학(이상심리학), 정신약물학, 개인심리치료 II, 심리평가 II, 정신사회재활실제, 집단치료 I, 신경심리평가, 지역사회심리학, 집단치료 II, 임상심리 연구방법, 가족치료, 소아청소년 심리장애, 노년기 심리장애, 심리학적 자문
- **2급**: 개인심리치료 I, 심리평가 I, 정신사회재활이론, 면담기법, 정신병리학(이상심리학), 정신약물학

▶ 배점 기준

- **1급:** 3과목(1, 2, 3년차 과목)의 평균점수 60점 이상
  1, 2, 3년차 과목(18개 과목)의 평균점수 60점 이상
- **2급:** 1과목(1, 2급 공통과목)의 점수 60점 이상
  2급 이수 과목(1급 1년차 과목과 동일, 6과목)의 평균점수 60점 이상

▶ 시험 일정

- **1급:** 매년 1회(1월 중 임상심리학회 주관하에 실시)
- **2급:** 매년 1회(1월 중 임상심리학회 주관하에 실시)

▶ 기타

- 외국에서 전문요원과 유사한 교육·수련을 받거나 전문요원과 유사한 자격을 취득한 자는 보건복지부 장관이 정하는 바에 의하여 전문요원과 동등한 자격을 인정받을 수 있다.
- 1급 수련생(석사 학위 취득 후)으로 등록하여 1년차 수련을 마치고 2급 자격증을 취득하려는 수련생의 경우, 학습평가에 응시하여 합격하면, 추후 1급 자격증을 취득하고자 할 때 2급 취득 시 합격했던 공통과목(2급 이수과목, 1급 1년차 과목)은 면제된다.

▶ 활용 정보

- Q 1. 보건복지부 장관이 정한 2급 자격증의 심리학과 학부 보건 필수 과목은 무엇이며, 이외의 정신보건임상심리사 관련 법규는 어디서 참고하면 되는가: 「정신보건법시행령」 제2조 제2항 [별표 2]에서 정한 "보건복지부 장관이 정하는 임상심리 관련 과목을 이수한 경우에 한

한다."는 보건복지부 홈페이지(www.mohw.go.kr–실국별 홈페이지–건강증진–관련법규–2000년도 개정정신보건관련법령–첨부 1– 27쪽 '정신보건전문요원 수련 과정 등에 관한 규정' 제5조(인정 과목)를 참고할 수 있다. 이 외의 관련 법규는 보건복지부 홈페이지 〉정보 〉법령 〉제26683호「정신보건법시행령」을 참고하면 된다.

- Q 2. 대학원에서 선수 과목으로 그 필수과목을 보충하면 인정되는가: 대학에서 심리학을 전공한 학사 학위 소지자가 정신보건임상심리사 2급 자격취득을 위한 전문요원의 자격기준은 대학에서 보건복지부 장관이 정하는 임상심리 관련 과목을 이수해야 한다. 보건복지부 장관이 정하는 이수 과목이 유사한 경우도 있으니 과목에 대한 자세한 것은 임상심리학회(053-850-3208)로 문의하면 된다.

## 청소년상담사

(출처: 청소년상담사 www.youthcounselor.or.kr/new/sub01_9_1.html, 인출일: 2016. 10. 22.)

청소년의 부적응, 폭력, 가출, 중도 탈락, 왕따, 집단 괴롭힘 등과 같이 심각해져 가는 청소년의 문제를 현실적으로 대처하기 위한 전문상담 인력의 필요성이 대두되고 있는 현대사회에서 청소년들이 행복한 삶을 준비하고 살아갈 수 있도록 청소년 선도 효과를 극대화하며 청소년에게 질 높은 상담 서비스를 제공하는 직업이다.

▶ 응시 자격

[1급]

- 대학원에서 청소년(지도)학 · 교육학 · 심리학 · 사회사업(복지)학 · 정신의학 · 아동(복지)학 분야 또는 그 밖의 여성가족부령으로 정하는 상담 관련 분야(이하 '상담 관련 분야'라 한다)를 전공하고 박사 학위를 취득한 자
- 대학원에서 상담 관련 분야의 석사 학위를 취득한 후 상담 실무 경력이 4년 이상인 자
- 2급 청소년상담사로서 상담 실무 경력이 3년 이상인 자
  - 제1호 및 제2호에 규정된 자와 같은 수준 이상의 자격이 있다고 여성가족부령으로 정하는 자

[2급]

- 대학원에서 상담 관련 분야의 석사 학위를 취득한 사람
- 대학 또는 다른 법령에 따라 이와 동등한 학력을 인정받는 기관에서 상담 관련 분야 학사 학위를 취득한 후 상담 실무 경력이 3년 이상인 사람
- 3급 청소년상담사로서 상담 실무 경력이 2년 이상인 사람
- 제1호부터 제3호까지에 규정된 사람과 같은 수준 이상의 자격이 있다고 여성가족부령으로 정하는 사람

[3급]

- 대학 및 「평생교육법」에 따른 학력이 인정되는 평생교육시설의 상담 관련 분야의 학사 학위를 취득한 사람
- 전문대학 또는 다른 법령에 따라 이와 동등한 학력을 인정받는 기관에서 상담 관련 분야 전문학사를 취득한 사람으로서 상담 실무 경력이 2년 이상인 사람
- 대학 또는 다른 법령에 따라 이와 동등한 학력을 인정받는 기관에서 학

사 학위를 취득한 후 상담 실무 경력이 2년 이상인 사람

- 전문대학 또는 다른 법령에 따라 이와 동등한 학력을 인정받는 기관에서 전문학사 학위를 취득한 후 상담 실무 경력이 4년 이상인 사람
- 고등학교를 졸업하고 상담 실무 경력이 5년 이상인 사람
  - 제1호부터 제4호까지에 규정된 사람과 같은 수준 이상의 자격이 있다고 여성가족부령으로 정하는 사람

▶ 상담 관련 분야 조건: 상담의 이론과 실제(상담원리 · 상담기법), 면접원리, 발달이론, 집단상담, 심리측정 및 평가, 이상심리, 성격심리, 사회복지실천(기술)론 상담교육, 진로상담, 가족상담, 학업상담, 비행상담, 성상담, 청소년상담, 또는 이와 내용이 동일하거나 유사한 과목 중 4과목 이상을 교과과목으로 채택하고 있는 학문 분야

※ 한국산업인력공단 청소년상담사 홈페이지 공지사항(동일 · 유사 교과목) 참조

※ 일반 선택 과목, 교양 과목, 교직 과목, 계절학기 과목을 이수한 경우 인정되지 않는다.

▶ 시험 과목

- **1급**
  - 공통(3과목): 상담사 교육 및 사례지도, 청소년 관련 법과 행정, 상담연구방법론의 실제
  - 선택(2과목): 비행상담, 성상담, 약물상담, 위기상담
- **2급**
  - 공통(4과목): 청소년 상담 이론과 실제, 상담연구방법론의 기초, 심리측정 평가의 활용, 이상심리
  - 선택(2과목): 진로상담, 집단상담, 가족상담, 학업상담
- **3급**
  - 공통(4과목): 발달심리, 집단상담의 기초, 심리측정 평가, 상담이론, 학습이론

ㄴ선택(1과목): 청소년이해론, 청소년수련활동론

▶ 절차 : 〈한국산업인력공단〉 원서접수 – 필기시험 – 서류심사 – 〈한국청소년상담원〉 면접시험 – 자격검정 – 합격자 발표 – 자격연수 – 자격증 교부

▶ 배점 : 매 과목 100점을 만점으로 하여 40점 이상이며, 전 과목 평균 60점 이상 득점한 사람(※절대평가기준)

▶ 일정: 홈페이지 참고

▶ 비고

- 상담 실무 경력의 인정 범위와 내용은 여성가족부 장관이 별도로 정하여 고시한다(상담 실무 경력 인정기관에 대한 내용은 출처 홈페이지를 참고).
- 고등학교, 대학, 전문대학 및 대학원이란 각각 「초 · 중등교육법」 제2조 제4호에 따른 고등학교, 「고등교육법」 제2조 제1호 · 제4호에 따른 대학 · 전문대학, 「고등교육법」 제29조에 따른 대학원을 말한다.
- 응시자격을 갖추었는지 여부는 자격검정 공고에서 정하는 서류제출 마감일을 기준으로 판단한다.

▶ 응시 자격 참고 사항

- 복수전공으로 상담 관련 분야를 선택한 경우 인정
- 연계전공 혹은 부전공으로 상담 관련 분야를 선택했을 경우 상담 관련 과목을 전공으로 4과목 이상을 이수한 경우에만 인정

- 자격시험 전반(원서접수, 필기시험, 서류제출, 면접시험)에 대한 문의(한국산업인력공단 HRD 고객센터 1644-8000, 한국산업인력공단 홈페이지 www.q-net.or.kr/site/sangdamsa)
- 응시 등급별 청소년상담사 실무 경력 인정기준(1년간 기준)
- 응시 자격 관련 세부사항은 상담원 홈페이지(www.youthcounselor.or.kr) 참조

| 응시 등급 | 상담 유형 | 실시 경력 |
|---|---|---|
| 1급 및 2급 청소년상담사 | 개인상담 | 대면상담 50회 이상 실시 |
| | 집단상담 | 24시간 이상 실시 |
| | 심리검사 | 10사례 이상 실시 및 해석 |
| 3급 청소년상담사 | 개인상담 | 대면상담 20회 이상 실시 |
| | 집단상담 | 6시간 이상 실시 및 참가 |
| | 심리검사 | 3사례 이상 실시 및 해석 |

## 임상심리사

**(출처: 한국산업인력공단 국가자격종목별 상세 정보, 인출일: 2016. 10. 22.)**

임상심리사는 인간의 심리적 건강 및 효과적인 적응을 다루어 궁극적으로는 심신의 건강 증진을 돕고, 심리적 장애가 있는 사람에게 심리평가와 심리검사, 개인 및 집단 심리상담, 심리재활 프로그램의 개발과 실시, 심리학적 교육, 심리학적 지식을 응용해 자문을 한다. 임상심리사는 주로 심리상담에서 인지, 정서, 행동적인 심리상담을 하지만 정신과 의사들이 행하는 약물치료

는 하지 않는다. 정신과 병원, 심리상담기관, 사회복귀시설 및 재활센터에서 주로 근무하며 개인이 혹은 여러 명이 모여 심리상담센터를 개업하거나 운영할 수 있다. 이 외에도 사회복지기관, 학교, 병원의 재활의학과나 신경과, 심리건강 관련 연구소 등 다양한 사회기관에 진출할 수 있다. 자격 요건은 한국산업인력공단 임상심리사(www.q-net.or.kr/crf005.do?id=crf00503&jmCd=9540, 인출일: 2016. 10. 22.)를 참고하면 된다.

▶ 응시 자격

[1급]

- 임상심리와 관련하여 2년 이상 실습 수련을 받은 자, 또는 4년 이상 실무에 종사한자로서 심리학 분야에서 석사 학위 이상의 학위를 취득한 자 및 취득 예정자

※ 심리학 분야란? 대학원의 학과명, 전공명, 학위명 중 어느 하나에서라도 반드시 '심리'가 포함되는 과를 의미하며, 예술치료, 놀이치료, 미술치료, 가족상담, 아동상담전공 등 '심리'가 포함되어 있지 않은 경우는 '심리학 분야'로 인정되지 않습니다.

- 임상심리사 2급 자격 취득 후 임상심리와 관련하여 5년 이상 실무에 종사한 자
- 외국에서 동일한 종목에 해당하는 자격을 취득한 자

[2급]

- 임상심리와 관련하여 1년 이상 실습 수련을 받은 자
- 2년 이상 실무에 종사한 자로 대학 졸업자 및 졸업예정자
- 외국에서 동일한 종목에 해당하는 자격을 취득한 자

※ 활용 정보

- 응시자격에 필요한 필수 이수 과목 없음

- 홈페이지: www.q-net.or.kr/main.jsp에서 기본정보, 시험정보, 우대현황, 직업훈련정보, 취업정보, 수험자 동향을 살펴볼 수 있음
- 산업인력공단 고객센터: 1644-8000

▶ 시험 과목

- **1급** ┬ 필기시험: 임상심리연구방법론, 고급이상심리학, 고급심리검사, 고급임상심리학, 고급심리치료
  └ 실기시험: 고급임상실무
- **2급** ┬ 필기시험: 심리학 개론, 이상심리학, 심리검사, 임상심리학, 심리상담
  └ 실기시험: 임상실무

▶ 배점 기준

- **1급** ┬ 필기시험: 과목 40점 이상, 평균 60점 이상
  └ 실기시험: 60점 이상
- **2급** ┬ 필기시험: 과목 40점 이상, 평균 60점 이상
  └ 실기시험: 60점 이상

▶ 시험 일정(2016년 기준)

- **1급** ┬ 인터넷 필기접수: 9월 중
  ├ 필기시험: 10월 중
  ├ 실기접수: 10월 중
  └ 실기시험: 11월 중
- **2급** ┬ 인터넷 필기접수: 1, 8월 중
  ├ 필기시험: 3, 9월 중

├실기접수: 3, 9월 중
└실기시험: 4, 10월 중

## 직업상담사

(출처: 한국산업인력공단 정기시험 자격정보 직업상담사, 인출일: 2016. 10. 22.)

직업상담원이 수행하는 업무는 상담 업무, 직업소개 업무, 직업 관련 검사 실시 및 해석 업무, 직업지도 프로그램 개발과 운영 업무, 직업상담 행정 업무 등으로 구별할 수 있다. 주요 상담 업무에는 「근로기준법」을 비롯한 노동관계 법규 등 노동시장에서 발생하는 직업과 관련된 법적인 일반 사항에 대한 일반상담 실시와 구인 · 구직상담, 창업상담, 경력개발상담, 직업적응상담, 직업전환상담, 은퇴 후 상담 등의 각종 직업상담이 있다. 직업상담원은 구직자들이 그들의 교육, 경력, 기술, 자격증, 구직 직종, 원하는 임금 등을 포함한 구직표를 정확하게 작성하도록 도와주며 구직표를 제출하면 정확하게 되었는지를 검토하며 필요하면 수정을 한다. 직업상담원은 구직자들에게 가장 적합한 직업이 무엇인지를 찾는 데 도와주며 적성, 흥미검사 등을 실시하여 구직자의 적성과 흥미에 알맞은 직업 정보를 제공하고 청소년, 여성, 중 · 고령자, 실업자 등을 위한 직업지도 프로그램 개발과 운영을 한다. 그리고 취업이 곤란한 구직자(장애자, 고령자)에게 보다 많은 취업 기회를 제공하고 구인난을 겪고 있는 기업에게 다양한 인력을 소개하기 위하여 구인처 및 구직자를 개척하기도 한다.

▶ 응시 자격

[1급]

- 관련 학과: 대학 등에서 심리학과, 경영 · 경제학과, 법정계열학과, 교육심리학과 등과 기타 사회교육기관의 직업상담사 과정 및 사설 학원
- 해당 과목 2급 자격취득 후 해당 실무 3년 종사자
- 해당 실무 5년 이상 종사자
- 대학 졸업 후 해당 실무 3년 이상 종사자

[2급]

- 관련 학과: 대학 등에서 심리학과, 경영 · 경제학과, 법정계열학과, 교육심리학과 등과 기타 사회교육기관의 직업상담사 과정 및 사설 학원
- 만 20세 이상 성별, 학력, 경력 제한 없이 지원 가능

▶ 시험 과목

- **1급** ┬ 필기시험: 고급직업상담학, 고급직업심리학, 고급직업정보론, 노동시장론, 노동 관계 법규
  └ 실기시험: 직업상담 실무
- **2급** ┬ 필기시험: 직업상담학, 직업심리학, 직업정보론, 노동시장론, 노동 관계 법규
  └ 실기시험: 직업상담 실무

▶ 배점 기준

- **1급** ┬ 필기시험: 매 과목 40점 이상, 전 과목 평균 60점 이상
  └ 실기시험: 60점 이상
- **2급** ┬ 필기시험: 과목 40점 이상, 전 과목 평균 60점 이상
  └ 실기시험: 60점 이상

▶ 시험 일정

- **1급** ┬ 필기시험: 4월, 9월 중 접수, 5월, 10월 중 시험
  └ 실기시험: 5월, 10월 중 접수, 6월, 11월 중 시험
- **2급** ┬ 1회: 3월 중 필기, 4월 중 실기
  ├ 2회: 5월 중 필기, 6월 중 실기
  └ 3회: 8월 중 필기, 10월 중 실기

## 평생교육사

(출처: 평생교육사 자격관리 https://lledu.nile.or.kr/home, 인출일: 2016. 10. 22.)

평생교육사는 평생교육 분야의 전문가임을 국가에서 인정해 주는 국가자격이다. 학교의 교원이 되기 위해 교사자격증이 필요한 것과 같이 평생교육 분야에서도 전문인력이 필요하며, 이러한 전문 인력이 바로 평생교육사다. 평생교육사는 평생교육 프로그램의 요구분석, 개발, 운영, 평가, 컨설팅 및 학습자에 대한 학습 정보 제공, 생애능력 개발과 상담, 그 밖에 평생교육 진흥 관련 사업계획 등 관련 업무를 담당한다.

「평생교육법 시행령」 일부 개정(2009. 8. 11.)에 따라 적용 대상자는 2009년 3월 이후 대학(원) 신입생 2009년 3월 이전 대학 입학자로서, 재학 당시 평생교육 관련 과목을 한 과목도 이수하지 않고 졸업한 자다.

▶ 취득 요건

[1급]

- 평생교육사 2급 자격증을 취득한 후, 교육부 장관이 정하는 평생교육과

관련된 업무(이하 '관련 업무'라 한다)에 5년 이상 종사한 경력이 있는 자로서 진흥원장이 운영하는 평생교육사 1급 승급과정을 이수한 자

※ 평생교육사 2급 자격증 취득 이후의 경력만 산정되며 취득 이전의 경력은 인정되지 않는다.

[2급]

- 「고등교육법」 제29조 및 제30조에 따른 대학원에서 「교육부령」으로 정하는 평생교육과 관련된 과목(이하 '관련 과목'이라 한다) 중 필수과목을 15학점 이상 이수하고 석사 또는 박사 학위를 취득한 자. 다만, 「고등교육법」 제2조에 따른 학교(이하 '대학'이라 한다)에서 필수과목을 이수한 경우에는 선택과목으로 필수과목 학점을 대체할 수 있다.
- 대학 또는 이와 같은 수준 이상의 학력을 인정할 수 있는 기관, 「학점인정 등에 관한 법률」에 따라 평가인정을 받은 학습과정을 운영하는 교육훈련기관(이하 '학점은행기관'이라 한다)에서 관련 과목을 30학점 이상 이수하고 학위를 취득한 자
- 대학을 졸업한 자 또는 이와 같은 수준 이상의 학력이 있다고 인정되는 자로서 다음 각 목의 어느 하나에 해당하는 기관에서 관련 과목을 30학점 이상 이수한 자
  - 대학 또는 이와 같은 수준 이상의 학력을 인정할 수 있는 기관
  - 법 제25조 제1항에 따른 평생교육사 양성기관(이하 '지정양성기관'이라 한다)
  - 학점은행기관
- 평생교육사 3급 자격증을 보유하고 관련 업무에 3년 이상 종사한 경력이 있는 자로서 진흥원이나 지정 양성기관이 운영하는 평생교육사 2급 승급과정을 이수한 자

[3급]

- 대학 또는 이와 같은 수준 이상의 학력을 인정할 수 있는 기관, 학점은행 기관에서 관련 과목을 21학점 이상 이수하고 학위를 취득한 자
- 대학을 졸업한 자 또는 이와 같은 수준 이상의 학력이 있다고 인정되는 자로서 다음 각 목의 어느 하나에 해당하는 기관에서 관련 과목을 21학점 이상 이수한 자
  - 대학 또는 이와 같은 수준 이상의 학력을 인정할 수 있는 기관
  - 지정양성기관
  - 학점은행기관
- 관련 업무에 2년 이상 종사한 경력이 있는 자로서 진흥원이나 지정 양성기관이 운영하는 평생교육사 3급 양성과정을 이수한 자
- 관련 업무에 1년 이상 종사한 경력이 있는 공무원 및 「초 · 중등교육법」 제2조 제2호부터 제6호까지의 학교 또는 학력인정 평생교육시설의 교원으로서 진흥원이나 지정 양성기관이 운영하는 평생교육사 3급 양성과정을 이수한 자

▶ 필수 이수 과목

- **필수(5과목)**: 평생교육론, 평생교육방법론, 평생교육경영론, 평생교육프로그램개발론, 평생교육실습(4주간)
- **선택(21과목)**
  - 실천 영역(8개 과목 중 1과목 이상 이수): 아동교육론, 청소년교육론, 여성교육론, 노인교육론, 시민교육론, 문자해득교육론, 특수교육론, 성인학습 및 상담
  - 방법 영역(13개 과목 중 1과목 이상 이수): 교육사회학, 교육공학, 교육복

지론, 지역사회교육론, 문화예술교육론, 인적자원개발론, 직업 · 진로 설계, 원격(이러닝, 사이버)교육론, 기업교육론, 환경교육론, 교수설계, 교육조사방법론, 상담심리학

※ 과목 수강 인정 해당년도: 2008년 2월 18일 이후 개설 및 이수한 과목(2008학년도 1학기~ )

※ 평생교육 관련 과목의 유사과목 인정 '평생교육 관련 과목 유사과목 인정교과목'의 범위에 해당하는 교과목 명칭으로 이수했을 경우 인정(관계 법령: (개정) 「평생교육법 시행규칙」(개정 2008. 2. 18.))

※ 양성과정의 과목 명칭이 동일하지 아니하더라도 교과의 내용이 동일하다는 평생교육진흥원장의 승인을 받은 경우 동일 과목으로 본다.

▶ 적용 기준

[1급]

- **적용 기준:** 평생교육사 2급 자격증 취득 후, 평생교육 관련 업무에 5년 이상 종사한 경력이 있는 자로서, 1급 승급과정을 이수한 자
- 평생교육사 2급 자격증 취득 이후의 경력만 산정되며, 취득 이전의 경력은 인정되지 않음

[2급, 3급]

- 2009년 3월 이후 대학(원) 입학자
- 개정법 관련 과목은 3학점 체제로 2학점 과목 이수 시 인정 불가
- 실습(필수과목으로 편성)을 4주 160시간 이상 진행하여 전체 학습성적 평균이 80점 이상일 경우 자격증 취득 가능

▶ 평생교육사 이수 과정: 국가자격증인 평생교육사는 1 · 2 · 3급으로 구분되며, 이수방법에 따라 승급과정과 양성과정으로 구분

- **승급과정:** 일정 자격요건을 갖춘 평생교육사 자격증 소지자가 상위 급

수로 승급하기 위해 이수하는 연수과정(1급 승급과정, 2급 승급과정)

• **양성과정:** 대학, 학점은행기관 등 평생교육사 양성기관에서 운영하는 관련 과목을 이수하여 일정 학점 이상 취득하는 과정(2급, 3급 진입 가능)

• **관계 법령:** 「평생교육법시행령」 제18조

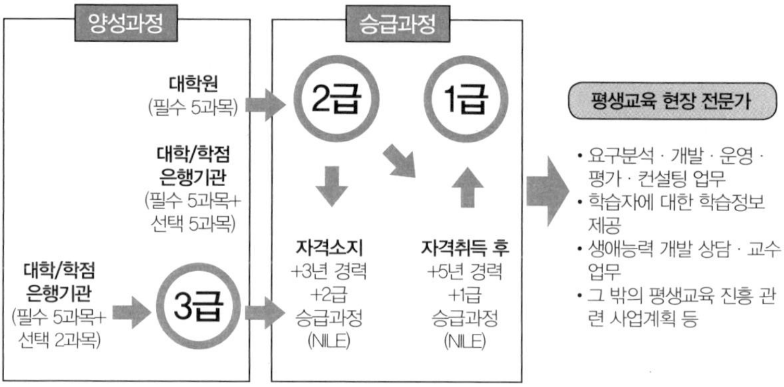


[그림 2] 평생교육사 이수과정

## 사회조사분석사

(출처: 한국산업인력공단 www.q-net.or.kr/crf005.do?id=crf00503&jmCd=9520, 인출일: 2016. 10. 22.)

사회조사분석사란 다양한 사회정보의 수집 · 분석 · 활용을 담당하는 새로운 직종으로 기업, 정당, 지방자치단체, 중앙정부 등 각종 단체의 시장조사 및 여론조사 등에 대한 계획을 수립하고 조사를 수행하며, 그 결과를 분석, 보고서를 작성하는 전문가다. 지식사회조사를 완벽하게 끝내기 위해서는 '사회조사방법론'은 물론이고 자료분석을 위한 '통계지식', 통계분석을 위한 '통계패

키지프로그램' 이용법 등을 알아야 한다. 또, 부가적으로 알아야 할 분야는 마케팅관리론이나 소비자행동론, 기획론 등의 주변 관련 분야로, 이는 사회조사의 많은 부분이 기업과 소비자를 중심으로 발생하기 때문이다. 사회조사분석사는 보다 정밀한 조사업무를 수행하기 위해 관련 분야를 보다 폭넓게 경험하는 것이 중요하다.

다음 자료는 통계청 정책정보 사회조사분석사(www.kostat.go.kr/portal/korea/kor_pi/7/5/index.static, 인출일: 2016. 10. 22.)에서 인출한 것이다.

▶ 응시 자격

- **1급**
  - 해당 종목의 2급 자격을 취득한 후 해당 실무에 2년 이상 종사한 자
  - 해당 실무에 3년 이상 종사한 자
- **2급:** 없음

▶ 시험 과목

- **1급**
  - 필기시험: 조사방법론Ⅰ, 고급조사방법론Ⅱ, 고급통계처리 및 분석
  - 실기시험: 사회조사분석 실무
- **2급**
  - 필기시험: 조사방법론 Ⅰ, 조사방법론Ⅱ, 사회통계
  - 실기시험: 사회조사실무(설문작성, 단순통계처리 및 분석)

▶ 배점 기준

- **1급**
  - 필기시험: 매 과목 40점 이상, 전 과목 평균 60점 이상
  - 실기시험: 60점 이상

- **2급**
  - 필기시험: 매 과목 40점 이상, 전 과목 평균 60점 이상
  - 실기시험: 60점 이상

▶ 시험 일정

- **1급:** 10월 중 중 필기, 11월 중 실기
- **2급:** 3, 5, 9월 중 필기, 4, 6, 10월 중 실기

## 일반심리사

(출처: 한국심리학회 홈페이지 www.koreanpsychology.or.kr,
인출일: 2016. 10. 22.)

일반심리사는 국민의 삶의 질 향상과 사회 및 조직의 발전, 그리고 개인의 성장을 촉진시키기 위하여, 다양한 사회적 관심사들(예, 통일문제, 지역갈등, 조직갈등, 범죄, 교통, 재난, 환경, 인권, 양성평등, 아동 · 청소년 및 가족문제, 도박, 사이버문제 등)과 개인적 관심사들(예, 정신건강, 가족관계, 학습 및 교육, 신체건강, 여가활용, 의사소통, 대인관계, 스트레스 등)에 대하여 심리학 전공지식을 활용하여 관련 전문가(예, 임상 및 상담심리 전문가 등)의 지도하에 문제점을 파악하고 개선방안을 마련하여 시행한다.

▶ 응시 자격

- 심리학과 졸업 예정자(복수 전공자 포함)
- 심리학과 졸업생(복수 전공자 포함)
- 심리학과 대학원 재학생(학부 타 전공자는 대학원 수료자 및 수료 예정자)
- 졸업(예정)증명서에 ○○심리 ○○학 전공이라고 명시된 경우에만 응시 가능

▶ 필수 이수 과목

- 일반심리사 인정 과목 일람표에 있는 영역 중 5개 영역(필수 1영역, 선택 필

수 4영역)에서 적어도 12과목(36학점) 이상을 학회가 인정하는 대학 및 기타 교육기관에서 이수

- 필수 영역은 기초심리 영역이며, 기초심리 영역에 속하는 5가지 과목에서 최소 3과목 이상을 이수. 단, 대학원에서 이수한 과목도 인정

▶ 시험 과목

- **기초 과목:** 생리심리, 인지 및 지각심리, 학습심리, 발달심리, 성격심리, 사회심리, 심리통계(연구방법론)이 포함된다.
- **응용 과목:** 임상심리(이상심리, 심리검사), 상담(심리치료), 건강심리학, 범죄 및 법 심리, 산업 및 조직심리, 소비자 및 광고 심리

▶ 배점 기준

- 총 60점 이상
- **과락 기준:** 40% 미만의 점수
  - 기초심리: 24점 미만
  - 응용심리: 16점 미만

▶ 시험 일정

- 매년 10월(필요에 따라 5월 중에 추가로 실시할 수 있음)

▶ 일반심리사 인정 과목 일람표

| 구분 | 영역별 과목 | 유사 과목 |
|---|---|---|
| 필수 | 기초심리 | 발달심리(발달이론, 아동 및 청소년발달, 성인 및 노인발달)<br>사회심리(사회심리 이론, 사회인지 및 태도, 집단심리)<br>성격심리(성격이론)<br>생리심리(뇌의 구조 기능, 뇌 기능장애)<br>인지심리(기억, 사고 및 문제해결, 주의)<br>학습심리(조건형성, 인지학습) |
| 선택필수 | 조사 및 통계분석 | 표집방법(표본추출법, 무선할당(random assignment), 표집오차)<br>설문제(설문지 작성법, 문항 제작법, 신뢰도/타당도, 척도(scaling), 점수변환 방법, 표준화 및 규준)<br>기술통계(중앙집중치, 표준편차와 분산, 도수분포표, 교차분할표)<br>차이검증(t 검정, 단일변량분석, 빈도분석, 타이검증, 비모수검증, 상관분석, 선형회귀분석) |
| | 심리검사 | 심리검사의 기초(척도 및 환산점수, 심리검사 발달사)<br>심리검사의 실제(지능검사, 성격검사, 진로성숙도검사)<br>심리검사 실습 |
| | 임상 및 상담 | 임상심리(임상 이론, 임상 실제)<br>상담심리(상담 이론, 상담 실제)<br>이상심리(이상행동의 분류, 주요장애들의 증상, 발달장애)<br>심리상담 실습 |
| | 응용심리 | 건강심리(건강 이론 및 관리, 통증 및 스트레스 심리)<br>범죄 및 법 심리(범죄심리, 범죄성 평가 및 교정, 법과 심리학)<br>산업 및 조직심리(산업심리, 조직심리)<br>소비자 및 광고심리(소비자심리, 광고심리)<br>심리윤리 및 공공정책(심리와 윤리강령, 공공정책)<br>응용심리 실습 |

## 임상심리전문가

(출처: 한국임상심리학회 자격시험 시행세칙 www.kcp.or.kr 및 한국심리학회 www.koreanpsychology.or.kr, 인출: 2016. 10. 22.)

임상심리전문가는 국내 임상심리학 관련 자격 제도 중 가장 역사가 오래되었으며 한국심리학회 산하 한국임상심리학회에서 자격을 관리한다. 임상심리전문가 자격 제도는 필수 수련 기관 등록 및 인정, 수련 등록, 자격 심사, 임상심리전문가 보수 교육, 임상심리전문가 윤리 강령 준수 등에 대해 한국임상심리학회의 엄격한 관리를 받으며 운영되고 있다. 임상심리전문가들은 정신건강의학과 병원은 물론이고 신경과, 재활의학과, 암센터 등 병원 장면에서 심리평가, 심리치료, 연구 및 다양한 정신건강 서비스를 제공하고 있다. 또한 정신보건센터, 치매지원센터, 학교정신보건 사업을 담당하는 위(Wee)센터, 아동 성폭력 전담센터인 해바라기센터, 병무청, 보호관찰소, 가정법원, 도로교통공단 등의 국가 기관이나 기업체 등에 소속되어 정신건강 관련 업무를 담당하며, 심리클리닉을 개업하여 활동한다(출처: 네이버 지식백과 '임상심리학자 자격증').

▶ 응시 자격

- 수련위원회에 등록한 후 소정의 수련을 마치고 석사 또는 박사 학위(임상심리학전공)를 취득한 자
- 필기시험 중 기초과목은 수련 1년을 마친 후 응시 가능하다. 임상과목은 석사 학위 취득자의 경우 수련 3년, 박사 과정 중 수련 등록한 경우 수련 2년, 박사 학위 취득자의 경우 수련 1년이 완료되는 시점에 응시 가능하다. 면접시험은 학회가 정한 소정의 수련을 모두 마친 자에 한한다.
- 석사 또는 박사 학위(임상심리학 전공)를 마치고 외국에서 임상심리전문가

자격을 취득한 후 국내의 관련 분야에서 1년 이상의 실무 혹은 교육 경력을 갖춘 자

▶ 임상심리학 전공 기준: 임상심리학 전공의 기준은 다음과 같다. 대학원에서 임상심리학과 관련된 과목을 3과목 9학점 이상, 연구방법론과 관련된 과목을 1과목 3학점 이상 이수한 자로서, 수련위원회에 대학원 성적표를 제출하여 이수과목의 적절성을 인정받은 경우에 한한다. 유사 과목일 경우, 수련위원회에 해당 과목의 강의계획안을 제출하여 인정 여부에 대한 검토를 필요로 한다.

- **임상심리학 관련 과목 3과목**(9학점 이상 이수)**:** 고급임상심리학, 정신병리학, 심리진단(심리평가), 심리치료, 임상실습, 신경심리평가, 행동평가 등
- **연구방법론 과목 1과목**(3학점 이상 이수)**:** 심리통계, 실험설계, 자료분석, 중다변인분석법 등

▶ 시험 과목

- **기초 과목:** 성격이론, 인지 및 학습심리학, 생리심리학, 임상심리학 연구방법
- **임상 과목:** 정신병리학, 심리평가, 심리치료

▶ 배점 기준

- **필기시험:** 기초과목과 임상과목 각각에서 전체 평균 60점 이상, 과목별 40점 이상
- **면접시험:** 구술시험으로 진행

▶ 시험 일정(연 1회 실시): 시험 일시, 장소 및 기타 사항은 임상심리학회 이사회의 제의에 한국심리학회장이 공고한다.

▶ 임상심리전문가 실습 수련 기관 및 필수 수련 기관: 임상심리전문가의 지도를 받아 실습을 할 수 있는 수련 기관은 다음과 같으며, 이 중 최소 1년 이상은 한국임상심리학회 수련위원회에 등록 지정된 필수 수련 기관에서 수련해야 한다.

| 종류 | 요건 |
|---|---|
| 정신건강의학과 병원 및 의원<br>대학교 학생생활연구소 및 학생상담센터<br>심리클리닉<br>정신보건센터<br>기타 이에 준하는 기관 | 한국임상심리학회 수련위원회에 등록된 기관으로 임상심리전문가가 1인 이상 전임으로 근무하고 있고 다음의 요건을 충족시켜야 함<br>• 입원 시설이 있는 정신건강의학과 또는 병원 및 의원<br>• 수련생을 지도할 수 있는 실습 여건(연구, 교육, 실습 및 이에 대한 슈퍼비전이 가능해야 하며, 정신병리, 심리평가, 심리치료 등 수련에 필요한 제반 내용을 실습 및 교육할 수 있는 여건)을 갖춘 기관으로서 수련위원회의 추천을 통해 한국임상심리학회 이사회의 인준을 받은 기관 |

▶ 임상심리 수련 등록, 모집 보고, 수련 심사 및 자격시험 절차

- **1단계: 수련 개시**
  - 임상심리 전문가 수련 등록 및 모집 보고
  - 매년 3월 및 9월에 임상심리전문가 수련위원회에서 진행
  - 수련 기관에서는 모집 보고를 통해 수련 개시

• **2단계: 수료 보고**

– 매년 3월 1년 단위로 수련생에 대한 수료 보고가 이루어짐

– 수련위원회에서 수련시간 인정(연간 1,000시간 충족되어야 함)

• **3단계: 수련 완료 심사**

– 매년 12월, 수련 3년차 대상으로 수련위원회에서 수련 완료 심사가 진행됨

– 3년 동안 총 3000 시간 수련을 인정받은 자에 대해 필기시험 전 수련 항목, 수련 시간 이수 여부를 수련 수첩, 수련 과정 인정서와 대조하여 수련 내용 및 시간을 이수했는지 면밀히 심사하는 과정

〈임상심리전문가 수련 항목(석사 학위 취득자의 3년 수련 과정을 기준으로)〉

| | |
|---|---|
| **심리평가** | 3년간 최소 300시간 이상(종합평가 30사례 이상: 리포트 제출) |
| **심리치료** | 3년간 최소 300시간 이상(50시간 이상 지도 · 감독) |
| **사례 발표** | 2회(4시간 이상): 이 중 1회는 본 학회 및 모 학회 연구 발표(구술, 포스터)로 대체 가능 |
| **논문 발표** | 제1저자로 1편 이상: 석사 논문 요약인 경우에는 국내 A급 학술지에 준하는 저널에 발표된 경우만 인정함. 수련 기간 동안 연구 논문 발표는 학회가 인정하는 학술지도 가능. APA 저널, SCI, SSCI 등은 A급 학술지로 인정함. |
| **학회참석** | 학술회의 20시간 이상과 사례회의 10시간 이상 참석 |
| **대외협력 지원 사업** | 수련 과정 중 30시간 이상 |
| **윤리 교육** | 수련 과정 중 본 학회 및 모 학회에서 실시하는 윤리 교육 1회 이상 이수 |

• **4단계: 자격시험 및 자격 심사**

– 자격시험 실시 및 자격 심사 기관: 한국임상심리학회

- 필기시험
  - 기초 과목: 성격심리학, 인지 및 학습심리학, 생리심리학, 임상심리학 연구방법론
  - 임상 과목: 정신병리학, 심리평가, 심리치료
  - 합격 기준: 기초 과목과 임상 과목 영역에서 평균 60점 이상, 각 과목별 40점 이상
- 면접시험
  - 필기시험을 합격하고 서류 심사를 통과한 자에 한해 면접시험 자격이 주어짐
  - 면접시험 서류 제출: 대학원 성적증명서 및 경력증명서 1부, 재직증명서 1부, 연구업적 1부
  - 면접시험은 구술시험으로 진행됨
  - 합격 기준: 자격 심사위원 과반수의 찬성에 의해 결정하고, 동수인 경우에는 자격심사위원장이 결정함

## 상담심리사

(출처: 한국상담심리학회 홈페이지 www.krcpa.or.kr 및 네이버지식백과 '상담전문가', 인출일: 2016. 10. 22.)

상담전문가는 성격, 적성, 지능, 진로 및 신체적 · 정서적 증상 등에 대해서 어려움을 겪고 있거나 변화를 모색하는 개인에게 심리검사, 상담 프로그램 등을 활용하여 문제 해결을 돕고 지원한다. 성격, 적성, 진로 등에 대해 상담을 요청하는 개인(내담자)과 대화를 통해 문제를 파악하고 진단한다. 표준화

된 다양한 심리검사를 실시하고, 상담을 통해 내담자의 내면을 심층적으로 탐색하여 그 결과를 분석한다. 그리고 분석한 결과를 토대로 개인상담, 집단상담, 기록상담, 위기상담, 인터넷 상담, 자기성장프로그램, 대인 관계 향상 프로그램 등 다양한 방식으로 앞으로의 바람직한 방향을 제시한다. 청소년들의 적성이나 흥미를 고려하여 진로상담을 하게 되며, 종교단체의 상담기관인 경우는 목회상담을 통하여 종교적인 갈등을 도와준다.

| | |
|---|---|
| 정의 | (사)한국심리학회에서 인정한 상담심리사 자격을 취득한 자 |
| 등급 | 상담심리사 1급(상담심리전문가) |
| | 상담심리사 2급(상담심리사) |
| 활용도 | 상담심리사는 현재 국내에서 가장 널리 인정받고 있는 상담 자격이다. 상담기관에 따라서는 구인광고 응시 자격에 상담심리사 자격증 소지자를 명시하기도 한다. 국내의 어떤 상담기관에서든 기본적으로 본 자격증을 소지한 자가 취업 시 우대를 받고 있다. |
| 현황 | 2015년 9월까지 배출된 상담심리사 1급은 1,117명, 상담심리사 2급은 3,814명이다. |
| 하는 일 | 1. 상담심리사(1급, 2급 공통)의 기본 업무<br>① 개인 또는 집단의 심리적 성숙과 사회적 적응 능력 향상을 위한 조력 및 지도<br>② 심리적 부적응을 겪는 개인 또는 집단에 대한 심리평가 및 상담<br>③ 지역사회 상담교육, 사회병리적 문제에 대한 예방활동 및 재난후유증에 대한 심리상담<br>④ 기업체 내의 인간관계 자문 및 심리교육<br>⑤ 상담 및 심리치료에 관한 연구<br>2. 상담심리사 1급은 위의 업무에 더하여 다음의 직무를 수행할 자격이 있다.<br>① 상담실 책임운영<br>② 상담심리사(1, 2급)의 교육지도와 자문<br>③ 상담전문가(1, 2급) 수련 내용 평가 인준 및 자격 추천 |

상담심리사 자격을 취득하기 위해서는 학회 가입 〉 상담 경력 및 과목 이수 충족 〉 자격시험 합격 〉 최소 수련 내용 충족 〉 자격심사 합격 〉 자격 취득의 절차가 필요하다.

▶ 응시 자격

[1급]

- **상담 관련 석사 학위 취득자:** 대학원에서 상담 관련 분야의 학문을 전공하여 석사 학위 이상 취득 후 정회원으로 가입 또는 자격 변경
  - 석사 학위 취득 후, 3년(36개월) 이상의 상담 경력
  - 석사 과정 중 과목 이수(학부과정 중 이수 과목 인정되지 않음)
- **상담심리사 2급 취득자:**
  - 상담심리사 2급 취득 후 정회원(심리사 정회원)으로 자격 변경
  - 2급 취득 후 4년(48개월) 이상의 상담 경력
  - 과목 이수 없음(2급 취득자로 1급에 응시할 경우, 이수 과목은 확인하지 않음)
- **상담 비관련 석사 학위 취득자로서 상담 관련 박사 과정에 입학한 자:** 상담 비관련 학과 석사 학위 취득 후 상담 관련 박사 과정에 입학하여 준회원으로 입회(단, 모든 응시 조건이 충족되었더라도 박사 학위 취득 후 정회원으로 변경한 뒤 1년이 경과하지 않으면 시험 응시가 불가능함)
  - 박사 과정 입학 후, 3년(36개월) 이상의 상담 경력
  - 박사 과정 중 과목이수(학 · 석사 과정 중 이수 과목 인정되지 않음)
- **외국의 상담 및 심리치료 분야의 전문가 자격증 소지자:** 대학원에서 상담 관련 분야의 학문을 전공하여 석사 학위 이상 취득 후 정회원으로 가입 또는 자격 변경
  - 한국연구재단에서 인정하는 외국 대학의 상담 관련 분야 박사 학위

소지

– 외국의 상담 및 심리치료 분야의 전문가 자격증 소지(각국 정부나 주정부 또는 각국 심리학회의 공인된 자격검정 절차를 통과한 수준의 자격증)

– 국내에서 1년 이상의 상담 경력

– 자격검정위원회의 심의를 거쳐 소지 자격증 인정 여부 결정

• **외국 학회의 인턴십을 마친 자:** 대학원에서 상담 관련 분야의 학문을 전공하여 석사 학위 이상 취득 후 정회원으로 가입 또는 자격 변경

– 한국연구재단에서 인정하는 외국 대학의 상담 관련 분야 박사 학위 소지

– 본 학회와 MOU를 체결한 외국 학회(APA, ACA)가 인증한 교육기관에서 인턴십 과정을 마친 자

– 국내에서 1년 이상의 상담 경력

– 자격검정위원회의 심의를 거쳐 수련 인정 여부 결정

[2급]

• **상담 관련 석사 재학:** 석사 입학 후, 1년(12개월) 이상의 상담 경력, 석사과정 중 과목 이수(학부과정 중 이수 과목 인정되지 않음), 상담 경력은 본 학회 1급 주 수련감독자의 감독하의 상담 경력만 인정. 단, 수련받을 당해 연도에 1급 전문가가 슈퍼바이저 자격 보유자여야 함(매년 슈퍼바이저 자격 보유자 명단은 공지사항 참고). 모든 수련 내용 및 경력은 학회 입회일 이후부터 인정, 단, 입회 이후에 대학원에 입학한 경우 대학원 입학일 이후부터 인정

• **상담 관련 학사 학위 취득자:** 학사 학위 취득 후, 2년(24개월) 이상의 상담 경력, 학부과정 중 과목 이수(상담 3과목, 기초 3과목), 상담 경력은 본 학회 1급 주 수련감독자의 감독하 상담 경력만 인정. 단, 수련받을 당해 연도

에 1급 전문가가 슈퍼바이저 자격 보유자여야 함(매년 슈퍼바이저 자격보유자 명단은 공지사항 참고). 모든 수련 내용 및 경력은 학회 입회일 이후부터 인정. 단, 학회 입회 이후에 학위를 취득한 경우 학위 취득일 이후부터 인정

- **비상담 관련 학사 학위 취득자:** 학사 학위 취득 후, 3년(36개월) 이상의 상담 경력, 상담 경력은 본 학회 1급 주 수련감독자의 감독하 상담 경력만 인정. 단, 수련받을 당해 연도에 1급 전문가가 슈퍼바이저 자격 보유자여야 함(매년 슈퍼바이저 자격보유자 명단은 공지사항 참고). 모든 수련 내용 및 경력은 학회 입회일 이후부터 인정
- **외국 상담 및 심리치료 분야의 전문가 자격증 소지자**
  - 외국의 상담 및 심리치료 분야의 자격증 소지(각국 정부나 주정부 또는 각국 심리학회의 공인된 자격검정 절차를 통과한 수준의 자격증)
  - 국내에서 1년 이상의 상담 경력
  - 자격검정위원회의 심의를 거쳐 소지 자격증 인정 여부

▶ 필수 이수 과목

[1급]

- **상담 관련 과목:** 언어를 기반으로 한 상담 과목으로써 심리치료이론, 집단상담, 상담방법, 상담면접, 상담사례실습 및 지도, 정신병리, 심리평가, 가족상담, 청소년상담, 진로상담, 아동상담 등(이 중에서 4과목 이상 이수)
- **기초 과목:** 심리통계, 연구방법론, 실험설계, 동기와 정서, 고급성격심리학, 고급사회심리학, 고급발달심리학 등(이 중에서 1과목 이상 이수, 2016년 1월 1일부로 발효되며, 2016년 1월 1일 이전 입회자는 자격 검정 응시 시에 개정 전 규정을 적용한다. 개정 전: 상담 3과목, 기초 1과목)
  - 과목 이수는 석사 과정 중 본인의 전공 과목 중에 전공 학점으로 이수

한 과목만 인정함

– 자격 요건별 자세한 사항은 홈페이지 참고 바람

[2급]

- **상담 관련 과목:** 언어를 기반으로 한 상담 과목으로써 심리치료이론, 집단상담, 상담방법, 상담면접, 상담사례실습 및 지도, 정신병리, 심리평가, 가족상담, 청소년상담, 진로상담, 아동상담 등(이 중에서 4과목 이상 이수)
- **기초 과목:** 심리통계, 연구방법론, 실험설계, 동기와 정서, 고급성격심리학, 고급사회심리학, 고급발달심리학 등(이 중에서 1과목 이상 이수. 2016년 1월 1일부로 발효하며, 2016년 1월 1일 이전 입회자는 자격 검정 응시 시에 개정 전 규정을 적용한다. 개정 전: 상담 3과목, 기초 1과목)

– 과목 이수는 석사 과정 중 본인의 전공 과목 중에 전공 학점으로 이수한 과목만 인정함

– 자격 요건별 자세한 사항은 홈페이지 참고 바람

▶ 시험 과목

- **1급(5과목):** 상담 및 심리치료이론, 집단상담 및 가족치료, 심리진단 및 평가, 성격심리 및 정신병리, 심리통계 및 연구방법론

※ 자격시험 부분 과목 면제
– 상담 관련 박사 학위 취득 후 2학기 이상의 해당 과목 대학교 강의 경력, 저서 등의 실적이 있는 자는 최대 3과목까지 면제
– 자격시험 응시서류 및 과목 부분 과목 면제에 필요한 서류는 홈페이지 참고 바람

- **2급(5과목):** 상담심리학, 발달심리학, 이상심리학, 학습심리학, 심리검사

※ 자격시험 부분 과목 면제
– 자격시험 부분 과목 면제: 상담 관련 박사 학위 취득 후 2학기 이상의 해당 과목 대학교 강의 경력, 저서 등의 실적이 있는 자는 최대 3과목까지 면제
– 위 서류 이외의 제출 서류: 자격시험 면제 신청서/강의 경력 및 저서 등의 실적에 관한 증빙서류

※ 자격시험 응시 서류 및 과목 부분 과목 면제에 필요한 서류는 홈페이지 참고 바람

▶ 배점 기준

- **1급:** 각 과목별 40점 이상, 평균 60점 이상
- **2급:** 각 과목별 40점 이상, 평균 60점 이상 합격

▶ 시험 일정: 홈페이지 참고

▶ 주의 사항

- 상담 경력은 본 학회 1급 주 수련감독자 감독하의 상담 경력만 인정. 단, 수련받을 당해 연도에 1급 전문가가 슈퍼바이저 자격 보유자여야 함(매년 슈퍼바이저 자격보유자 명단은 공지사항 참고)
- 모든 수련 내용 및 경력은 학회 입회일 이후부터 인정
- 각 조건별 주의사항은 한국상담심리학회(www.krcpa.or.kr) '상담심리사 자격증' 참고

▶ 1급 자격심사 청구를 위한 최소 수련 내용(출처: 한국상담심리학회 www.krcpa.or.kr/sub03_3.asp?menuCategory=3, 인출일: 2016. 10. 22.)

| 영역 | | 일반 수련자 | 외국 수련자 |
|---|---|---|---|
| 접수면접 | | 없음 | |
| 개인상담 | 면접상담 | 20사례 이상, 합 400회기 이상 | 7사례 이상, 합 100회기 이상 |
| | 슈퍼비전 | 50회(공개 사례 발표 4회 포함) 이상 | 5회 |

| | | | |
|---|---|---|---|
| 집단상담 | 참여 | 2개 집단 이상(집단별 15시간 이상) 총 30시간 이상 참여 | 없음 |
| | 실시 | 2개 집단 이상(집단별 15시간 이상) 총 30시간 이상 진행 | 없음 |
| | 슈퍼비전 | 2개 집단 이상(집단별 15시간 이상) | 없음 |
| 심리평가 | 검사 실시 | 20사례 이상(1사례당 2개 이상, 그중 개인용 검사 1개 포함) | 없음 |
| | 해석상담 | 20사례 이상 | 없음 |
| | 슈퍼비전 | 10사례 이상(1사례당 2개 이상, 그중 개인용 검사 1개 포함) | 없음 |
| | 검사 종류 | • 자격검정위원회에서 인정하는 표준화 검사(개인용 이외의 검사)– 검사의 실시, 채점, 해석 등 전 과정이 표준화되어 있고, 공인된 출판사에서 제작, 판매하는 검사(예: 성격진단검사, 적성진단검사, MBTI 등)<br>• 단, 한 검사가 전체 사례의 1/2을 초과할 수 없음 | |
| 공개 사례 발표 | | • 분회, 상담 사례 토의모임에서 개인상담 4사례 이상, 총 40회기 이상(3주 이상 발표 간격을 두고 발표)<br>• 상담심리사 2급 자격으로 응시할 경우 개인상담 3사례 이상, 총 30회기 이상 | 분회, 상담 사례 토의모임에서 개인상담 2사례 이상, 총 20회기 이상(3주 이상 발표 간격을 두고 발표) |
| 상담 사례 연구 활동 | | 학회 월례회 6회 이상을 포함하여 분회, 상담 사례 토의모임에 총 30회 이상 참여 | 없음 |
| 학술 및 연구활동 | | 학회 또는 유관 학술지에 발표한 1편 이상의 연구 논문 제출 | 없음 |

※ 외국 자격증 소지자인 경우 최소 수련 요건은 공개 사례 발표 1사례, 총 10회기 이상

▶ 2급 자격심사 청구를 위한 최소 수련 내용(출처: 한국상담심리학회 www.krcpa.or.kr/sub03_4.asp?menuCategory=3, 인출일: 2016. 10. 22.)

| 영 역 | | 일반 수련자 |
|---|---|---|
| 접수면접 | | 상담 및 심리검사 접수면접 20회 이상 |
| 개인상담 | 면접상담 | 5사례, 합 50회기 이상(부부, 가족, 아동상담 포함) |
| | 슈퍼비전 | 10회(공개 사례 발표 2회 포함) 이상 |
| 집단상담 | 참여 | 2개 집단 이상(집단별 15시간 이상) 총 30시간 이상 참여 |
| | 실시 | 없음 |
| | 슈퍼비전 | 없음 |
| 심리평가 | 검사 실시 | 10사례 이상(1사례당 2개 이상, 그중 개인용 검사 1개 포함) |
| | 해석상담 | 10사례 이상 |
| | 슈퍼비전 | 5사례 이상(1사례당 2개 이상, 그중 개인용 검사 1개 포함) |
| | 검사 종류 | • 자격검정위원회에서 인정하는 개인용 검사– MMPI, HTP, BGT, DAP, SCT, KFD, 성인 및 아동용 개인용 지능검사(예: K–WAIS, K–WPPSI, K–WISC, KEDI–WISC, K–ABC) 등<br>• 자격검정위원회에서 인정하는 표준화 검사(개인용 이외의 검사)–검사의 실시, 채점, 해석 등 전 과정이 표준화되어 있고, 공인된 출판사에서 제작, 판매하는 검사(예: 성격진단검사, 적성진단검사, MBTI 등)<br>• 단, 한 검사가 전체 사례의 1/2을 초과할 수 없음(검사 실시, 해석, 슈퍼비전 모두 해당함) |

| | |
|---|---|
| **공개 사례 발표** | 분회, 상담 사례 토의모임에서 개인상담 2사례 이상, 총 10회기 이상<br>• 3주 이상 발표 간격을 두고 발표<br>• 외국자격증 소지자로 자격시험 면제자는 개인상담 1사례, 총 10회기 이상 |
| **상담 사례 연구 활동** | 학회 학술 및 사례 심포지엄(월례회) 2회 이상을 포함하여 분회, 상담 사례 토의모임에 총 10회 이상 참여 |
| **학술 및 연구활동** | 없음 |

▶ 2급 상담심리사 수련회 참가자 자격심사 청구를 위한 최소 수련 내용(출처: 한국상담심리학회 www.krcpa.or.kr/sub03_4.asp?menuCategory=3, 인출일: 2016. 10. 22.)

| 영 역 | | ~2009년 수료자 | 2010~2011년 수료자 | 2012년 수료자 |
|---|---|---|---|---|
| **접수면접** | | 없음 | 10회 이상 | 10회 이상 |
| **개인상담** | **면접상담** | 2사례, 합 20회기 이상 | 3사례, 합 30회기 이상 | 4사례, 합 40회기 이상 |
| | **슈퍼비전** | 5회(공개 사례 발표 2회 포함) 이상 | 7회(공개 사례 발표 2회 포함) 이상 | 7회(공개 사례 발표 2회 포함) 이상 |
| **집단상담** | **참여** | 없음 | 없음 | 1개 집단 |
| | **실시** | 없음 | 없음 | 없음 |

| | | | | |
|---|---|---|---|---|
| | 슈퍼비전 | 없음 | 없음 | 없음 |
| 심리평가 | 검사 실시 | 5사례 이상(1사례당 2개 이상, 그중 개인용 검사 1개 포함) | 10사례 이상(1사례당 2개 이상, 그중 개인용 검사 1개 포함) | 10사례 이상(1사례당 2개 이상, 그중 개인용 검사 1개 포함) |
| | 해석상담 | 5사례 이상 | 10사례 이상 | 10사례 이상 |
| | 슈퍼비전 | 2사례 이상(1사례당 2개 이상, 그중 개인용 검사 1개 포함) | 5사례 이상(1사례당 2개 이상, 그중 개인용 검사 1개 포함) | 5사례 이상(1사례당 2개 이상, 그중 개인용 검사 1개 포함) |
| | 검사 종류 | • 자격검정위원회에서 인정하는 개인용 검사 - MMPI, HTP, BGT, DAP, SCT, KFD, 성인 및 아동용 개인용 지능검사(예: K-WAIS, K-WPPSI, K-WISC, KEDI-WISC, K-ABC) 등<br>• 자격검정위원회에서 인정하는 표준화 검사(개인용 이외의 검사)-검사의 실시, 채점, 해석 등 전 과정이 표준화되어 있고, 공인된 출판사에서 제작, 판매하는 검사(예: 성격진단검사, 적성진단검사, MBTI 등)<br>• 단, 한 검사가 전체 사례의 1/2을 초과할 수 없음(검사 실시, 해석, 슈퍼비전 모두 해당함) | | |
| 공개 사례 발표 | | 분회, 상담 사례 토의모임에서 개인상담 2사례 이상, 총 10회기 이상<br>• 3주 이상 발표 간격을 두고 발표<br>• 외국 자격증 소지자로 자격시험 면제자는 개인상담 1사례, 총 10회기 이상 | | |
| 상담 사례 연구 활동 | | 학회 학술 및 사례 심포지엄(월례회) 2회 이상을 포함하여 분회, 상담 사례 토의모임에 총 10회 이상 참여 | | |

## 발달심리사

(출처: 한국발달심리학회 www.baldal.or.kr, 인출일: 2016. 10. 22.)

발달심리사 1급 및 2급 자격증은 발달과정에서 문제를 보이는 아동, 청소년 및 성인의 문제를 파악하기 위해 심리검사를 실시하며, 발달심리학적으로 적합한 방법으로 상담 및 치료를 하는 일을 전문적으로 하는 사람들의 자격을 인정하고(상담 및 심리치료 영역), 발달적 지식을 활용하여 문제가 있는 아동, 청소년 및 성인뿐만 아니라 정상 개인들의 교육 및 지도를 전문적으로 하는 사람들의 자격을 인정하기 위한 것(교육 및 공학 영역)이다.

▶ 응시 자격

[1급]

- 발달심리사 1급은 다음 각 호의 1에 해당하는 자로 본 회 '자격관리위원회'의 추천에 의해 한국심리학회가 발급하는 자격증을 부여받은 자로 한다.
- 발달심리학이나 관련 분야에서 박사 학위를 받은 자로서, 발달심리사 1급 자격시험에 합격하고, 학회가 인정하는 전문가나 전문기관의 감독 아래에서 소정의 수련을 받은 후, 수련감독전문가의 추천을 받은 자
- 발달심리학이나 관련 분야에서 석사학위를 받고 본 학회가 인정하는 전문가나 전문기관의 감독 아래에서 3년 이상의 경력을 가지고 있고 본 학회 주최 수련 워크숍 48시간 이상 이수한 후에, 발달심리사 1급 자격시험에 합격하고, 학회가 인정하는 전문가나 전문기관의 감독 아래에서 소정의 수련을 받은 후, 수련감독전문가의 추천을 받은 자
- 발달심리사 2급 자격증을 소지하고 있는 경우, 학회가 인정하는 전문가나 전문기관의 감독 아래에서 2년 이상의 경력을 쌓은 후, 발달심리사

1급 자격시험에 합격하고, 학회가 인정하는 전문가나 전문기관의 감독 아래에서 소정의 수련을 받은 후, 수련감독전문가의 추천을 받은 자

[2급]

• 발달심리사 2급이란, 심리학과나 제2조에 명시된 관련 학과에서 3년의 과정을 수료하거나 학사 학위를 소지한 후, 발달심리사 2급 자격시험에 합격하고, 한국심리학회 및 한국발달심리학회가 인정하는 전문가 아래에서 2년 이상의 수련을 마친 후, 수련감독전문가의 추천과 자격관리위원회의 심사에 의해 한국심리학회가 발급하는 자격증을 부여받은 자로 한다.

▶ 시험 과목

[1급]

• **공통 필수과목**(6과목 중 3과목): 발달이론, 연구방법(통계 및 설계), 상담심리, 심리평가 및 검사, 인지발달, 사회(정서)발달

• **선택과목**(10과목 중 2과목): 학습심리 및 지능, 발달장애 및 정신병리, 고급청소년심리, 사회비행, 교육과정 및 평가, 가족문제, 고급 장 · 노년 심리, 정신건강, 가족 및 부부치료, 직업개발 및 집단역학

[2급]

• **공통 필수과목**: 아동(발달)심리, 발달장애, 심리검사

• **선택과목**(7과목 중 2과목): 청소년심리, 장 · 노년심리, 상담심리, 성격심리, 가족관계, 인지심리, 생리심리

▶ 배점 기준

[1급]

- 합격은 필기시험에서 각 과목 100점 만점에서 전체 평균이 80점 이상이고 모든 과목이 70점 이상이어야 한다.
- 전체 평균이 80점 이상인 자로서 70점 미만의 과목이 있을 경우에는 차기 시험에 한해서 합격한 과목을 면제받을 수 있다.
- 합격하지 못한 과목은 차기에 한하여 유효하며 연속 2년 이내에 합격하지 못했을 때는 전 과목을 무효로 한다.

[2급]

- 합격은 필기시험에서 각 과목 100점 만점에서 전체 평균이 70점 이상이고, 모든 과목이 60점 이상이어야 한다.
- 전체 과목 평균이 70점 이상인 자로서 60점 미만의 과목이 있을 경우에는 차기 시험에 한해서 합격한 과목들을 면제받을 수 있다.
- 합격하지 못한 과목은 차기에 한하여 유효하며 연속 2년 이내에 합격하지 못했을 때는 전 과목을 무효로 한다.

▶ 시험 일정: 홈페이지 참고

## 산업 및 조직심리사

(출처: 한국산업 및 조직심리학회 www.ksiop.or.kr, 인출일: 2016. 10. 22.)

산업심리사는 작업 상황에서의 인간행동에 관심을 가지고 일의 세계에서 발생하는 현실적인 문제를 해결하기 위해 직무현장을 연구하며, 얻은 지식을 실제로 적용한다. 산업심리사는 선발과 배치, 교육과 개발, 작업생활의 질을 높이기 위한 심리학의 전문 영역 중 하나다.

- **산업 및 조직심리전문가:** 심리학과나 기타 관련 학과에서 석사 이상의 학위를 받고, 한국 산업 및 조직심리학회(이하 학회로 칭함)가 인정하는 대학 및 기관에서 산업 및 조직심리학과 관련된 분야의 경력을 가지고, 소정의 자격시험에 합격하고, 수련 과정을 이수한 뒤, 자격심사를 통과한 자를 말한다.
- **산업 및 조직심리사:** 심리학과나 기타 관련 학과에서 학사 이상의 학위를 받고, 소정의 자격시험에 합격하고, 수련 교육 과정을 이수한 뒤, 자격심사를 통과한 자를 말한다.

▶ 응시 자격

[산업 및 조직심리전문가]

- 산업 및 조직심리사 자격증을 소지하고 있는 경우, 학회가 인정하는 전문가나 전문기관의 감독 아래에서 3년 이상의 수련을 마치고, 소정의 자격시험에 합격하고, 학회의 '자격심사 및 수련위원회'의 자격심사를 거쳐 한국심리학회가 발급하는 자격증을 부여받은 자
- 산업 및 조직심리학이나 관련 분야에서 석사 학위를 받은 후, 학회가 인정하는 전문가나 전문기관의 감독 아래에서 2년 이상의 수련을 마치고, 소정의 자격시험에 합격하고, 학회의 '자격심사 및 수련위원회'의 자격심사를 거쳐 한국심리학회가 발급하는 자격증을 부여받은 자
- 산업 및 조직심리학이나 관련 분야에서 박사 학위를 받은 자로서, 학회가 인정하는 전문가나 전문기관의 감독 아래에서 1년 이상의 수련을 마치고, 소정의 자격시험에 합격하고, 학회의 '자격심사 및 수련위원회'의 자격심사를 거쳐 한국심리학회가 발급하는 자격증을 부여받은 자

• 산업 및 조직심리학이나 관련 분야에서 박사 학위를 받은 자로서 관련 분야에서 5년 이상의 경력(교육, 연구, 기업 자문, 실무, 개업 등)을 가지고 있거나, 산업 및 조직심리학 관련 분야에서 석사 학위를 받은 자로서 관련 분야에 8년 이상의 경력(교육, 연구, 기업 자문, 실무, 개업 등)을 가지고 있고, 학회의 '자격심사 및 수련위원회'의 자격심사를 거쳐 한국심리학회가 발급하는 자격증을 부여받은 자(2010. 5. 8. 개정)

[산업 및 조직심리사]

• 심리학과나 관련 학과의 전공을 하고 있는 자(복수전공, 부전공 모두 가능)로 현재 심리학 전공 교과목을 18학점 이상 수강한 재학생, 그리고 이러한 조건을 충족한 졸업생으로서 소정의 자격시험에 합격하고, 수련 교육과정을 이수한 뒤 자격심사를 통과한 자로서 학회의 '자격심사 및 수련위원회'의 자격심사를 거쳐 한국심리학회가 발급하는 자격증을 부여받은 자를 말한다.
• 절차: 필기시험〉 수련교육과정 이수〉 자격심사〉 자격증 부여

▶ 시험 과목

• **산업 및 조직심리전문가:** 고급조직심리학, 고급심리검사 및 측정, 고급통계 및 조사방법, 고급인사심리학
• **산업 및 조직심리사:** 심리검사 및 측정, 통계 및 조사방법, 인사심리학, 조직심리학

▶ 시험 일정

• **산업 및 조직심리전문가:** 10월 중 원서 접수(2011년 기준)
• **산업 및 조직심리사:** 10월 중 원서 접수, 11월 중 필기시험(2016년 기준)

## 범죄심리사

(출처: 한국사회및성격심리학회 http://ksppa.cafe24.com/menu3-1.html, 인출일: 2016. 10. 22.)

범죄심리사 자격증 소지자들은 경찰 및 기타 수사기관, 소년비행 분류심사원, 교도소, 보호관찰소, 비행청소년 상담직 등에 종사하면서 범죄자에 대한 심리학적 평가, 범죄인 교정 프로그램의 운영 등을 수행한다. 즉, 범죄인을 평가할 수 있는 전문지식을 충분히 갖추고, 범죄예방 및 범죄자 교정과 관련된 현장에서 프로그램을 개발·감독, 범죄수사, 위험성 분석 등의 전문적인 일을 한다.

▶ 범죄심리전문가의 자격 요건

- 1급 범죄심리사 자격을 취득한 자로서 다음 각 호의 조건을 모두 충족하는 자
  - 1급 범죄심리사 자격을 취득한 후 범죄 관련 영역에서 3년 이상의 전일 근무 경력 또는 5년(연 400시간 이상) 이상의 시간제 근무 경력
  - 한국심리학회가 인정하는 별도의 고급 교육과정을 이수하고 자격시험에 합격
  - 자격관리위원회가 인정하는 1,500시간 이상의 수련
  - 자격관리위원회의 자격심사 통과
- 범죄심리 관련 분야의 석사 학위를 취득한 자로서 다음 각 호의 조건을 모두 충족하는 자
  - 자격관리위원회가 인정하는 별도의 고급 교육과정을 이수한 후 자격시험에 합격
  - 범죄 관련 영역에서 2년 이상의 전일 근무 경력 또는 5년(연 400시간 이

상) 이상의 시간제 근무 경력

– 자격관리위원회가 인정하는 1,500시간 이상의 수련

– 자격관리위원회의 자격심사 통과

• 범죄 관련 심리학 분야의 박사 학위를 취득한 자로서 다음 각 호의 조건을 모두 충족한 자

– 자격관리위원회가 인정하는 별도의 고급 교육과정을 이수하고 자격시험에 합격

– 범죄 관련 영역에서 1년 이상의 전일 근무 경력 또는 2년(연 400시간 이상) 이상의 시간제 근무 경력

– 자격관리위원회가 인정하는 1,000시간 이상의 수련

– 자격관리위원회의 자격심사를 통과한 자

• 한국심리학회에서 인정하는 임상심리전문가, 상담심리전문가 또는 발달심리전문가 자격증 소지자로서 다음 각 호의 조건을 모두 충족하는 자

– 자격관리위원회가 인정하는 별도의 고급 교육과정을 이수하고 자격시험에 합격

– 범죄 관련 영역에서 1년 이상의 전일 근무 경력 또는 2년(연 400시간 이상)의 시간제 근무 경력

– 자격관리위원회의 자격심사 통과

▶ 응시 자격

[1급]

• 심리학을 전공했거나 또는 부전공에 준하는 심리학 관련과목을 이수한 학사 학위 소지자로서 다음 각 호의 모든 조건을 충족하는 자

– 한국심리학회가 인정하는 별도의 중급 교육과정을 이수하고 자격시험에 합격

– 범죄 관련 영역에서 800시간 이상의 현장실습

– 자격관리위원회가 인정하는 300시간 이상의 수련

– 자격관리위원회의 자격심사 통과

• 범죄심리 관련 분야의 석사학위 소지자로서 다음 각 호의 조건을 모두 충족하는 자

– 한국심리학회가 인정하는 별도의 중급 교육과정을 이수하고 자격시험에 합격

– 범죄 관련 영역에서 400시간 이상의 현장실습

– 자격관리위원회가 인정하는 전문가나 전문기관의 감독 아래에서 200시간 이상의 수련

– 자격심사위원회의 자격심사 통과

• 2급 범죄심리사 자격을 취득한 자로서 다음 각 호의 조건을 모두 충족하는 자

– 2급 범죄심리사 자격 취득 후 범죄 관련 영역에서 2년 이상의 전일 근무 또는 4년(연 400시간 이상) 이상의 시간제 근무 경력

– 자격관리위원회가 인정하는 별도의 중급 교육과정을 이수하고 자격시험에 합격

– 자격관리위원회가 인정하는 300시간 이상의 수련

– 자격관리위원회의 자격심사 통과

[2급]

• 2급 범죄심리사는 학사 학위 소지자로서 다음 각호의 조건을 모두 충족하는 자

– 범죄 관련 영역에 2년 이상 전일 근무

– 자격관리위원회가 인정하는 별도의 초급 교육과정을 이수하고 자격

시험에 합격

– 자격관리위원회가 인정하는 100시간 이상의 수련

– 자격관리위원회의 자격심사 통과

▶ 범죄심리 관련 분야: 사회심리, 성격심리, 상담심리, 임상심리, 발달심리 등이며, 기타 분야는 자격관리위원회에서 인정 여부를 결정한다.

▶ 시험 과목: 범죄심리 원론, 개별 범죄의 특성, 범죄자 분류 및 평가, 교정과 처우

▶ 배점 기준: 과목별 60점 이상(단, 전체 평균이 60점 이상, 60점 미만 과목이 있을 경우, 합격한 과목에 한해서 차기 2년 이내 2회의 시험에 한하여 면제)

▶ 응시 절차: 교육, 현장실습 및 수련 등의 이수 요건이 충족된 후 자격관리위원회에 관련 증빙 자료를 제출 후 심사

※ 문의: 범죄심리사 자격관리위원회 crime2008@daum.net

## 건강심리전문가

(출처: 한국건강심리학회 www.healthpsy.or.kr/?c=master&m=info_organ, 인출일: 2016. 10. 22.)

우리나라도 노령화 시대가 도래하면서 인간의 삶의 질을 더 높이기 위한 조건으로 건강이 중요시 되고 있다. 이러한 사회적인 변화 흐름에서 건강 관

련 직업이 주목받고 있다. 심리학 분야에서도 인간의 건강에 관한 연구가 활발하게 진행되어 왔다.

▶ 응시 자격

[건강심리전문가]

- 건강심리학이나 관련 분야에서 석사 혹은 박사 학위를 받은 사람으로서 학회에서 정한 수련 과정을 마치고, 건강심리전문가 자격시험에 합격한 자
- 한국심리학회 정회원 및 건강심리학회 회원으로서 건강심리학 분야에서 10년 이상의 경험이 있는 사람(임상훈련경험, 교수, 연구, 행정 및 개업 등)으로서 건강심리전문가 자격심사위원회에서 심사에 통과한 자
- 외국에서 건강심리학이나 관련 분야로 박사 학위나 자격증을 취득하고, 건강심리전문가 자격심사 및 수련위원회의 심사를 통과한 자

※ 건강심리전문가 자격시험에 응시하고자 하는 분은 본 학회에 수련생으로 등록하여 별칙의 수련 과정을 이수하여야 한다.

[건강심리사]

- 건강심리학이나 관련 분야에서 학사 학위를 받은 자로서 학회가 인정하는 전문가나 전문기관의 감독 아래에서 500시간 이상의 수련을 마치고, 건강심리사 자격시험에 합격하고, 수련감독전문가의 추천을 받은 자

※ 건강심리사 자격시험에 응시하고자 하는 사람은 본 학회에 수련생으로 등록하여 별칙의 수련 과정을 이수하여야 한다.

▶ 시험 과목

- **필수(4과목):** 고급건강심리학, 건강심리학적 평가, 건강심리치료 기법, 건강심리학, 연구방법론
- **선택(3과목):** 성격심리학, 생물/신경심리학, 사회심리학, 인지/학습심리

학, 임상심리학, 심신의학, 동기/정서심리학, 건강상담심리학, 스트레스 심리학

▶ 배점 기준

- **필기시험:** 각 전체 평균 60점 이상, 과목별 40점 이상

※ 필수과목과 선택과목 각각 평균 60점이 되지 않아 불합격 판정을 받은 경우, 60점 이상을 받은 과목은 차기 시험에서 면제받고 필수과목과 선택과목 각각 평균 60점 이상이나 40점 미만인 과목이 있어서 불합격 받은 경우, 40점 미만을 받은 과목만 차기 시험에 재응시 가능

- **면접:** 면접시험은 건강심리학에 관한 유능성, 전문성 및 도덕성을 검증

▶ 시험 일정

- **필기시험:** 매년 1회, 2월 중(시험 일시, 장소 및 기타 사항은 본회 자격심사위원회의 제의에 한국심리학회장이 공고)

## 인지학습심리사

**(출처: 한국인지 및 생물심리학회 https://cogpsych.jams.or.kr/po/community/notice/noticeView.kci, 인출일: 2016. 10. 22.)**

인지학습심리사 및 전문가는 흔히 말하는 학습, 공부 및 인지재활 장면에서 학습자의 자질과 능력을 평가하고, 학습활동과 학습 환경을 분석하여, 효과적인 학습과 훈련에 도움이 되는 사항들을 진단, 조언하며, 필요한 경우 적절한 환경 개선과 훈련을 제공하는 인지학습 향상 프로그램을 개별 학습자 및 학습 조직에 제공한다. 특히 인지학습심리전문가에게는 인지학습 프로그

램을 개발하고 평가할 수 있는 역량이 기대된다.

▶ 응시 자격

[1급](다음 요건을 모두 충족)

- 대학원 심리학 전공(인지학습 분야) 석사 혹은 박사 학위를 취득한 사람, 혹은 인지학습 관련 분야에서 2년 이상 종사한 사람.(관련 분야는 시행세칙에서 정함)
- 소정의 수련 과정을 수료한 사람
- 인지학습심리사 자격관리위원회가 시행하는 자격시험을 통과한 사람(자격시험 과목과 통과 점수는 시행세칙에서 정함)
- 인지학습심리사 자격관리위원회가 인정하는 실습 보고서를 제출한 사람
- 한국인지 및 생물심리학회 준회원 이상 자격
- 인지학습심리사 자격관리위원회의 자격심사를 통과한 사람

[2급](다음 요건을 모두 충족)

- 심리학 및 관련 전공을 3년 이상 이수한 사람, 혹은 인지학습 관련 분야 종사자(관련 분야는 시행세칙에서 정함)
- 소정의 수련 과정을 수료한 사람. 단, 심리학 전공 석사 과정 대학원생 혹은 수료자에게는 이수한 교과목에 따라 일부 수련 과정을 면제할 수 있음
- 인지학습심리사 자격관리위원회가 시행하는 자격시험을 통과한 사람. 자격시험 과목과 통과 점수는 시행세칙에서 정함
- 인지학습심리사 자격관리위원회가 인정하는 소정의 실습 보고서를 제출한 사람
- 한국인지 및 생물심리학회 준회원 이상 자격

• 인지학습심리사 자격관리위원회의 자격 심사를 통과한 사람

▶ 시험 과목

• **1급** ┬ 필수과목(3과목): 고급인지학습심리학, 인지행동분석, 개인차 심리학
└ 선택과목(택 1): 고급발달심리학, 고급상담심리학, 심리연구법

• **2급** ┬ 필수과목(3과목): 심리학개론, 인지학습심리학, 인지학습 검사
└ 선택과목(택 1): 발달심리학, 상담심리학, 동기/정서심리학

▶ 배점 기준: 각 과목 60점 이상이 합격이며, 합격한 과목은 2년 동안 유효함

▶ 시험 일정: 8월 중(2015년 기준)

▶ 수련 과정 및 실습

• 수련활동은 워크숍 및 학술대회, 심포지엄, 연수교육 등 인지학습심리와 관련된 전문학회나 기관이 주관하는 활동에 참여하는 것을 의미한다.
• 실습은 인지학습심리 관련 현장에서 전문가의 지도 · 감독하에 실제로 활동하는 것을 말한다.
• 수련시간은 해당 수련 책임자 및 기관의 확인서나 근거 서류를 자격관리위원회에서 심사하여 인정한다.
• 인지학습심리사 2급 혹은 인지학습심리사 1급 자격을 취득하기 위해 필요한 최소 수련 및 실습의 이수 요건은 〈표 1〉과 같다.
• 실습에 참여한 사람은 소정기간의 실습이 끝난 후 전문가가 인정한 실습 보고서를 제출해야 한다.

• 수련 수첩: 수련 수첩에는 인지학습심리사 및 인지학습심리전문가 자격 취득을 위해 이수한 제반 수련 과정에 대한 내용을 기록하고, 각각에 대하여 해당 수련감독자 검인을 받아야 한다.

| | 인지학습심리사 2급 | | 인지학습심리사 1급 | | 비고 |
|---|---|---|---|---|---|
| | 심리학 관련 전공자 | 인지학습 분야실무 종사자 | 심리학 관련 전공자 | 인지학습 분야실무 종사자 | |
| 수련 과정 (시간) | 100 [20] | 150 [30] | 200 [40] | 250 [50] | • 대괄호 안은 일반학술대회 참가를 수련으로 인정하는 최대시간<br>• 한국심리학회 연차대회, 한국 인지 및 생물 심리학회, 기타 인지학습 관련 학술대회 – 8시간(전일), 4시간(반일) 인정 |
| 진단 평가 실습 (건) | 20 | 20 | 60 | 60 | 진단평가실습은 내방자에 대한 인지학습검사, 학습행동과 환경 평가 및 이에 대한 종합 보고서를 작성하고 전문가의 확인을 받는 것을 말한다. |
| 역할 실습 (건) | 4 | 4 | 12 | 12 | • 역할실습 1건의 최소 기준은 주당 1회(50분) 면접을 연속 12회 이상 실습하는 것<br>• 기간이 중복되는 실습은 2건까지 인정한다.<br>• 인지학습 프로그램이나 검사의 개발(참여)은 자격관리위원회의 심의를 거쳐 일정 건수의 실습으로 인정받을 수 있다.<br>• 기타 활동의 인정은 별도의 심의를 거쳐 결정한다. |
| | 전문가의 감독 아래 실습을 실시하고 해당 보고서를 제출하는것을 의미한다. | 당사자의 책임 아래 실시된 인지학습 면접의 내용을 전문가에 의뢰하여 확인을 받고 실습 보고서를 제출하는 것을 의미한다. | 실습건수의 50% 이상은 전문가의 감독 아래 실습을 실시하고 해당 보고서를 제출하여야 하며, 나머지는 실무 종사자의 경우와 같다. | 당사자의 책임 아래 실시된 인지학습 면접의 내용을 전문가에 의뢰하여 확인을 받고 실습 보고서를 제출하는 것을 의미한다. | |

▶ 감면조항: 다음 사항은 인지학습 분야의 학술활동을 수련 과정의 일부로 인정하기 위한 것이다. 수련 이전의 활동도 소급 인정하되, 동일/유사 활동은 심리사 및 전문가 자격 요건 승인의 어느 한 경우에 1회만 인정한다. 단, 교과목, 학술 발표 및 논문의 적절성 여부는 자격관리위원회가 판단한다.

- 심리학 전공 석사 과정 대학원생 혹은 수료자의 경우, 인지학습 관련 교과목당 10시간 이수로 인정한다.
- 인지학습 분야 논문의 학술대회 발표는 10시간 이수로 인정한다.
- 인지학습 분야의 석사 논문은 수련 과정의 50시간 이수로 인정한다.
- 인지학습 분야의 박사 논문은 수련 과정의 100시간 이수로 인정한다.

## 학교심리사

(출처: 한국학교심리학회 www.schoolpsych.or.kr/htmls/sub0401.html, 인출일: 2016. 10. 22.)

오늘날 학교의 많은 학생은 학습, 대인 관계, 성격, 정서 및 행동 문제 등 다양한 심리적 부적응 및 정신건강 문제를 경험하고 있으며, 각종 연구 결과에서 발표되는 자료들은 학령기에 있는 아동·청소년의 정신건강 문제가 이미 심각한 수준에 있음을 보여 주고 있다. 학생들의 정신건강 문제는 학교가 본연의 교육적 사명을 다하는 데에 중대한 장애물로 학생들의 삶의 질을 저하시킬 뿐 아니라 교육적 성과에도 심각한 부정적 영향을 미친다. 한편 대부분의 학령기 아동·청소년에게 있어서 학교는 가정과 더불어 그들이 발달하는 주요 생태학적 맥락임에 틀림이 없으며, 따라서 아동·청소년이 경험하는 각종 부적응과 정신건강의 문제를 효과적으로 예방하고 개입하는 데 중요한 역할을 할 수 있는 잠재력을 가지고 있다.

미국을 비롯한 여러 선진국에서는 오래전부터 학교심리학자가 학생들을 평가하고 개입하는 직접적인 심리학적 서비스를 제공해 왔을 뿐 아니라 예방활동과 자문 등 간접적 서비스를 통해서 교직원과 학부모를 지원함으로써 학생들의 교육적 성과를 높이고 있으며, 학교 시스템을 향상시켜 나아가고 있음을 주목할 필요가 있다.

학교 시스템을 통해 학생들에게 효과적인 심리학적 · 교육적 서비스를 제공하기 위해서는 학생들이 보이는 다양한 문제에 대한 심리학적 지식과 개입기술을 갖추어야 하는 것은 물론이요, 학교현장에 대한 이해를 바탕으로 학교 시스템의 맥락에서 효율적인 서비스를 제공할 수 있어야 한다. 이에 한국학교심리학회에서는 학교현장에서 전문적인 심리학적 서비스를 제공할 수 있는 전문가를 양성하고 학교심리학전문가의 훈련 스탠더드를 제시하기 위한 목적으로 학교심리사 자격규정과 시행세칙을 마련하기에 이르렀으며, 본 학회와 모학회인 한국심리학회의 승인을 받아 학교심리사(1급 및 2급) 자격제도를 운영하게 되었다.

▶ 응시 자격

[1급]

• 학교심리사 1급은 다음 각 호에 해당하는 자로, 학교심리학회가 주관하는 자격시험과 본 학회 자격관리위원회의 자격심사에 통과한 후, (사)한국심리학회의 인준을 받아야 한다.
  - 학교심리학이나 관련 분야의 석사 또는 박사 학위 취득자로서, 본 학회가 인정하는 수련감독자의 감독하에 수련 과정을 이수한 자
  - 본 학회가 동급으로 인정할 수 있는 외국의 학교심리전문가 자격증

을 취득한 자

– 학교심리학 관련 분야의 석사 또는 박사 학위와 (사)한국심리학회 또는 기타 관련 기관의 동급 자격증을 취득한 자로서, 3년 이상의 전문 경력을 갖춘 자(전문 경력의 인정 여부는 학교심리사 1급 수련 시행세칙에 준한다.)

– 학교심리학 관련 분야의 박사 학위를 소지한 대학의 현직 전임교수로서 본 학회가 인정할 수 있는 1년 이상의 전문 경력을 가진 자(전문 경력의 인정 여부는 본 학회 자격관리위원회의 심의를 통해 결정한다.)

– 학교심리사 2급의 경우, 본 학회가 인정하는 수련감독자의 감독하에 최소 2년 이상 전문 경력을 쌓은 자(전문 경력의 인정 여부는 학교심리사 1급 수련 시행세칙에 준한다.)

[2급]

- 학교심리사 2급은 다음 각 호에 해당하는 자로, 학교심리학회가 주관하는 자격시험과 본 학회 자격관리위원회의 자격심사에 통과한 후, (사)한국심리학회의 인준을 받아야 한다.
  – 심리학이나 관련 분야의 학사 학위 이상의 학위 취득자로서, 본 학회가 인정하는 수련감독자의 감독하에 수련 과정을 이수한 자.
  – 심리학이나 관련 분야의 학사 학위와 (사)한국심리학회 또는 기타 관련 기관의 동급 자격증을 취득한 후, 1년 이상의 전문 경력을 갖춘 자(전문 경력의 인정 여부는 학교심리사 2급 수련 시행세칙에 준한다.)

▶ 시험 과목

- **1급**
  - 공통과목: 학교심리평가, 학교자문, 학교시스템 개입 및 예방
  - 선택과목(택 2과목): 아동 · 청소년 이상심리, 학교상담, 행동지원

및 행동관리

- **2급** ┬ 공통과목: 학교심리학 개론, 심리평가, 발달심리
  └ 선택과목(택 2과목): 상담심리, 이상심리, 학습심리

▶ 배점 기준: 전 과목 평균 60점 이상, 과목별 40점 이상. 단, 처음으로 응시하는 자는 전 과목을 응시하여야 하며, 불합격한 과목이 있을 경우 합격한 과목에 한하여 첫 응시 년도를 포함해서 3년간 그 과목의 시험을 면제받을 수 있다. 불합격한 과목에 대해서는 재시험에 응한다.

▶ 시험 일정: 연 1회

※ 자격연수와 자격검정의 일자, 장소 및 기타 사항은 본 학회장, 교육 및 연수위원회, 자격관리위원회가 협의하여 공고한다(홈페이지 참고).

## 중독심리사

(출처: 한국중독심리학회 www.addictpsy.or.kr/?c=master&m=rule, 인출일: 2016. 10. 22.)

물질중독으로 대표되는 알코올이나 마약류, 니코틴 중독과 행동중독으로 대표되는 인터넷, 도박, 성 및 쇼핑중독 등의 많은 중독문제는 최근 우리 사회의 심각한 문제로 대두되고 있다. 인간의 삶 전체적인 접근과 함께 그들을 올바로 이해하여 행복한 삶을 살아갈 수 있도록 도움을 주는 직업인 중독심리사는 각 중독마다 가지고 있는 특성뿐 아니라 개개인의 환경과 성격 등을 잘 이해하는 것이 필요하다. 중독심리전문가는 중독심리에 관련된 전문지식을

갖추고 중독에 관련된 정책을 제안하며, 중독 예방, 치료 모형 및 구체적인 프로그램을 평가하고 개발 · 보급한다. 또한 중독심리사를 수련, 교육하여 양성하며 심리상담과 치료 및 자문을 한다. 중독심리사는 중독심리에 관련된 기초적인 지식을 갖추고 현장실무에서 상담 및 치료를 하며 중독심리전문가의 역할을 보조한다.

▶ 응시 자격

[중독심리전문가]

다음 항 가운데 어느 하나에 해당하고 본 학회가 규정한 수련 과정 이수 및 소정의 자격시험과 자격심사에 합격한 후 한국심리학회가 인준하는 중독심리 전문가 자격증을 취득한 자를 말한다.

- 심리학과에서 중독심리학 관련 분야의 주제로 박사 학위를 취득한 자
- 대학의 교수로서 중독심리 분야에서 2년 이상의 임상경험이 있거나 이 분야에 대한 현저한 학문적 업적이 있는 자
- 중독심리학이나 관련 분야에서 석사 학위 이상을 취득하고 학회가 인정하는 중독 분야에서 5년 이상의 임상경험이 있는 자로서 본 학회가 주관하는 중독심리 교육과정(40시간)을 이수한 자. 단, 대학에서 중독심리 관련 과목을 3학점 이상 이수한 자는 중독심리 교육과정을 면제한다.
- 한국심리학회에서 인정하는 전문가 혹은 1급 자격증을 소지하고 중독 분야에서 1년 이상의 실무경험이 있는 자로서 본 학회가 주관하는 중독심리 교육과정(40시간)을 이수한 자. 단, 대학에서 중독심리 관련 과목을 3학점 이상 이수한 자는 중독심리 교육과정을 면제한다.
- 중독심리사 자격증과 중독심리학이나 관련 분야의 석사 학위 이상 소지자로서 중독심리사 자격증 취득 후 중독치료(혹은 상담) 또는 중독재활

분야에서 2년 이상 임상경험이 있는 자. 이 경우 자격시험 시행세칙에서 규정한 중독심리 필수 및 선택과목을 이수하여야 한다.

[중독심리사]

다음 항 가운데 어느 하나에 해당하고 본 학회가 규정한 수련 과정 이수 및 소정의 자격시험과 자격심사에 합격한 후 한국심리학회가 인준하는 중독심리사 자격증을 취득한 자를 말한다.

- 중독심리학이나 관련 학과에서 자격시험 시행세칙에서 규정한 중독심리 필수 및 선택 과목을 이수하고 중독 분야에서 1년 이상의 수련을 마치고 자격시험에 통과한 자
- 한국심리학회에서 인정하는 심리사 또는 2급 이상의 자격증을 소지한 자로서 중독 분야에서 6개월 이상의 수련을 마친 후 본 학회에서 주관하는 중독심리 교육과정(40시간)을 이수한 자. 단, 중독심리학이나 심리학 관련 학과에서 중독심리 관련 과목을 3학점 이상 이수한 자는 중독심리 교육과정을 면제한다.
- 중독치료(혹은 상담)기관에서 3년 이상 치료(혹은 상담) 업무를 담당한 자로서 본 학회에서 주관하는 중독심리 교육(40시간 이상)을 이수하고 자격시험에 통과한 자. 단, 중독심리학이나 심리학 관련 학과에서 중독심리 관련 과목을 3학점 이상 이수한 자는 중독심리 교육과정을 면제한다.

▶ 필수 이수 과목

- **필수과목**(4과목 12학점 이상): 중독심리 혹은 중독 관련 과목, 정신병리 또는 이상심리학, 심리평가, 심리치료 및 상담의 이론과 실제(상담심리학)
- **선택과목**(3과목 9학점 이상): 심리학 개론, 가족심리학, 집단상담, 성격심리학, 임상심리학, 신경심리학, 학습심리학, 생리심리학, 정신약물학, 발

달심리학, 재활심리학, 노인심리학, 청소년심리학, 학교심리학, 건강심리학, 범죄심리학, 심리통계

▶ 시험 과목: 전체 시험 문항 100문항

- 향정신성 물질의 상약물학과 역학, 기타 중독의 역학
- 중독의 병인학
- 중독의 시작, 진행, 유지
- 예방, 조기개입, 폐해 감소
- 선별 및 평가
- 진단 및 이중진단 장애
- 치료 I: 모델 및 접근법(변화단계모델 및 동기강화 접근법, 인지행동접근법 등 포함)
- 치료 II: 치료 계획, 치료 실행 및 관리, 재활 과정
- 특수집단문제(청소년, 여성, 노인, 다문화 집단 등)
- 연구방법
- 윤리

▶ 배점 기준

- 필기시험 합격 후 사례면접 시험
- 필기시험과 사례면접 시험의 합격 점수는 60점 이상
- 사례면접 시험은 중독치료(혹은 상담)에 관한 유능성, 전문성 및 도덕성을 검증하는 데 초점

## 코칭심리사

(출처: 한국코칭심리학회 www.coachingpsychology.or.kr, 인출일: 2016. 10. 22.)

코칭심리사 1급은 ① 코칭심리에 관련된 전문 지식을 갖추고, 다양한 영역에서 코칭을 적용하며, ② 심리학 기반의 코칭 모형 및 프로그램을 개발, 보급하며 연구를 수행하고, ③ 코칭심리사 수련 과정에 있는 수련생을 수련, 교육하는 역할을 한다.

코칭심리사 2급은 ① 코칭심리에 관련된 기반 지식을 갖추고 현장실무에서 코칭을 수행하며, ② 코칭과 관련된 행정, 인적 자원 개발 등의 다양한 실무를 수행하고, ③ 그 수행의 효과성을 위하여 지속적인 학습을 한다.

▶ 응시 자격

[1급] – 다음 항 가운데 어느 하나에 해당하고 자격검정에 통과한 자를 말한다.

- 심리학 및 유관 전공으로 박사 학위 이상의 학위를 받고, 본 학회가 인정하는 코칭 분야에서 2년 이상 실무 경험이 있는 자. 단 유관 전공의 인정 범위는 자격검정 시행세칙에 따른다.
- 심리학 및 심리학 유관 전공으로 석사 학위 이상의 학위를 받고, 본 학회가 인정하는 코칭 분야에서 3년 이상 코칭 실무 경험이 있는 자
- 한국심리학회에서 인정하는 심리사 1급 자격증을 소지하고, 본 학회가 인정하는 코칭 분야에서 2년 이상 실무 경험이 있는 자. 단, 3단계로 구성된 자격증의 경우 최상위 단계의 자격증만이 인정된다.
- 코칭심리사 2급 자격증을 소지하고 본 학회가 인정하는 코칭 분야에서 2년 이상 실무 경험이 있는 자

[2급] – 다음 항 가운데 어느 하나에 해당하고 자격검정에 통과한 자를 말한다.

- 심리학 및 심리학 유관 전공으로 학사 이상의 학위를 받고, 자격검정 시행세칙에서 규정한 코칭심리 필수과목을 이수한 자. 단, 유관 전공의 인정 범위는 자격검정 시행세칙에 따른다.
- 심리학 관련 분야 이외의 전공으로 학사 이상의 학위를 받고, 본 학회가 인정하는 코칭 분야에서 2년 이상 수련을 마친 자
- 한국심리학회에서 인정하는 심리사 2급 이상의 자격증을 소지한 자로서 본 학회가 인정하는 코칭 분야에서 1년 이상 수련을 마친 자. 단, 3단계로 구성된 자격증의 경우 차상위 단계의 자격증만이 인정된다.

▶ 필수 이수 과목

- 필수과목에 응시하기 위해서는 학부 혹은 대학원 과정에서 해당 과목을 이수하여야 한다. 해당 과목이 개설되어 있지 않은 대학이나 기관에 소속된 경우, 본 학회에서 인정하는 교육이 수(40시간 이상)로 대치할 수 있으며, 필기시험 응시 시 증빙자료를 제출하여야 한다. 또한, '코칭심리 이론 및 실습'과 유사한 과목을 수강하였을 경우 수련생이 수강한 과목과 '코칭심리 이론 및 실습'과의 일치 여부는 본 학회의 자격제도위원회에서 판정한다.
- 심리학 유관 전공의 인정 기준은 다음과 같다.
  - 학사 학위 소지자는 학사 과정에서 심리학 과목을 12과목(36학점) 이상 이수한 경우
  - 석사 학위 소지자는 석사 과정에서 심리학 과목을 7과목(21학점) 이상 이수한 경우

– 박사 학위 소지자는 박사 과정에서 심리학 과목을 7과목(21학점) 이상 이수한 경우

▶ 시험 과목

- **1급**
  - 필수과목: 코칭심리 이론 및 실습
  - 기초선택과목(택 2): 상담심리학, 성격심리학, 학습심리학, 발달심리학, 긍정심리학, 심리검사
  - 심화선택과목(택 1): 경력개발 및 진로상담, 사회심리학, 조직심리학, 연구방법론, 고급심리검사
- **2급**
  - 필수과목: 코칭심리 이론 및 실습
  - 기초선택과목(택 2): 상담심리학, 성격심리학, 학습심리학, 발달심리학, 긍정심리학, 심리검사
  - 심화 선택 과목(택 1): 경력개발 및 진로상담, 사회심리학, 조직심리학, 연구방법론, 고급심리검사

▶ 배점 기준

- 필수과목과 선택과목 각각에서 전체 평균 60점 이상, 과목별 40점 이상
- 필기시험 합격의 유효기간은 모든 과목이 합격하여 최종 필기시험 합격 통지를 받은 연도로부터 3년이다.
- 필수과목과 선택과목의 평균이 각각 60점이 되지 않아 불합격으로 판정된 경우, 60점 이상의 과목은 3년 이내에서 면제받을 수 있다.

▶ 시험 일정: 연 1회

# 저자 소개

**이종한**(李鍾漢, Jonghan Yi)

부산고등학교, 고려대학교 심리학과 학부와 대학원을 졸업하였고, 미주리주립대학교(UMKC)에서 지역사회심리학(community psychology)을 전공하여 심리학 박사학위(1991)를 받았다. 대구대학교 심리학과에서 1981년부터 2017년까지 36년간 교수로 재직하였다.

한국심리학회 회장(2006~2007)을 맡아서 조직과 재정을 정비하여 학회 발전의 기틀을 마련하였으며, 초·중·고등학교 현장에 전문상담교사가 의무적으로 임용될 수 있도록 법률 개정(2003~2004)을 주도하였다. 그리고 각 지역에 Wee센터를 설치(2008)할 수 있도록 하는 과제의 책임자 역할을 하였다. 이를 바탕으로 전국의 학교에 Wee클래스를 설치하게 되었고, 지역의 Wee센터 그리고 광역단위의 Wee스쿨이 생겨나게 되었다. 또한 심리학 전공자들이 공통적으로 취득할 수 있는 '일반심리사' 자격증 제도 설치를 완수하였다(2016). 심리학이 우리 사회에서 합당하게 평가받고 사회 현장에서 활용될 수 있도록 다양한 노력을 해 왔으며, 심리학 전공자들의 직업 창출을 위하여 노력하고 있다. 우리나라에서 소외된 집단과 마음이 힘든 사람들을 돕기 위한 일을 꾸준히 하고 있다. 관심 분야는 지역사회(공동체)심리학과 비교문화심리학이다.

e-mail: jhyi@daegu.ac.kr

# 심리학으로 성공을 잡아라

심리학에 대한 소개부터 진로, 해외 유학, 취업, 자격증까지


2017년 5월 25일 1판 1쇄 발행
2018년 12월 5일 1판 2쇄 발행

지은이 • 이종한
펴낸이 • 김진환
펴낸곳 • (주) 학지사
04031 서울특별시 마포구 양화로 15길 20 마인드월드빌딩
대표전화 • 02)330-5114 팩스 • 02)324-2345
등록번호 • 제313-2006-000265호

홈페이지 • http://www.hakjisa.co.kr
페이스북 • https://www.facebook.com/hakjisabook

ISBN 978-89-997-1162-6 03180

정가 15,000원

저자와의 협약으로 인지는 생략합니다.
파본은 구입처에서 교환해 드립니다.





이 도서의 국립중앙도서관 출판시도서목록(CIP)은 서지정보유통지원시스템 홈페이지(http://seoji.nl.go.kr)와 국가자료공동목록시스템(http://www.nl.go.kr/kolisnet)에서 이용하실 수 있습니다.
(CIP제어번호: 2017002977)